al-Kitab al-asasi

Lexicon

المنظمة العربية للتربية والثقافة والعلوم

الكتاب الأساسي

في تعليم اللغة العربية لغير الناطقين بها

al-Kitab al-asasi

fi taʻlim al-lugha al-ʻarabiya
li-ghayr al-natiqin biha

Lexicon المعجم المساعد

Abdellatif Abid
Mongi Derbal
Souad Boubaccar Triki
Mohamed Néjib Ben Jemia
Mourad Ben Abderrazak
Slaïm Chakroun
Kusay Abdulmunim Ahmed
Leila Lakhoua Nigrou

The American University in Cairo Press
Cairo New York

INTRODUCTION

Devised to assist users of *al-Kitab al-asasi*, this five-language lexicon (Arabic—French, Spanish, German, English) is a self-learning tool that allows for a precise and richer use of acquired vocabulary in Modern Standard Arabic. The lexicon consist of more than 5,000 Arabic lexical units—including idioms, free expressions, and collocations—from the first two volumes of *al-Kitab al-asasi*. This lexicon complements the role of the teacher and other language aids, such as dictionaries.

The entries are arranged alphabetically and the synonymous translations of words and phrases in the four foreign languages are selected according to the different contexts in which the Arabic lexical units occur. For instance, the noun بريق has the meaning of 'telegraph' and not 'lightning' in the textbook. Similarly, حرّر has the meaning of 'edit' and not 'liberate.'

If the entry is a bare trilateral verb, its present form is also mentioned to indicate the diacritic of the second consonant in the verb. If a noun or an adjective has an irregular plural, all the possible plurals, or just the most frequent ones, are listed. Affixed verbs and nouns with regular masculine or feminine plurals are listed without their present form for verbs and without their plurals for nouns. When a noun or adjective has various semantically different plurals, these plurals are arranged alphabetically as separate entries (see, for example, سرطان ، صحيح).

Unlike traditional dictionaries, where the verb entry has a single representative (the third person singular of the perfect in the active), our lexicon includes verb entries represented by the verb in the past or the present, both of which may be in the active or the passive, or the verb in the imperative (see, for example, وَلِدَ، ينبغي أن يُوجدُ، دَعْ). Additionally, some noun entries are in the dual or the plural (والدان، صادرات، عادات وتقاليد) and not necessarily in the singular because the verb and the noun forms are lexicalized as such in usage. For each Arabic entry, one or more synonymous translations in the four foreign languages are mentioned. Abbreviations next to the translations are relevant to the Arabic lexical units, indicating their grammatical category, gender, or number.

In addition to abbreviations in Arabic, the following abbreviations are used:

Abbreviation	Meaning
adj	adjective
adv	adverb
f	feminine
m	masculine
n	Noun
pl	plural
s	singular
v	Verb

A slash [/] indicates that a unit or more is shared by two or more lexical units, while parentheses are used to make the translation more precise by giving extra information or to indicate that the bracketed information is optional. Finally, although the above-mentioned abbreviations are places alongside the foreign translations, they are restrictively relevant to the Arabic lexical units to indicate their grammatical category, gender, and number.

VORWORT

Das vorliegende fünfsprachige Lexikon (Arabisch - Französisch - Spanisch - Deutsch - Englisch) setzt es sich zum Hauptziel, die Sprachlerner zu unterstützen, die das *al-Kitab al-asasi* benutzen, und für die Arabisch eine Fremdsprache ist. Es versteht sich als Instrument des Selbststudiums zur Verbesserung und Vervollkommnung des Erwerbs der modernen Standardsprache Arabisch sowie zur Bereicherung und Konsolidierung der Sprachkenntnisse während und/oder nach den Sprachstudien und wurde speziell für die Erwachsenenbildung konzipiert.

Solch ein Ziel ist um so müheloser und sicherer zu erreichen, als das *al-Kitab al-asasi* den "nichtarabischsprachigen, gebildeten Erwachsenen" zugedacht ist, die demnach in der Lage sein dürften, dieses Lexikon in sinnvoller Weise und zweckentsprechend zu (be-)nutzen.

Durch das vorliegende Lexikon wird der Sprachlehrer ganz gewiss nicht ersetzt, die Anwendung verschiedener Fremdsprachen-, Lehr- und Lernverfahren oder die Heranziehung weiterer einsprachiger (arabischer) Wörterbücher oder zwei- und mehrsprachiger (arabisch-fremdsprachiger) Lexika keineswegs überflüssig gemacht. Es soll vielmehr als Stütze beim Spracherwerb bzw. bei der Vervollständigung erworbener Sprachkenntnisse dienen.

Dieses Lexikon umfasst über 5.000 arabische lexikalische Einheiten, die wir den zwei ersten Teilen des erwähnten.

Bei der Auswertung dieser beiden Bände, die uns zum Basiskorpus gedient haben, haben wir nicht nur einfache' lexikalische Einheiten behandelt, sondern auch mehrgliedrige Stichwörter bzw. Wortverbindungen berücksichtigt. Hierzu gehören idiomatische Redewendungen, freie Syntagmen, Kollokationen u.dgl.

Bei den vier fremdsprachigen Äquivalenten für die arabischen Stichwörter wurde dem spezifischen Kontext in besonderer Weise Rechnung getragen.

Insofern zeigen die angeführten Äquivalente ausschließlich die Bedeutung(en) der betreffenden Stichwörter an, so wie sie im Korpus vorkommen und benutzt werden, und zwar unabhängig davon, ob sie darüber hinaus - wie in einem allgemeinen Nachschlagewerk - weitere Bedeutungen aufweisen. So bedeutet das Stichwort (برق) vom Kontext her "Telegraf" (und nicht "Blitz"); das Gleiche gilt z.B. auch für (حرّر) im Sinne von "schreiben, redigieren" (und nicht "befreien").

Der Klarheit, Einfachheit und Übersichtlichkeit halber wurden die Stichwörter streng nach dem arabischen Alphabet geordnet, und zwar ohne Unterscheidung zwischen dem Grundwort und seinen Ableitungen.

Einige, kurze Angaben werden den Stichwörtern ergänzend beigefügt, die einer allgemein-sprachlichen Regelmäßigkeit nicht unterliegen. So wird z.B, die Mudhari-Form bei den (Grundstamm-) Drei-Buchstaben-Verben erwähnt, um diakritische Zeichen und besonders die Vokalisierung des zweiten Buchstabens anzuzeigen.

Ist/sind die Pluralform(en) von Substantiven oder Adjektiven nicht regelmäßig, so wird/werden sie ebenfalls hinzugefügt.

Handelt es sich um abgeleitete Stämme von Verben oder um Substantive, deren Pluralformen im Maskulinum oder im Femininum regelmäßig sind, so wird die Mudhari- bzw. Pluralform nicht erwähnt.

Hat ein Substantiv oder ein Adjektiv semantisch unterschiedliche Pluralformen, so werden die Stichwörter entsprechend angeführt (vgl. z.B. "صحيح" ، "سرطان" usw.)

Einige als Verben vorkommende Stichwörter sind im Madhi-Passiv oder im Mudhari-Aktiv bzw. Mudhari-Passiv oder im Imperativ angegeben (vgl. z.B." والدان، صادرات، عادات وتقاليد " usw.) Dies erfolgt im Gegensatz zur üblichen

Darstellung in den anderen Lexika, wo das als Verb vorkommende Stichwort im Madhi-Aktiv und in der dritten Person Singular angeführt ist.

Andere Nominal-Stichwörter treten in ihrer Dual- bzw. Pluralform auf (vgl. دَعْ، وَلَدَ، ينبغي أن يُوجدُ usw.) und zwar im Unterschied zu der in anderen Wörterbüchern gewohnten Erwähnung des betreffenden Stichworts in seiner Singularform. Somit wird dem tatsächlichen Sprachgebrauch dieser lexikalischen Einheiten Rechnung getragen.

In der viersprachigen Übersetzung wird jeweils ein Äquivalent für jedes Stichwort genannt. Werden zwei oder mehrere Äquivalente angegeben, so handelt es sich je nach dem Kontext des Stichworts um Synonyme oder um einander nahe- oder fern stehende Begriffe.

Zusätzlich zu den arabischen Abkürzungen und Zeichen sind u.a. die folgenden Entsprechungen zu erwähnen:

(V.)	steht	für	"Verb"
(N.)	steht	für	"Nomen, Substantiv"
(Adj.)	steht	für	"Adjektiv"
(Adv.)	steht	für	"Adverb"
(m.)	steht	für	"maskulin"
(f.)	steht	für	"feminin"
(S.)	steht	für	"Singular"
(Pl.)	steht	für	"Plural"
.../... :	gemeinsames Element zweier oder mehrerer Äquivalente.		

Wichtiger Hinweis:

Diese Abkürzungen stehen zwar neben den fremdsprachigen Äquivalenten, betreffen aber die arabischen Stichwörter und grenzen deren Gebrauch hinsichtlich der grammatischen Kategorien, der Genera oder der Numeri ein.

INTRODUCCION

El presente léxico plurilingüe (árabe, francés, español, alemán e inglés) es una ayuda didáctica para *al-Kitab al-asasi*. También es un instrumento de autoaprendizaje para los que no saben árabe y los que se valen del árabe como segunda lengua ayudándoles a consolidar, enriquecer y matizar sus adquisiciones léxicas (vocabulario y expresiones) dentro y fuera del aula.

Por otra parte, huelga decir que el presente léxico no es más que una ayuda didáctica destinada a completar la labor docente del profesor de idiomas y el aporte tanto de los distintos métodos de enseñanza de lenguas extranjeras como de los diccionarios monolingües (árabe - árabe), bilingües o plurilingues.

Este léxico consta de más de 5000 lexemas árabes, entresacados de los dos primeros tomos del susodicho manual. En dichos tomos-que constituyen la base de nuestro corpus-no nos hemos conformado con recopilar las unidades léxicas simples, sino que hemos incluido también las complejas, como las expresiones idiomáticas, las expresiones estilistícas libres, las locuciones semánticas etc.

Los equivalentes en las cuatro lenguas extranjeras de cada unidad léxica han sido escogidos únicamente en función de los distintos contextos en que ha aparecido y por tanto de la acepción o acepciones actualizadas en el *al-Kitab al-asasi*. Así por ejemplo sólo aparecen como equivalentes españoles del nombre بريق o del verbo حرّر , «-telégrafo-» y «-redactar-» y no «-relámpago-» y «-liberar-» respectivamente.

En nuestro afán de elaborar un léxico de manejo fácil, hemos optado, en la presentación de los lemas, por sustituir el clásico orden por raíces (que tiene en cuenta solamente el lexema) por el orden alfabético (que incluye los afijos).

A veces algunos lemas van acompañados de ciertas indicaciones gramaticales necesarias. Así por ejemplo, junto a los verbos trilíteros simples, aparece una indicación relativa al grafema vocálico de su consonante intermedia en presente de indicativo. Asimismo aparecen indicaciones relativas a los plurales irregulares y en su caso, a las variantes de plural de algunos nombres y adjetivos. Los demás nombres y verbos que no presentan ninguna irregularidad ni dificultad gramatical, no van acompañados de ninguna indicación

Un nombre o un adjetivo aparece más de una vez como lema, cuando consta de más de un plural y estos plurales poseen significados diferentes. Por ejemplo: سرطان ، صحيح etc.

Contrariamente a los demás diccionarios que presentan siempre el nombre en singular y el verbo en perfectivo de la voz activa, conjugado en tercera persona masculina singular, algunos nombres aparecen directamente en dual o plural (والدان، صادرات، عادات وتقاليد), Y algunos verbos vienen directamebte conjugados en el perfectivo de la voz pasiva, en imperfectivo de la voz pasiva o activa, o en el modo imperativo (وَلِدَ، ينبغي أن يُوجدُ، دَعْ).

A cada lema árabe corresponde uno o más equivalentes en cada una de las cuatro lenguas extranjeras. Los distintos, equivalentes del mismo lema poseen significados o bien identicos, o bien afines, o bien diferentes, en función de los contextos en que ha aparecido.

Junto a las abreviaturas y símbolos árabes, hemos empleado otros tales como:

adj. = adjetivo
adv. = adverbio
f. = femenino
m. = masculino
n. = nombre
pl. = plural
s. = singular
v. = verbo

... / oo. = elemento común entre dos o más equivalentes del mismo lema árabe.

Sin embargo, cabe señalar que dichos símbolos y abreviaturas, aunque aparecen junto a los equivalentes extranjeros, se refieren a los lemas árabes, precisando su categoría gramatical, su género y su número.

INTRODUCTION

Le lexique auxiliaire multilingue (en cinq langues: arabe, français, espagnol, allemand et anglais) que nous présentons vise principalement à aider les utilisateurs de *al-Kitab al-asasi*, – qu'ils aient l'arabe comme langue seconde ou comme langue étrangère. À l'aide de ce lexique multilingue, nous espérons faire du manuel un outil d'auto-apprentissage permettant de préciser, d'enrichir ou de consolider le vocabulaire de l'arabe standard moderne acquis pendant ou après la période d'apprentissage. Nous pourrons mieux mesurer l'importance de l'objectif visé quand on le relie à celui du manuel qui consiste rappelons-le à "apprendre l'arabe aux non-arabophones adultes et cultivés" capables par eux-mêmes de tirer tout le profit escompté d'une utilisation optimale de cet outil.

Il va de soi toutefois que ce lexique ne vise aucunement à remplacer l'enseignant, pas plus qu'il ne vise à dispenser l'apprenant des méthodes didactiques et spécialement de l'acquisition d'une langue seconde ou d'une langue étrangère. En fait, ce lexique cherche moins à se substituer aux dictionnaires unilingues d'arabe, bilingues ou multilingues (arabe plus une ou plusieurs autres langues étrangères) qu'à compléter et étayer ceux-ci.

Notre lexique comprend un peu plus de 5000 entrées lexicales arabes extraites des deux premiers tomes de *al-Kitab al-asasi*. Mais, nous ne nous sommes pas arrêtés dans l'établissement de ce lexique – à partir de notre corpus, constitué par les deux tomes du manuel – aux unités lexicales simples. Nous avons vu opportun de relever aussi les expressions idiomatiques, les collocations, les expressions complexes ou synaptiques de même que les formules protocolaires, etc.

En ce qui est des équivalents dans les quatre langues d'arrivée, nous les avons retenus sur la base de leur occurrence en arabe dans les différents contextes. Cela explique pourquoi les équivalents proposés dans les autres langues ne proposent que le ou les sens de l'unité lexicale telle qu'elle est utilisée dans le corpus en langue arabe et non dans l'absolu, c'est-à-dire dans son extension polysémique avec toutes ses acceptions possibles. Ainsi, par exemple, le nom (برق) est employé dans le corpus avec le sens de "télégraphe" et non pas celui de "éclair", de même, le verbe (حرّر) est utilisé dans le sens de "rédiger" et non pas celui de "libérer", etc.

Nous avons opté dans la construction de ce lexique pour la concision et la simplicité. Aussi avons-nous classé les entrées selon l'ordre alphabétique arabe sans chercher à distinguer le radical du parasynthétique.

Nous avons jugé bon de n'indiquer avec l'entrée que ce qui nous a semblé nécessaire et qui ne peut être déduit par analogie. Par exemple, si l'entrée est un verbe trilitère primitif, nous l'avons accompagné de sa forme inaccomplie pour préciser la valeur de la voyelle centrale. Par contre, si l'entrée est un nom ou un adjectif ayant des pluriels irréguliers, alors nous en indiquons le ou les plus connus, du moins ceux qui sont les plus usités. Par contre, les verbes dérivés ainsi que les noms (féminin et masculin) qui ont un pluriel régulier sont donnés sans les formes d'accompli (pour les verbes) ni de pluriel (pour les noms). Si un mot (nom ou adjectif) a sémantiquement plusieurs pluriels, nous lui réservons à chaque fois, une entrée différente (voir (? « see » in French) par exemple سرطان ، صحيح etc.).

De même, contrairement à l'usage strict auquel nous ont habitués les autres dictionnaires de présenter les verbes à l'actif accompli avec la troisième personne du singulier (dit l'absent), nous avons présenté certaines entrées verbales sous la forme de l'accompli ou de l'inaccompli du passif et même parfois à l'impératif.

(voir (?« see » in French) par exemple: دَعْ، ينبغي أن يُوجدُ، وَلِدَ etc.).

De même, et contrairement à l'usage établi qui consiste à présenter les noms au singulier, certaines entrées nominales se rencontrent au duel ou au pluriel

(par exemple: عادات وتقاليد، صادرات، والدان).

Nous avons ainsi fait parce que ces verbes et ces noms ont été relevés tels quels, sous cette même forme.

De même, nous avons proposé pour chaque entrée arabe un ou plusieurs équivalents dans les quatre langues cibles. Chaque fois qu'à une seule entrée nous proposons plus d'un équivalent, cela signifie soit qu'il s'agit de synonymes partiels qui s'associent pour en affiner le sens soit que l'entrée en cause a été relevée avec différentes occurrences dans différents contextes.

En plus des symboles arabes proposés, nous avons eu recours à quelques autres symboles:

(v.) :   pour verbe

(n.) :   pour nom

(adj.):   pour adjectif.

(adv.) :   pour adverbe

(m.):   pour masculin

(f.) :   pour féminin

(pL):   pour pluriel

(.../...}:   pour indiquer qu'il existe, dans les équivalents d'une entrée arabe, un élément commun.

Nous devons faire remarquer cependant que, quoique ces symboles accompagnent les équivalents en langues cibles, elles concernent les entrées arabes et en précisent le sens que ce soit du point de vue de la catégorie grammaticale, du genre ou du nombre.

الكتاب الأساسي

المنظمة العربية للتربية والثقافة والعلوم

الكتاب الأساسي

في تعليم اللغة العربية لغير الناطقين بها

al-Kitab al-asasi

fi ta'lim al-lugha al-'arabiya
li-ghayr al-natiqin biha

Lexicon المعجم المساعد

Abdellatif Abid
Mongi Derbal
Souad Boubaccar Triki
Mohamed Néjib Ben Jemia
Mourad Ben Abderrazak
Slaïm Chakroun
Kusay Abdulmunim Ahmed
Leila Lakhoua Nigrou

The American University in Cairo Press
Cairo New York

بسم الله الرحمن الرحيم

فريـــــق المـــعـــجـم

العربيـــة: عبد اللطيف عبيد

الفرنسية: المنجي دربال
سعاد بوبكر التريكي

الإسبانية: محمد نجيب بن جميع

الألمانيـــة: مراد بن عبد الرزاق
سليم شقرون

الانجليزية: قصيّ عبد المنعم أحمد
ليلى الأخوة النيقرو

تنسيق وتدقيق : عبد اللطيف عبيد

This edition published in Egypt in 2009 by
The American University in Cairo Press
113 Sharia Kasr el Aini, Cairo, Egypt
420 Fifth Avenue, New York 10018
www.aucpress.com

This edition published by arrangement with the Arab League Edu-
cational, Cultural and Scientific Organization (ALECSO)

Dar el Kutub No. 14084/08
ISBN 978 977 416 234 3

1 2 3 4 5 6 7 8   14 13 12 11 10 09

Printed in Egypt

تقديـــم

أصدرت المنظمة منذ 1985 " الكتاب الأساسي في تعليم اللغة العربية لغير الناطقين بهـا " جزءا أول يسنده دليل للمعلم وأشرطة صوتية للمتعلم. وما لبثت أن أردفت هذا الجزء في السنوات اللاحقة بجزء ثان ثم بثالث، فاكتملت سلسلة الكتاب، وتلقاها دارسو اللغة العربيـة ومدرسوها في أطراف العالم بقبول حسن كان ثمرة طبيعية لجهد إعداد وتحضير ندبت إليـه المنظمة خبراء من مشرق الوطن العربي ومغربه، ثم لجهد تأليف ومراجعة عهدت به إلـى نخبة من أهل الذكر وذوي الاختصاص، فاستوى العمل على النحو المأمول.

وقد اهتمت المنظمة منذ الثمانينيات بأن ترفد عملها هذا بعتاد معرفي معين على بلوغ الهدف المنشود من تيسير العربية لغير أبنائها (أو لأبنائها الجدد)، فعمدت إلـى وضع " المعجم العربي الأساسي "، ثم اشتقت منه " المعجم العربي الميسر "، مع شيء من الإضافة والتعديل في المنهجية ورسمت لهما مسارا مشتركا يفيان فيه بحاجة الطالب والمثقف ذي الأرومة العربية، ويذللان لناشدي العروبة الثقافية قطوف هذه اللغة باعتماد طريقة ترتيـب وتبويب تؤلف بين مزايا النظام الألفبائي والنظام الجذري وتروم أن تتنكب ما في النظامين من مزالق او مسالك وعرة، وتتوسع في التعريف بالتصاريف وتلاحق اللغة الحية المنطوقة في الإعلام المعاصر والحياة العامة، وتعني بالتعابيـر المركبـة والسـياقية، وتجمـع فـي الاستشهاد والتمثيل بين سنام اللغة قرآنا وحديثا ثم شعرا وبيـن ضحضاحها مما الفتـه المسامع ولم تنب عنه الأذواق، إلى غير ذلك من وجوه التصرف في تقريب العربيـة إلـى حيث تتعانق الصناعة التربوية والصناعة المعجمية.

وإلى ذلك جربت المنظمة تدريس الكتاب الأساسي باستخدام الفيديو ودرسـت إمكانيـة اشتقاق برامج تلفزيونية منه، وترجح لديها السعي لنشره على قرص حاسـوبي مضغـوط يكنزه بكل أجزائه ولواحقه. وهي ماضية في دراسة هذا المشروع.

ولئن جاء الجزءان الثاني والثالث مزودين بمسرد لغوي ثلاثي (عربي – انجليزي – فرنسي)، فلقد رأينا أن هناك حاجة إلى خطوة أوسع مدى وأبعد صدى، فاتجه نظرنـا إلـى

وضع معجم متعدد اللغات يرصد مفردات الكتاب وما فيه من تعابير اصطلاحية وسياقية وصيغ مركبة ونحوها، فيعرفها باللغات الانجليزية والفرنسية والاسبانية والألمانية تعريفا يفي بحاجة الدارس إلى اقتناص المعنى الدقيق المحدد الذي وردت به الوحدة المعجمية في النص، دون أن يتعداه إلى معان أخرى محتملة يمكن أن تطلب في مظانها من المعاجم التقليدية.

وهكذا برزت فكرة " المعجم المساعد " الذي يصدر اليوم ليكون ــ كما أسميناه ــ مساعدا لدارسي الكتاب من الناطقين باللغات الأربع المذكورة.

وجلي أنه ليس من وظيفة المساعد أن يقوم مقام غيره من أدوات التعليم ووسائله. بل إن الطريق الأقصر والأمثل لتعلم العربية ــ كغيرها من اللغات ــ يظل هو الطريق المباشر الذي يمكن الدارس من ركوب بحر اللغة والغوص في أعماقه دون المرور بلغات وسيطة، إلا في أضيق الحدود، وذلك حتى تنمو عند المتعلم ملكة التعبير باللغة والتفكير بها واستكانة نواميسها والاتساق معها، فلا يكون في أي من ذلك رهينا للغة أخرى محجوبا بها عن اللغة المقصودة (لغة الوصول).

لذلك فإن غاية هذا المعجم هي أن يساعد الدارس عند الحاجة لا أن يدفعه إلى "سهولة " خادعة فيصرفه عن بذل الجهد اللازم للتفهم المباشر والمعاشرة الحميمة للغة يعز أن تكشف المقابلات الأجنبية أسرارها أو تهتك أستارها.

ولقد اخترنا لهذا المعجم الترتيب الألفبائي تيسيرا على الدارسين وتقريبا للمبتدئين ممن لم يفقهوا اللغة ولم يستظهروا قواعدها بعد... ومع ذلك فنحن مؤمنون بأن من واجب المتعلم المجد أن يستكشف الخصائص الاشتقاقية للغة العربية ويجتهد في تذوق صرفها وتمثل قواعده، فذلك أدعى للوصول إلى قلب العربية حتى تسلم من قيادها للدارس ما يفتح أمامه آفاقا رحبة، فيمتلك باستيعاب التصاريف والأقيسة أضعاف الرصيد اللغوي الذي يمتلكه من يتعلم العربية مفردات أشتاتا لا يدرك العلاقة بينها، ولا يفقه الدلالات المعنوية الخاصة بصيغها وأوزانها، فالذي يستوعب القواعد القياسية للصرف العربي يستطيع دون العودة الى معجم أن يتبين العلاقة الجامعة والدلالات الفارقة بين الجذر وأغصانه في مثل:

عَلِم، عِلْم، عالم، معلوم، علَّم، مُعَلِم، مُعَلِّم، مُعَلَّم، تَعلَّم، مُتَعلَّم، مُتَعلِّمٌ مُتَعلَمٌ، أعلم، إعلام، مُعْلَم...استعلم، استعلام، مستعلم... الخ. كما أن الحد الأدنى من العلْم بالصرف يعين الدارس على ردّ الفعل من أحد أزمنته أو صيغه إلى غيرها (ينبغي ـ انبغى / يوجد ـ يجد، وجد / كل ـ أكل / قاد ـ قدْ... الخ).

هذا ولم نعن في هذا المعجم برصد مادة الجزء الثالث من الكتاب الأساسي، ذلك أن دَارِسَه ينبغي أن يكون قد ألف اللغة وخبر مبانيها ومعانيها وامتلك قدرة أكبر على أن يعلم نفسه بنفسه، ولم يعد بحاجة إلى معين لغوي وسيط، إلا ما يكون ـ عند الحاجة ـ من الرجوع إلى المعاجم والمراجع العربية.

ولا غنى لدارس المعجم عن قراءة مقدمته الفنية التي تكشف خصائصه، وتوضح منهجه، فتبين كيف وضعت مادته ورتبت وإلى ما تحيل رموزه، وما هي القواعد التي قام عليها بناؤه، والأهداف التي استقام بها مساره وتحدد بها موقعه الخاص بين المعاجم.

هذا وقد عهدنا بإنجاز هذا المعجم إلى نخبة من خبراء اللغة العربية واللغات الأجنبية. يتقدمهم الأستاذ عبد اللطيف عبيد الذي جمع خبرتين ضروريتين لمثل هذا العمل: خبرة تربوية مدادها تدريس العربية لغير الناطقين بها وخبرة معجمية قوامها المشاركة الفاعلة في صناعة المعاجم، وتدريس مادة المعجمية. وقد بذل فيما عهد إليه به جهد الخبير المتمكن الحريص على الإتقان، ولقي حسن المؤازرة من أساتذة ومربين ولغويين مترجمين، منهم من شد عضده في التأليف ووضع المقابلات الأجنبية (الأساتذة: المنجي دربال وسعاد بوبكر التريكي ونجيب بن جميع ومراد بن عبد الرزاق وسليم شقرون وقصي عبد المنعم أحمد وليلى الأخوة النيفرو) ومنهم من مكّن بالمراجعة من تجويد المعجم وإتقان صنعته (الأساتذة دحّان أحمد محمود ومحمد جابر وعبد الوهاب الصافي)، ومنهم من شارك في المراجعة وبذل الجهد الزكي في الإخراج والتصميم والإعداد الفني للمعجم (الأستاذ عبد الرزاق بنور). وقد أعطى كل من خير ما عنده، فلكل الشكر الجزيل المستحق.

ولعل الدارس واجد في هذا المعجم من أثر الإتقان والصنعة المتأنية والخبرة المكينة ما تقرّ به عينه.

وتؤكد المنظمة العربية للتربية والثقافة والعلوم بهذه المناسبة على أنها ستواصل كالعادة العناية الكاملة والدائمة بمجال تعليم لغتنا العربية لغير الناطقين بها للمزيد من تطويره وتحديثه وذلك تلاؤما مع التطورات المتسارعة التي يشهدها عالمنا اليوم في مجال تكنولوجيات الاتصال والمعلومات ودورها في تحديث الميدان التربوي وخاصة في مجال تدريس اللغات لغير الناطقين بها.

ومن المعلوم أن هدف المنظمة من بذل هذا الجهد المتواصل هو تمكين لغة القرآن الكريم من المزيد من الانتشار ومن خلالها تمكين حضارتنا العربية والإسلامية من مواصلة المساهمة في إثراء الحضارة الإنسانية.

والله ولي التوفيق

د. المنجي بوسنينة

المدير العام

مقدّمة

1. مادّة المعجم

المعجم المساعد لدارسي " الكتاب الأساسي في تعليم اللغة العربية لغير الناطقين بها " " معجم خماسيّ اللغة: عربي – فرنسي – إسباني – ألماني – انجليزي، يتضمن ما يزيد على 5000 وحدة معجمية عربية استخرجناها من الجزأين الأولين من " الكتاب الأساسي في تعليم اللغة العربية لغير الناطقين بها " الذين أصدرت المنظمة العربية للتربية والثقافة والعلوم بتونس الطبعة الثانية من أولهما سنة 1988 (414 ص) ومن ثانيهما سنة 1992 (309 ص).

ولم نقتصر في جرد الجزأين المذكورين – وهما المدوّنة التي انطلقنا منها، حصرا، في وضع هذا المعجم – على الوحدات المعجمية البسيطة (المفردات) وإنما استخلصنا أيضا الوحدات المعجمية المركّبة كالتعابير الاصطلاحية، والتعابير السياقية، والمتلازمات اللفظية وغيرها. ومن البديهي أنّ عدم اقتصارنا على الألفاظ المفردة – خلاف لما دأب عليه أغلب المعاجم العربية وحتى العربية – الأجنبية إلى يومنا هذا – راجع إلى كثرة التعابير، وتواتر استعمالها، وحاجة متعلّم اللغة – وخاصة من غير ابنائها – إلى التعرف عليها ليحسن فهمها واستخدامها لا سيما إذا كان معناها لا يتطابق مع مدلول مجموع مكوّناتها منفردة.

وقد تقيّدنا، في وضع المسرد العربي، بالمنهج الوصفي، لذلك ضمّناه كل الوحدات الواردة في المدوّنة إلاّ ما سقط، سهوا، أثناء مراحل العمل، وهو نادر جدا. والتزاما بهذا النهج الوصفي لم نستبعد الألفاظ الدخيلة التي لم ترد لا في " المعجم الوسيط " لمجمع اللغة العربية بالقاهرة ولا في " المعجم العربي الأساسي " للمنظمة العربية للتربية والثقافة والعلوم " مثل " كابينة "، أو التي وردت في المعجم الثاني دون الأوّل مثل " باص ". ولم نستبعد أيضا بعض الاستعمالات التي شاعت حتى على ألسنة الأدباء وكبار المثقّفين رغم أن بعض المعاجم المعيارية ما زال يتردّد في تبنّيها. من ذلك، مثلا: أننا ضمنّا معجمنا " أثّر على " إلى جانب التركيب الأقرب إلى النموذج الأصلي " أثّر في "، و" بالنسبة ل " إلى جانب بديله " بالنسبة إلى ". ومن هذا المنطلق ضمّنّا معجمنا، أيضا، مختلف البدائل الهجائية والمعجمية الواردة في المدونة مثل " يوليو " و " يولية "، و " علم البصريّات"، و" طعام الفطور" و" الفطور"، و" أحوال معيشية " و" أحوال المعيشة " الخ...

أما المقابلات في اللغات الأجنبية الأربع فقد تقيّدنا في اختيارها بمختلف السياقات التي وردت فيها الوحدة المعجمية العربية، لذلك فإنها لا تشير إلاّ إلى معنى أو معاني تلك الوحدة كما وردت في المدوّنة،

وذلك حتى عندما يكون لها، في المعجم العام، معان أخرى غير تلك التي وردت بها في مدوّنتنا. من ذلك أن الاسم " برق " لم يرد إلاّ بمعنى " تلغراف "، وذلك على الرّغم من أنّ معناه هـذا اصـطلاحي أي متحـول، بالاستعارة، عن معناه الأول الذي هو " الضوء يلمع في السماء على إثر انفجار كهربـائي فـي السّـحاب" (المعجم الوسيط)، وأنّ الفعل "حرّر" ورد بمعنى " كتب وألّف وأنشأ " لا بمعنى " أعتق " أو " خلص مـن الاستعمار " الخ...، وأنّ " سائل " وردت اسما دالا على " حالة من حالات المادة الثلاث، وسط بين الصّلابة والغازية (ج. سوائل) لا على " الفقير المحتاج الذي يطلب من النّاس الصدقة "، وأنّ " لغوي " قد وردت صفة منسوبة إلى اللغة لا اسما مرادفا لـ" لساني " الخ...

على أنّ ضبط المعنى واختيار المقابل الأجنبي لم يخلوا، رغم ذلك، من الصعوبة في كثير من الأحيان، ذلك أنّه علاوة على أنّ وجود المقابل المباشر التّام أمر نادر بين لغتين، فإنّ عددا من وحدات معجمنـا قـد وردت ضمن بعض التدريبات بدون سياق فوضعنا مقابلاتها انطلاقا من أكثر معانيها تواترا أو بالرّجوع إلى المحور الذي استخدمت فيه. ووردت وحدات أخرى مبهمة أو محتملة لعديد التأويلات لأن صـياغتها غيـر منضبطة أو لأن سياقها غامض فسعينا إلى وضع المقابل الذي لا يحرّف المعنى وإن كان قد يقتصـر علـى تقريبه أو المحافظة على عموميته، وبالنسبة إلى التعابير الاصطلاحية (المسكوكة) والسياقية سعينا إلـى وضع ما يقابلها في اللغات الأجنبية إن وجد، وإلا وضعنا ما يقاربه أو ترجمناه ترجمة حرفيّة. وفـي كـل الحالات سعينا، ما أمكن، إلى مجاراة التعبير العربي تركيبا ودلالة للمحافظة على روح العربية وتقريبها إلى ذهن المتعلم. والأمر نفسه ينطبق خاصة على الوحدات المفردة التي لها مقابل أجنبي من أصل عربي. ففي هذه الحالة سعينا إلى ذكر ذلك المقابل وحده أو مع مرادفه أو مرادفاته. أمّـا الوحـدات المعجميّـة التـي استعملت استعمالا أسلوبيا مجازيّا جديدا في بعض النصوص الإبداعيّة التي تضمنها الجزء الثاني من الكتاب فقد أثبتنا المقابل الدال على معناها في المدوّنة وأوردنا قبله المقابلات الأخرى الدالة على معانيها الأولـى الشائعة في اللغة والتي يُعدّ المعنى الجديد امتدادا لها.

2. عرض مواد المعجم

حرصنا، في عرض موادّ المعجم، على البساطة والاختصار تحقيقا للوضوح والتيسير، فرتّبنا المداخل ترتيبا ألفبائيّا غير جذري أي وفق تسلسل حروف الألفبائية العربية ودون تمييز بين الأصـليّ والزائـد أو المتحوّل من حروف المدخل. ويعد هذا الترتيب تطبيقا لإحدى توصيات الدورة التدريبية التي نظمها مكتـب تنسيق التعريب (التابع للمنظمة العربية للتربية والثقافة والعلوم) من 31 مـارس إلـى 8 أبريـل 1981 بالرباط، حول " صناعة المعجم العربي لغير الناطقين بالعربية "، وهو أكثر ملائمة لطبيعـة هـذا المعجـم وأهدافه ونوع الجمهور المستهدف أي متعلمي اللغة العربية من غير الناطقين بها.

ولم يُذْكَر مع المدخل إلاّ بعض ما تدعو إليه الضرورة مما ليس قياسيا. فإذا كان المدخل فعلا ثلاثيـا مجردا ذكر معه مضارعه لتعرف حركة عينه خاصة. وإذا كان اسما أو صفة يجمعان جمعا غير قياسي ذكر

ذلك الجمع أو الجموع كلها أو ما اشتهر منها. أما الأفعال المزيدة و الأسماء التي تجمع جمع مذكر أو مؤنث سالما فترد غير متبوعة بمضارعها أو جمعها. على أنه إذا كان للكلمة(الاسم أوالصفة) جموع مختلفة دلاليا فإنها ترد مداخل منفصلة بحسب تعدد تلك الجموع(انظر مثلا: سرطان، صحيح، الخ...)

وقد جاءت بعض المداخل الفعلية في الماضي المبني للمجهول، أو في المضارع المبني للمجهول، أو في المضارع المبني للمعلوم أو المجهول، أو في الأمر (انظر مثلا: ولد، ينبغي أن، يوجد، الخ...)، وذلك على خلاف ما جرت عليه عادة المعاجم من الالتزام التام بإيراد الفعل في الماضي المبني للمعلوم والمسند 'ل ضمير الغائب. وجاءت بعض المداخل الاسمية في المثنى أو الجمع (انظر مثلا والدان، صادرات، عادات وتقاليد، الخ...) خلافا لما جرت عليه العادة من إيراد الاسم في المفرد، وذلك لأنها ممعجمة، في الاستعمال، بصيغها تلك التي كثيرا ما تختلف معانيها عن معاني الصيغ المفردة التي تتخذها المعاجم العادية مداخل.

وقد وضع لكل مدخل عربي مقابل أو أكثر في كل من لغات الشرح أو الوصول الأربع. وعندما تتعدد المقابلات فإنها تكون مترادفة يدقق بعضها بعضا، أو دالة على معان مختلفة تبعا للسياقات التي استخدمت فيها تلك المداخل.

3. رموز المعجم

استعملنا، في المعجم، رموزا قليلة هي:

(ج): لبيان أن المدخل أو أحد مكوناته ورد في الجمع.

(مؤ): لبيان أن المدخل مؤنث، وأن له مذكرا من لفظه ورد مدخلا أيضا.

(ـ): للدّلالة على تكرار أحد مكونات المدخل المركب عندما يذكر معه مضارعه أو جمعه، أو لتعويض المضاف إليه في المدخل الذي يرد، مثلا، ظرفا مضافا.

(.../...): للدلالة على أن ما يلي هذا الخط المائل ـ في المدخل المركب ـ بدل معجمي لما قبله.

واستعملنا مع المقابلات الأجنبية رموزا أخرى شرحناها في التقديم الخاص بتلك اللغات.

4. أهداف المعجم

الهدف الرئيسي لهذا المعجم هو مساعدة دارسي " الكتاب الأساسي في تعليم اللغة العربية لغير الناطقين بها" ـ سواء أكانت العربية بالنسبة إليهم لغة ثانية أم أجنبية ـ على استعماله، وذلك بأن يكون

أداة للتعلم الذاتي تدقق مكتسباتهم من ألفاظ اللغة العربية الفصحى المعاصرة وتعابيرها، وتُغني تلك المكتسبات وتعززها سواء أثناء مرحلة التعلم أو بعدها. وتتأكد أهمية هذا الهدف إذا علمنا أن " الكتاب الأساسي" يهدف " إلى تعليم اللغة العربية لغير الناطقين بها من الكبار المثقفين، أي الذين لهم قدر معقول من الثقافة"، وبالتالي فهم قادرون على استخدام هذا المعجم بالطريقة المناسبة والإفادة منه في حدود الهدف الموضوع له. ومن البديهي، إذن، أن هذا المعجم لا يعوض المعلم أو يغني عن إتباع طريقة أو أكثر من طرائق تعليم اللغات عامة وتعليم اللغة الثانية أو الأجنبية خاصة، كما أنه لا يغني عن استعمال المعاجم الأخرى الأحادية اللغة (العربية) أو الثنائية أو المتعدّدة اللغات (العربية ـ الأجنبية) وإنّما يعاضدها ويتكامل معها.

وإلى جانب هذا الهدف الرئيسي الأول فإننا نحسب أن هذا الانجاز المعجمي يحقق ـ ولو جُزئِيًّا ـ أهدافا أخرى لم تقصد، في البدء، لذاتها. ومن هذه الأهداف أنه يكشف عن الرصيد المعجمي المستخدم في " الكتاب الأساسي " وما قد يكون فيه من إفراط وتفريط يساعد تحليلهما على تجويد الكتاب في طبعاته اللاحقة، وأنه يكشف، أيضا، عن تطور معجم اللغة العربية الفصحى المعاصرة مبنى ومعنى بما قد يساهم في وضع المعجم الملائم لمتعلمي اللغة العربية من غير الناطقين بها. ونرجو أيضا أن يكون هذا الإنجاز المعجمي ـ بما اشتمل عليه خاصّة من تعابير اصطلاحية وسياقيّة كثيرة ـ إسهامًا، ولو محدودًا، في إنشاء قواعد البيانات المعجميّة، وتذليل بعض صعوبات التّرجمة العربية بمساعدة الحاسوب، وتطوير صناعة المعجم العربي.

والله ولي التّوفيق

عبد اللطيف عبيد

انجليزيّة	ألمانيّة	إسبانيّة	فرنسيّة	عربيّة
father (n.)	Vater	padre	père	أَبٌ آباءٌ
starting from	ab	a partir de	à partir de	ابْتِداءً مِنْ
primary	primär	primario	primaire	ابْتِدائِيٌّ
smile (v.)	lächeln	sonreír	sourire (v.)	ابْتَسَمَ
to be lucky	Glück haben	la suerte sonríe a	la chance sourit à	ابْتَسَمَ الحَظُّ لِـ
distance (n.)	Entfernung	alejamiento	éloignement;distance	ابْتِعادٌ
invent, create	erfinden, schaffen	crear, concebir	créer, concevoir; inventer	ابْتَكَرَ - اِخْتَرَعَ
alphabet	Alphabet	alfabeto	alphabet	أَبْجَدِيَّةٌ
Arabic alphabet	arabisches Alphabet	alfabeto árabe	alphabet arabe	أَبْجَدِيَّةٌ عَرَبِيَّةٌ
never	niemals	nunca	jamais	أَبَدًا

creation	Schöpfung	creación	création	إِبْداعٌ
create	schaffen	crear	créer	أَبْدَعَ
show (v.)	zeigen	manifestar	manifester; montrer	أَبْدى
show a special interest	Interesse zeigen	prestar especial interés	accorder de l intérêt	أَبْدى عِنايَةً
bringing out, expressing	Hervorhebung	puesta de relieve	mise en évidence	إِبْرازٌ
needle (n.)	Nadel	aguja	aiguille	إِبْرَةٌ إِبَرٌ
bring out	zeigen	poner de relieve	mettre en évidence, montrer	أَبْرَزَ
jug, pitcher	Krug, Kanne	cántaro, botijo	cruche, broc	إِبْريقٌ أَباريقُ
tea pot	Teekanne	tetera	théière	إِبْريقُ الشّايِ أَباريقُ ـ
silver jug	Silberkaraffe	cántaro de plata	cruche en argent	إِبْريقٌ فِضِّيٌّ أَباريقُ فِضِّيَّةٌ
April	April	abril	avril	أَبْريلُ
see	sehen	ver, percibir	voir, apercevoir	أَبْصَرَ
maintaining	Aufrechterhaltung	mantenimiento	maintien	إِبْقاءٌ
notification	Mitteilung, Meldung	notificación	notification, note, avis	إِبْلاغٌ
son, child	Sohn, Kind	hijo	fils, enfant	ابْنٌ أَبْناءٌ، بَنونَ

cousin (m.) (maternal)	Cousin (mütterlicherseits)	primo (materno)	cousin (maternel)	ابْنُ الخالِ أَبْناءُ -
cousin (m.) (paternal)	Cousin (väterlicherseits)	primo (paterno)	cousin (paternel)	ابْنُ العَمِّ أَبْناءُ -
daughter	Tochter	hija	fille	ابْنَةٌ (مؤ) بَناتٌ
white	weiβ	blanco	blanc	أَبْيَضُ بيضٌ
following	folgend, kommend	siguiente	suivant	آتٍ (الآتي)
allow, offer	bieten	permitir	permettre, donner l'occasion, offrir	أَتاحَ
adoption of a model	Modellanwendung	adopción de un modelo	adoption d'un modèle	اتِّباعُ نَمَطٍ
follow	folgen	seguir	suivre	اتَّبَعَ
direction, tendency	Richtung, Tendenz	dirección, tendencia	direction, tendance	اتِّجاهٌ
humanitarian tendency	humanistische Orientierung	tendencia humanitaria	tendance humanitaire	اتِّجاهٌ إِنْسانِيٌّ
go/ tend to	sich richten nach	dirigirse a/ ir rumbo a	se diriger, s'orienter vers	اتَّجَهَ إِلى
union	Union	unión	union	اتِّحادٌ
football league	Fuβballverband	federación de fútbol	fédération de football	اتِّحادُ الكُرَةِ
union of emirates	Emiratenunion	unión de emiratos	union d'émirats	اتِّحادُ إِماراتٍ
take, make, consider	aus etwas machen	tomar	faire de	اتَّخَذَ
take precautions	Vorsichtsmaβnahmen treffen	tomar precauciones	prendre des précautions	اتَّخَذَ احْتِياطاتٍ

widen	breit genug sein	ampliarse, extenderse	s'élargir	اتَّسَعَ
contact, communication	Kontakt, Kommunikation	contacto, comunicación	contact, communication	اتِّصالٌ
telephone communication	Telefonverbindung	conferencia telefónica	communication téléphonique	اتِّصالٌ هاتِفِيٌّ
international communications	internationale Kommunikationen	comunicaciones internacionales	communications internationales	اتِّصالاتٌ عالَمِيَّةٌ (ج)
contact, concern, relate to	sich in Verbindung setzen, betreffen	entrar en relación con, concernir	contacter, concerner, être en relation avec	اتَّصَلَ بِـ
telephone (v.)	anrufen	telefonear	téléphoner	اتَّصَلَ هاتِفِيًّا
tire out	anstrengen	cansar	fatiguer	أَتْعَبَ
agreement	Abkommen	convenio	accord	اتِّفاقٌ
agree	sich einigen	estar de acuerdo	être d'accord	اتَّفَقَ
agree on	sich einigen auf	estar de acuerdo sobre	se mettre d'accord sur	اتَّفَقَ عَلى
agree with	übereinstimmen mit	estar de acuerdo con	s'accorder avec	اتَّفَقَ مَعَ
perfection, mastery	Beherrschung	perfección, dominio	perfectionnement, maîtrise	إِتْقانٌ
job proficiency	gute Arbeitsausführung	el hecho de trabajar con esmero	le fait de bien faire le travail	إِتْقانُ العَمَلِ
master, excel, do well	beherrschen	dominar, destacarse	maîtriser, exceller dans, faire à la perfection	أَتْقَنَ
beware	misstrauisch sein	desconfiar de, no fiarse de / en, temer	se méfier, se garder de, craindre	اتَّقى

complete (v.)	beenden	terminar	terminer	أَتَمَّ
come	kommen	venir, llegar	venir, arriver	أَتى يَأْتي
furniture	Möbel	muebles	meubles, mobilier	أَثاثٌ (ج)
monuments, vestiges	Denkmäler	vestigios	vestiges, monuments	آثارٌ (ج)
arouse interest	Interesse erwecken	suscitar el interés	susciter l'intérêt	أَثارَ الاهْتِمامَ
entity evidence, raison d'être	Selbstverwirklichung	razón de ser	affirmation de soi, raison être	إِثْباتُ الوُجودِ
prove, demonstrate	beweisen	afirmar, demostrar, probar	prouver, démontrer	أَثْبَتَ
trace, effect	Spur, Effekt	huella, efecto	trace, effet	أَثَرٌ آثارٌ
harmful effect	schädliche Wirkung	efecto nocivo	effet nocif	أَثَرٌ ضارٌّ آثارٌ ضارَّةٌ
affect, influence	beeinflussen	influir sobre/ en	influer/ avoir de l'incidence sur	أَثَّرَ عَلى / في
archaeological	archäologisch	arqueológico	archéologique	أَثَرِيٌّ
fruit (v.)	Frücht geben	dar frutos	donner ses fruits	أَثْمَرَ
during, while	während	durante	durant, pendant	أَثْناءَ
two	zwei	dos	deux	اثْنانِ
Monday	Montag	lunes	lundi	اثْنَيْ (الـ)
answer (n.), reply	Antwort	respuesta	réponse	إِجابَةٌ

to be proficient (in)	meistern	sobresalir	exceller, maîtriser	أَجادَ
proficiency, excellence	das Meistern	esmero	le fait d'exceller	إِجادَةٌ
holiday, leave	Urlaub	permiso, día de asueto	congé	إِجازَةٌ
driving licence	Führerschein	permiso de conducir	permis de conduire	إِجازَةُ قِيادَةٍ
meeting	Versammlung	reunión	réunion	اجْتِماعٌ
social	sozial	social	social	اجْتِماعِيٌّ
social topics	Sozialangelegenheiten	temas sociales	sujets d'ordre social, affaires sociales	اجْتِماعِيّاتٌ
meet with, get together	sich versammeln	reunirse	se réunir	اجْتَمَعَ
wage, remuneration	Lohn	remuneración, salario	rémunération, rétribution, salaire	أَجْرٌ أُجورٌ
doctor's fees	Arzthonorar	honorarios del médico	honoraires du médecin	أَجْرُ الفَحْصِ أُجورُ ـ
wage, remuneration	Lohn	remuneración, salario	rémunération, rétribution	أُجْرَةٌ أُجورٌ أُجَرٌ
doctor's fees	Arzthonorar	honorarios del médico	honoraires du médecin	أُجْرَةُ الفَحْصِ أُجورُ / أُجَرُ ـ
postpone, defer	verschieben	alpazar, diferir	reporter, différer	أَجَّلَ
seat, give a seat	setzen	sentar	asseoir	أَجْلَسَ
more beautiful than	schöner als	más hermoso que	plus beau que	أَجْمَلُ مِنْ

foreign	ausländisch	extranjero	étranger	أَجْنَبِيٌّ
to be on the verge of tears	Tränen in den Augen haben	estar a punto de llorar	être au bord des larmes	أَجْهَشَ
surrounding	Einkreisung	cerco	encerclement	إِحاطَةٌ
love (v.), like, want	lieben, mögen	amar, querer	aimer, vouloir	أَحَبَّ
dearer	lieber	más querido	plus aimé, préféré	أَحَبُّ
need, require	brauchen, benötigen	necesitar	avoir besoin de, nécessiter	احْتاجَ إِلى
wear the veil, disappear	sich verschleiern, verschwinden	velarse, ocultarse	se voiler, disparaître	احْتَجَبَ
burning	Verbrennung	quemadura	le fait de se brûler	احْتِراقٌ
respect (n.)	Respekt	respeto	respect	احْتِرامٌ
mutual respect	gegenseitiger Respekt	respeto mútuo	respect mutuel	احْتِرامٌ مُتَبادَلٌ
burn, set on fire	brennen	inflamarse	brûler (intr.), prendre feu	احْتَرَقَ
respect (v.)	respektieren	respetar	respecter	احْتَرَمَ
preserving	Aufrechterhaltung	conservación, preservación	conservation, préservation, maintien	احْتِفاظٌ بِـ
celebration, ceremony	Feier	recepción, fiesta	fête	احْتِفالٌ
in celebration of	als Feier für	para celebrar / festejar	pour célébrer	احْتِفالاً بِـ
preserve, keep, maintain	beibehalten	conservar, preservar	conserver; maintenir	احْتَفَظَ بِـ

monopoly	Monopolisierung	monopolio	monopole, le fait de monopoliser	احْتِكارٌ
monopolise	monopolisieren	monopolizar	monopoliser	احْتَكَرَ
occupy	besetzen, einnehmen	ocupar	occuper	احْتَلَّ
occupy a place	Position einnehmen	ocupar un sitio	occuper une place	احْتَلَّ مَكانًا
occupation	Besetzung	ocupación	occupation	احْتِلالٌ
possibility, probability	Möglichkeit, Wahrscheinlichkeit	posibilidad, eventualidad	possibilité, éventualité	احْتِمالٌ
containment	Bewältigung	el hecho de circunscribir	le fait de circonscrire	احْتِواءٌ
include, contain, consist of	umfassen, enthalten, beinhalten	contener, abarcar, componerse de	contenir, renfermer, se constituer de, comprendre	احْتَوى عَلى
need, necessity	Bedarf	necesidad	besoin	احْتِياجٌ
cultural and economic necessities/ needs	kulturelle und wirtschaftliche Bedürfnisse	necesidades culturales y económicas	besoins culturels et économiques	احْتِياجاتٌ ثَقافِيَّةٌ واقْتِصادِيَّةٌ (ج)
precaution	Vorsichtsmaßnahme	precaución(es)	précaution	احْتِياطٌ
one of (m.)	einer von	uno (de los)	l'un (des)	أَحَدُ ـ
Sunday	Sonntag	domingo	dimanche	أَحَدٌ (الـ) آحادٌ
eleven	elf	once	onze	أَحَدَ عَشَرَ
great/ major events	groβe Ereignisse	grandes acontecimientos	grands évènements	أَحْداثٌ كُبْرى (ج)

one of (f.)	eine von	una (de las)	l'une (des)	إِحْدى (مؤ)
obtain, get	erlangen	obtener	obtenir	أَحْرَزَ
score a goal	ein Tor schieβen	marcar un gol	marquer un but	أَحْرَزَ هَدَفًا
feel	fühlen, spüren	experimentar, sentir	sentir, éprouver	أَحَسَّ بِـ
benefit, charity	das Wohltun, die Wohltat	beneficencia, buena acción	bienfait, bienfaisance	إِحْسانٌ
master, do well	sehr gut machen, Erfolg haben bei	dominar, llevar a bien	maîtriser, réussir (tr.)	أَحْسَنَ
better	besser	mejor	mieux	أَحْسَنُ
treat well, give charity	wohltun	hacer bien a, dar limosna	faire du bien à, faire la charité à	أَحْسَنَ إِلى
well done !	gut !	¡ bravo!, ¡ muy bien ! ¡ olé !	bravo ! bien !	أَحْسَنْتَ
bring	bringen, holen	llevar, traer	apporter, amener	أَحْضَرَ
redden	erröten	enrojecer	rougir	احْمَرَّ
red	rot	rojo	rouge	أَحْمَرُ حُمْرٌ
reddening	das Erröten	rubor	rougissement	احْمِرارٌ
working conditions, work situation	Arbeitsbedingungen	condiciones laborales	conditions de travail, situation au travail	أَحْوالُ (ج) العَمَلِ
living conditions	Lebensbedingungen	condiciones de vida	conditions de vie	أَحْوالُ (ج) المَعيشَةِ
living conditions	Lebensbedingungen	condiciones de vida	conditions de vie	أَحْوالٌ مَعيشِيَّةٌ (ج)

the living beings	die Lebewesen	seres vivos	êtres vivants	أَحْياءٌ (ج)
sometimes	manchmal	a veces	parfois, quelquefois	أَحْيانًا (ج)
brother	Bruder	hermano	frère	أَخٌ إِخْوَةٌ ، إِخْوانٌ
social news	soziale Angelegenheiten	noticias sociales	informations sociales	أَخْبارٌ اجتِماعِيَّةٌ (ج)
international news	Auslandsnachrichten	noticias del extranjero	informations extérieures	أَخْبارٌ خارِجِيَّةٌ (ج)
world/ international news	Weltnachrichten	noticias internacionales	informations internationales	أَخْبارٌ عالَمِيَّةٌ (ج)
local / national news	Lokalnachrichten	noticias nacionales	informations nationales	أَخْبارٌ مَحَلِّيَّةٌ (ج)
inform	informieren	informar	informer	أَخْبَرَ
sister	Schwerster	hermana	sœur	أُخْتٌ (مؤ) أَخَواتٌ
choose	aussuchen	escoger	choisir	اخْتارَ
test (n.)	Test	prueba	test, essai	اخْتِبارٌ
end (v.)	beenden, abschlieβen	terminar, clausurar	terminer, clôturer	اخْتَتَمَ
pass (v.), cross	durchqueren	atravesar, cruzar	traverser	اخْتَرَقَ
store (v.), keep	aufheben, aufbewahren	almacenar	emmagasiner, conserver	اخْتَزَنَ
specialize in	sich spezialisieren auf	especializarse en…	être spécialisé dans	اخْتَصَّ بِـ
sum up, summarize, shorten	resümieren, abkürzen	resumir, abreviar, echar por el atajo	résumer, raccourcir	اخْتَصَرَ

disappear, hide	verschwinden, sich verstecken	desaparecer, ocultarse	disparaître, se cacher	اخْتَفى
to be mentally deranged	geistig gestört sein	no estar en su sano juicio	avoir l'esprit dérangé	اخْتَلَّ عَقْلُهُ
mixing with people, socializing	Umgang mit	el hecho de confundirse con la multitud	le fait de se mêler aux autres	اخْتِلاطٌ بِالنّاسِ
difference, divergence	Unterschied, Verschiedenheit	diferencia, divergencia	différence, divergence	اخْتِلافٌ
difference of opinion, disagreement	Meinungsverschieden -heit	desacuerdo	désaccord	اخْتِلافُ الكَلِمَةِ
differ from	sich unterscheiden von	diferenciarse de	se différencier de, être différent de	اخْتَلَفَ عَنْ
disagree/ with	nicht einig sein mit	no estar de acuerdo/ con	être en désaccord avec	اخْتَلَفَ / مَعَ
choice	Auswahl	elección	choix	اخْتِيارٌ
take, start	nehmen, anfangen mit	tomar, echarse a	prendre, se mettre à	أَخَذَ
taking	das Nehmen	toma	action de prendre	أَخْذٌ
putting under an obligation	Abschluss der Abkommen	papeleta de empeño	le fait d'imposer un engagement	أَخْذُ المَواثيقِ (- ج)
delay (v.)	verschieben	demorar, retrasar	retarder	أَخَّرَ
by/ at the end	am Ende von	al cabo de	au bout/ à la fin de	آخِرَ ـ أَواخِرَ ـ
other, another	der andere	otro	autre	آخَرُ أُخَرُ
end, the latest	der letzte	el último	fin (n.), le dernier	آخِرٌ أَواخِرُ

last time	zum letzten Mal	la última vez	la dernière fois	آخِرُ مَرَّةٍ
take out	herausholen	sacar	faire sortir, retirer	أَخْرَجَ
stupid	dumm	estúpido	stupide	أَخْرَقُ خُرْقٌ
become green	grün werden	verdear	devenir vert	اخْضَرَّ
green	grün	verde	vert	أَخْضَرُ خُضْرٌ
turning green, greenness	das Grünwerden	el verdear	le fait de devenir vert	اخْضِرارٌ
make a mistake, err	sich täuschen, falsch machen	equivocarse, cometer un error, incurrir en un error	se tromper, commettre une erreur	أَخْطَأَ
hiding, concealment	die Versteckung	disímulo	dissimulation	إِخْفاءٌ
failure	das Misslingen	fracaso	échec	إِخْفاقٌ
hide, conceal	verstecken, verbergen	ocultar, disimular	cacher, dissimuler	أَخْفى
evacuation	Evakuierung	evacuación	évacuation	إِخْلاءٌ
loyalty, fidelity, faithfulness	Ehrlichkeit, Treue, Aufrichtigkeit	lealtad, fidelidad, sinceridad	loyauté, fidélité, sincérité	إِخْلاصٌ
morals	die Moral	la moral	la morale	أَخْلاقٌ (ج)
moral (adj.)	moralisch	moral (adj.)	moral (adj.)	أَخْلاقِيٌّ
finally	schlieβlich	al fin, por fin	enfin, finalement	أَخيرًا
fulfillment, performance	Erfüllung, Performanz	cumplimiento, presttación	accomplissement, performance	أَداءٌ

duty fulfillment/ performance	Aufgabeerfüllung	cumplimiento del deber	accomplissement du devoir	أداءُ الواجِبِ
humanities	Philologie	las bellas letras	belles-lettres	آدابٌ (ج)
tool, instrument, particle	Instrument, Partikel	herramienta, instrumento, partícula	outil, instrument, particule	أداةٌ
manage, run	leiten	dirigir	diriger	أدارَ
administration, management	Verwaltung, Leitung	administracción, dirección	administration, direction	إدارَةٌ
passport office	Reisepassstelle	dirección de pasaportes	direction des passeports	إدارَةُ الجَوازاتِ (- ج)
electricity board	Stadtwerke	dirección de electricidad	direction de l'électricité	إدارَةُ الكَهْرَباءِ
American Administration	US-Regierung	administración americana	l'Administration américaine	إدارَةٌ أَمْرِيكِيَّةٌ (الـ-)
governmental body/ administration	Regierungsbehörde	administración gubernamental	administration gouvernementale	إدارَةٌ حُكومِيَّةٌ
administrator	Verwalter	administrador	administrateur	إدارِيٌّ
educate well	gut erziehen	educar correctamente	bien éduquer	أَدَّبَ
literature	Literatur	literatura	littérature	أَدَبٌ آدابٌ
Arabic literature	arabische Literatur	literatura árabe	littérature arabe	أَدَبٌ عَرَبِيٌّ
literary	literarisch	literario	littéraire	أَدَبِيٌّ
put into	stecken in / einführen in	introducir	introduire	أَدْخَلَ

awareness	das Einsehen	conciencia	conscience	إِدْراكٌ
include	Einführen, einbeziehen	incluir	inclure	أَدْرَجَ
realise, be aware of	einsehen	darse cuenta de	se rendre compte	أَدْرَكَ
pretend, claim	behaupten	pretender	prétendre	ادَّعى
surprise (v.)	überraschen	asombrar	étonner, surprendre	أَدْهَشَ
table setting	Tischbesteck	cubierto (n.)	couvert (n.)	أَدَواتُ (ج) المائِدَةِ
household utensils	Haushaltsgegenstände	artículos domésticos	articles ménagers	أَدَواتٌ مَنْزِلِيَّةٌ (ج)
perform, fulfill, carry out	erfüllen	cumplir	accomplir	أَدّى
lead to	führen zu	llevar a	mener à	أَدّى إِلى
take an examination	eine Prüfung ablegen	pasar un examen	passer un examen	أَدّى امْتِحانًا
render/ perform a service	dienen	prestar un servicio	prêter un service	أَدّى خِدْمَةً
fulfill a function	eine Aufgabe erfüllen	cumplir con una función	accomplir une fonction	أَدّى وَظيفَةً
writer, man of letters	Dichter	literato, escritor	homme de lettres	أَديبٌ أُدَباءُ
if	wenn	si	si	إِذا
broadcast (v.)	ausstrahlen	difundir	diffuser	أَذاعَ
radio	Rundfunk	radio	radio	إِذاعَةٌ

shed tears	Tränen gieβen	derramar lágrimas	verser des larmes	أَذْرَفَ الدَّمْعَ
so, then, therefore	also	pues, luego	donc	إِذَنْ
ear	Ohr	oreja	oreille	أُذُنٌ آذانٌ
allow, permit	erlauben	permitir, autorizar	permettre, autoriser	أَذِنَ يَأْذَنُ
want, would like	wollen	querer	vouloir	أَرادَ
will (n.)	der Wille	voluntad	volonté	إِرادَةٌ
political will	politischer Wille	voluntad política	volonté politique	إِرادَةٌ سِياسِيَّةٌ
conscious political will	bewusster politischer Wille	voluntad política consciente	volonté politique consciente	إِرادَةٌ سِياسِيَّةٌ واعِيَةٌ
the holy lands	Heiliges Land	tierra santa	Terres saintes	أَراضٍ (الأَراضي) مُقَدَّسَةٌ (ج)
wish, desire, objective	Wunsch, Ziel	propósito, voto	dessein, vœu, objectif	أَرَبٌ آرابٌ
Wednesday	Mittwoch	miércoles	mercredi	أَرْبِعاءُ (الـ-)
four	vier	cuatro	quatre	أَرْبَعَةٌ
fourteen	vierzehn	catorce	quatorze	أَرْبَعَةَ عَشَرَ
forty	vierzig	cuarenta	quarante	أَرْبَعونَ
link, relation	Verbindung	lazo	lien	ارْتِباطٌ

put on, wear	anziehen	vestirse	mettre un vêtement, s'habiller	ارْتَدى
accept	annehmen	aceptar	accepter	ارْتَضى
graze (v.)	weiden	pacer	brouter	ارْتَعى
increase (n.)	Anstieg	alza, subida	hausse	ارْتِفاعٌ
price increase	Preiserhöhung	subida de los precios	hausse des prix	ارْتِفاعُ الأَسْعارِ (- ج)
rise (v.), increase	(an-)steigen	elevarse, aumentar	s'élever, augmenter	ارْتَفَعَ
promote, elevate	fördern	ascender, promover	promouvoir	ارْتَقى بِـ
commit	begehen	cometer	commettre	ارْتَكَبَ
return (v.)	zurückgeben	devolver	rendre	أَرْجَعَ
"irdab" (grain measurment)	"Irdab" : (Körnerhohlmaß)	"irdab" (medida de granos)	"irdab" (mesure de grains)	إِرْدَبٌّ أَرادِبُ
Urdu	Urdu-Sprache	el urdu	l'urdu	أُرْدِيَّةٌ (الـ-)
rice	Reis	arroz	riz	أُرْزٌ
send	senden	mandar, enviar	envoyer	أَرْسَلَ
guidance	Betreuung	orientación	orientation, encadrement	إِرْشادٌ / تَأْطِير
indicate, inform	informieren über	indicar, informar sobre	indiquer, renseigner, informer sur	أَرْشَدَ إِلى

meteorology	Meteorologie	meteorología	météorologie	أَرْصادٌ جَوِّيَّةٌ (ج)
land (n.)	Erde	tierra	terre	أَرْضٌ أَراضٍ (الأَراضي)
agricultural land	Ackerboden	tierra agrícola	terre agricole	أَرْضٌ زِراعِيَّةٌ أَراضٍ (الأراضي) ـ
desert land	Wüstengebiet	tierra desértica	terre désertique	أَرْضٌ صَحْراوِيَّةٌ أَراضٍ (الأراضي) ـ
arable land	Ackererde	suelo arable	terre arable	أَرْضٌ قابِلَةٌ لِلزِّراعَةِ أَراضٍ (الأراضي) ـ
cultivated land, land in production	Anbaufeld	tierra cultivada	terre cultivée	أَرْضٌ مَزْروعَةٌ أَراضٍ (الأراضي) ـ
superior	am besten	más noble	plus noble	أَرْقى
intelligent, clever	klug	inteligente, fino	intelligent, fin (adj.)	أَريبٌ أُرَباءُ
elimination, suppression	Abschaffung	supresión	suppression	إِزالَةٌ
crowd together, to be crowded	überfüllt sein	apretarse	s'encombrer, être encombré	اِزْدَحَمَ
prosperity	Prosperität	prosperidad	prospérité	اِزْدِهارٌ
prosper, flourish	florieren	prosperar	prospérer	اِزْدَهَرَ
increase (n.)	Zunahme	incremento	accroissement	اِزْدِيادٌ

blue	blau	azul	bleu	أَزْرَقُ زُرْقٌ
crisis	Krise	crisis	crise	أَزْمَةٌ
economic crisis	Wirtschaftskrise	crisis económica	crise économique	أَزْمَةٌ اقْتِصادِيَّةٌ
world crisis	Weltkrise	crisis mundial	crise mondiale	أَزْمَةٌ عالَمِيَّةٌ
carnation	Nelken	claveles	oeillets	أَزْهارُ (ج) القَرَنْفُلِ
basis	Basis	base	base	أَساسٌ أُسُسٌ
solid basis	solide Basis	base sólida	base solide	أَساسٌ مَتينٌ أُسُسٌ مَتينَةٌ
basically	hauptsächlich	básicamente, esencialmente	foncièrement, essentiellement	أَساسًا
fundamental, main, essential	grundlegend	fundamental, esencial	fondamental, essentiel	أَساسِيٌّ
fundamentals, basics	Grundlagen	fundamentos	fondements	أَساسِيّاتٌ (ج)
the fundamentals of dialogue	Dialoggrundlagen	fundamentos del diálogo	fondements du dialogue	أَساسِيّاتُ (ج) الحِوارِ
week	Woche	semana	semaine	أُسْبوعٌ أَسابيعُ
weekly	wöchentlich	cada semana	chaque semaine	أُسْبوعِيّا
rent (n.)	Miete	alquiler	location	اسْتِئْجارٌ
rent (v.)	mieten	alquilar	prendre en location, louer	اسْتَأْجَرَ

teacher	Lehrer	profesor	professeur	أُسْتاذٌ أَساتِذَةٌ
ask permission	um Erlaubnis bitten	pedir permiso	demander la permission	اسْتَأْذَنَ
investment	Investition	inversión	investissement	اسْتِثْمارٌ
respond to	erfüllen	en respuesta a	en réponse à, pour répondre à	اسْتَجابَ لِ
response	Erfüllung	respuesta	réponse	اسْتِجابَةٌ
in response to	in Erfüllung	en requesta a	en réponse/ pour répondre à	اسْتِجابَةً لِ
deserve, need	verdienen, benötigen	merecer, necesitar	mériter, nécessiter	اسْتَحَقَّ
have/take a bath	ein Bad nehmen	tomar un baño	prendre un bain	اسْتَحَمَّ
use, using, usage	Benutzung	empleo, utilización, uso	emploi, utilisation, usage	اسْتِخْدامٌ
use (v.)	benutzen	utilizar	utiliser	اسْتَخْدَمَ
oil drilling/ extraction	Erdölförderung	extracción del petróleo	extraction du pétrole	اسْتِخْراجُ البِتْرولِ
take out, extract	herausnehmen, schöpfen	sacar, extraer	tirer, extraire	اسْتَخْرَجَ
roundness	Kreisförmigkeit	redondez	rotondité	اسْتِدارَةٌ
imply, require	verlangen	implicar, requerir	impliquer, nécessiter	اسْتَدْعى
take a rest, rest	sich ausruhen	descansar	se reposer	اسْتَراحَ
recuperation, recalling	Rückgewinnung, Wachrufung	recuperación, evocación	récupération, évocation	اسْتِرْجاعٌ

recuperate, recover	zurückbekommen	recuperar, recobrar	récupérer	اسْتَرْجَعَ
relax	sich ausruhen	relajarse	se relaxer	اسْتَرْخى
seek to satisfay, conciliate, appease	versöhnen, besänftigen	tratar de contentar, apaciguar, sosegar	chercher à contenter, apaiser	اسْتَرْضى
land clearing	Fruchtbarmachung der Erde	roturación de las tierras	défrichement des terres	اسْتِزْراعُ الأَرْضِ
cultivate	pflanzen, anbauen	cultivar	cultiver	اسْتَزْرَعَ
premonition, presentimental	Vorgefühl	presentimiento	pressentiment	اسْتِشْعارٌ
have premonition/ presentimental	vorausahnen	presentir	pressentir	اسْتَشْعَرَ
seek a cure	genesen	pedir cura	se faire soigner	اسْتَشْفى
reclaim land	Erde fruchtbar machen	aprovechar las tierras	mettre en valeur une terre	اسْتَصْلَحَ أَرْضًا
to be able, can	können	poder	pouvoir	اسْتَطاعَ
informing about, investigation, exploration	Erkundung	el hecho de informarse/ explorar	action de s'informer/ d'explorer	اسْتِطْلاعٌ
investigate, explore	erkunden	informarse de, explorar	s'informer de, explorer	اسْتَطْلَعَ
recover, recuperate	zurückgewinnen	recobrar, recuperar	récupérer	اسْتَعادَ
recovery, recuperation	Rückgewinnung	recobro, recuperación	récupération	اسْتِعادَةٌ
borrow	sich etwas ausleihen	pedir prestado	emprunter	اسْتَعارَ
resorting to	Hilfe	el hecho de recurrir a	recours à	اسْتِعانَةٌ بِ

enslave	versklaven	esclavizar	asservir	اِسْتَعْبَدَ
get ready, prepare oneself	bereit sein	prepararse a	s'apprêter à	اِسْتَعَدَّ لِ
readiness, willingness	Bereitschaft	predisposición	prédisposition	اِسْتِعْدَادٌ
look over	sich etw. ansehen	pasar revista	passer en revue	اِسْتَعْرَضَ
information, inquiries	Auskünfte	información	renseignements	اِسْتِعْلامات (ج)
inquire about	sich informieren über, sich erkundigen nach	informarse/ enterarse de, averiguar	s'informer de, se renseigner sur, s'enquérir de	اِسْتَعْلَمَ عَنْ
use (v.)	benutzen, gebrauchen	emplear	employer	اِسْتَعْمَلَ
take (v.), last	(an-)dauern	durar	durer, prendre du temps	اِسْتَغْرَقَ
dispense with	entbehren	prescindir de	se passer de	اِسْتَغْنَى عَنْ
benefit from	Nutzen ziehen aus	sacar provecho de	tirer profit de, bénéficier de	اِسْتَفَادَ مِنْ
benefiting/ advantage from	nutzen	aprovechamiento	action de tirer profit de	اِسْتِفَادَةٌ مِنْ
question, interrogative form	Fragestellung	interrogación	interrogation	اِسْتِفْهامٌ
inquire, question	zu verstehen suchen, fragen	informarse, interrogar	chercher à comprendre, interroger	اِسْتَفْهَمَ
straighten up, stand upright	sich aufrichten	comportarse bien, erguirse	se tenir correctement, se dresser	اِسْتَقَامَ
uprightness	Geradheit	rectitud, derechura	droiture	اِسْتِقَامَةٌ

reception	Empfang	acogida	accueil	اسْتِقْبالٌ
receive	empfangen	recibir, tener visitas	recevoir, accueillir	اسْتَقْبَلَ
settle down	sich niederlassen	establecerse	se fixer	اسْتَقَرَّ
investigate, search	erforschen	investigar, analizar, inducir	chercher, rechercher, analyser, induire	اسْتَقْرَأَ
stability	Stabilität	estabilidad	stabilité	اسْتِقْرارٌ
receipt, receving	Empfang	recibimiento	réception	اسْتِلامٌ
lie down	sich hinlegen	tenderse	s'étendre	اسْتَلْقى
listening	das Zuhören	escucha	écoute	اسْتِماعٌ
enjoy	genieβen	disfrutar, gozar	jouir de	اسْتَمْتَعَ بِ
derive/draw from	entnehmen	sacar, tomar	tirer de, puiser dans	اسْتَمَدَّ مِنْ
continue, last	sich fortsetzen	durar, continuar	durer, continuer	اسْتَمَرَّ
continuation, continuity	Fortsetzung	continuación, continuidad	continuation, continuité	اسْتِمْرارٌ
listen to	zuhören	escuchar	écouter	اسْتَمَعَ إلى
cultivate, plant	anpflanzen	cultivar	cultiver	اسْتَنْبَتَ
question, interrogate	verhören	interrogar	interroger	اسْتَنْطَقَ
awaken, stimulate	wachrütteln	despertar, estimular	éveiller, stimuler	اسْتَنْهَضَ

aim at, target	erzielen	tender a	viser/ tendre à	اِسْتَهْدَفَ
consumption	Verbrauch	consumo	consommation	اِسْتِهْلاكٌ
local consumption	Lokalverbrauch	consumo local	consommation locale	اِسْتِهْلاكٌ مَحَلِّيٌّ
consumer-	Verbrauchs-	de consumo	de consommation	اِسْتِهْلاكِيٌّ
import (v.)	importieren	importar	importer	اِسْتَوْرَدَ
exhaust (v.)	ausschöpfen	agotar	épuiser	اِسْتَوْفَى
ask to stop	anhalten (jn.)	pedir que se detenga	demander de s'arrêter	اِسْتَوْقَفَ
import (n.)	Import	importación	importation	اِسْتِيرادٌ
comprehension, grasp	Aufnahmefähigkeit	comprensión, asimilación	compréhension, assimilation	اِسْتِيعابٌ
wake up	aufwachen	despertarse	se réveiller	اِسْتَيْقَظَ
Leo	Löwe	leo	lion	أَسَدٌ [بُرْجُ الـ-]
lion	Löwe	león	lion	أَسَدٌ أُسودٌ / أُسْدٌ
draw down the curtain	Vorhang herablassen	correr un velo sobre	tirer le rideau sur	أَسْدَلَ السِّتارَ عَلى
family	Familie	familia	famille	أُسْرَةٌ أُسَرٌ
hurry (v.)	beschleunigen	apresurarse, darse prisa	faire vite	أَسْرَعَ
faster	schneller	más veloz	plus rapide	أَسْرَعُ

found, establish	gründen	fundar	fonder	أَسَّسَ
record, disc	Schallplatte	disco	disque	أُسْطُوانَةٌ
fleet	Flotte	flota	flotte	أُسْطولٌ أَساطيلُ
master (n.)	Meister	maestro	maître	أُسْطى أُسْطَواتٌ
gold price	Goldpreis	precio del oro	prix de l'or	أَسْعارُ (ج) الذَّهَبِ
exchange rate	Wechselkurse	cambio de divisas	cours des devises	أَسْعارُ العُمْلاتِ (ج)
emergency	Rettungsdienst	socorro, emergencia	secours	إِسْعافٌ
the happiest	der glücklichste	el mas feliz	le plus heureux	أَسْعَدُ (الـ)
sorry !	es tut mir leid !	¡lo siento !	je regrette!, désolé !	آسِفٌ !
regret (n.)	Bedauern	pesar, disgusto	regret	أَسَفٌ
to be sorry for	bedauern	lamentar, sentir	regretter, être désolé	أَسِفَ عَلى يَأْسَفُ عَلى
result in	ergeben	conducir a	aboutir à	أَسْفَرَ عَنْ
under, at the bottom, at the end	unten	abajo	en bas	أَسْفَلُ
housing	Wohnungswesen	vivienda	habitat	إِسْكانٌ
Islam	Islam	Islam	islam	إِسْلامٌ

Islamic	islamisch	islámico	islamique	إِسْلامِيٌّ
method, style	Verfahren, Stil	procedimiento, estilo	procédé, style	أُسْلوبٌ أَساليبُ
noun, name	Name	nombre	nom	اسْمٌ أَسْماءٌ
active participle	Nomen agentis	participio activo	nom d'agent	اسْمُ الفاعِلِ أَسْماءُ ـ
passive participle	Partizip Perfekt	participio pasivo	participe passé	اسْمُ المَفْعولِ أَسْماءُ ـ
place participle	Ortsangabe	locativo	nom de lieu	اسْمُ المَكانِ أَسْماءُ ـ
diarrhoea	Durchfall	diarrea	diarrhée	إِسْهالٌ
participation, contribution	Teilnahme, Beitrag	participación, contribución	participation, contribution	إِسْهامٌ
easier than	leichter als	más fácil que	plus facile que	أَسْهَلُ مِنْ
participate in, contribute to	teilnehmen an, beitragen zu	participar en, contribuir a	participer, contribuer à	أَسْهَمَ في
traditional markets	traditionelle Märkte	mercados tradicionales	marchés traditionnels	أَسْواقٌ تَقْليدِيَّةٌ (ج)
black	schwarz	negro	noir	أَسْوَدُ سودٌ
point to	hinweisen auf	indicar, señalar	indiquer, signaler	أَشارَ إِلى
indication	Hinweis	indicación	indication	إِشارَةٌ

traffic sign	Verkehrszeichen	señal de tráfico	indication routière	إِشارَةُ مُرورٍ
juniors	Junioren	juniors	juniors	أَشْبالٌ (ج)
resemble	ähnlich sein	parecerse a, semejar	ressembler à	أَشْبَهَ
long/yearn for	sich sehnen nach	añorar, ansiar, desear vivamente	languir, désirer ardemment	اشْتاقَ
intensify	sich verstärken	intensificarse	s'intensifier	اشْتَدَّ
participation	Teilnahme	participación	participation	اشْتِراكٌ
participate in, share	teilnehmen an	participar en	participer à, avoir en commun	اشْتَرَكَ في
buy	kaufen	comprar	acheter	اشْتَرى
flame (v.), break out	sich entzünden	inflamarse	s'enflammer	اشْتَعَلَ
work, keep oneself busy	arbeiten, sich beschäftigen	ocuparse en, trabajar	travailler, s'occuper	اشْتَغَلَ
derive	ableiten	derivar	dériver	اشْتَقَّ
derivation	Ableitung	derivación	dérivation	اشْتِقاقٌ
become famous/ known	berühmt werden	hacerse famoso	devenir célèbre	اشْتَهَرَ
be famous for	berühmt sein durch	tener fama de	être célèbre/ réputé pour	اشْتَهَرَ بِـ
supervision, control	Aufsicht	supervisión, control	supervision, contrôle	إِشْرافٌ
supervise, control	beaufsichtigen	supervisar, controlar	superviser, contrôle	أَشْرَفَ عَلى

radiation	Strahlung	radiación	radiation	إِشْعاعٌ
nuclear radiation	Nuklearstrahlen	radiación atómica	radiation nucléaire	إِشْعاعٌ نَوَوِيٌّ
inform, notify about	wissen lassen	advertir, avisar	aviser, notifier	أَشْعَرَ بِـ
set fire	anzünden	inflamar, incendiar, prender fuego	enflammer	أَشْعَلَ
attain, affect	erzielen, erreichen, ergreifen	alcanzar, afligir	atteindre	أَصابَ
attack (n.)	Erkrankung	lesión	atteinte	إِصابَةٌ
to be astornished	erstaunt sein	quedarse estupefacto	être saisi d'étonnement, être frappé de stupeur	أَصابَتْهُ الدَّهْشَةُ
authenticity	Authentizität	autenticidad	authenticité	أَصالَةٌ
become	werden	hacerse, ponerse	devenir (v.)	أَصْبَحَ
finger (n.)	Finger	dedo	doigt	إِصْبَعٌ أَصابِعُ
drawn finger	ausgestreckter Finger	dedo afilado	doigt étiré	إِصْبَعٌ مَسْحوبَةٌ أَصابِعُ ـ
craftsmen	Handwerker (pl.)	artesanos	artisans	أَصْحابُ الحِرَفِ (ج)
manufacturers	die Industriellen	fabricantes	fabriquants	أَصْحابُ الصِّناعاتِ (ج)
law promulgation	Gesetzverabschiedung	promulgación de las leyes	promulgation des lois	إِصْدارُ القَوانينِ (ـ ج)

publish, issue	herausgeben	publicar	publier	أَصْدَرَ
promulgate a law	ein Gesetz verabschieden	promulgar una ley	promulguer une loi	أَصْدَرَ قانونًا
be dyed with	gefärbt sein mit	teñirse de	se colorer de	اصْطَبَغَ بِـ
accompany, take with	begleitet sein von	hacerse acompañar de, llevar consigo	se faire accompagner, prendre avec soi	اصْطَحَبَ
hunting	Jagd	caza	chasse	اصْطِيادٌ
more difficult than	schwerer als	más difícil que	plus difficile que	أَصْعَبُ مِنْ
smallest, youngest	der kleinste/jüngste	el más pequeño, el más joven	le plus petit, le plus jeune	أَصْغَرُ [الـ ـ]
less than	kleiner als	inferior a	inférieur à	أَصْغَرُ مِنْ [عَدَد]
yellow	gelb	amarillo	jaune	أَصْفَرُ صُفْرٌ
origin, base, root	Herkunft, Wurzel	origen, raíz	origine, racine	أَصْلٌ أُصولٌ
word etymology	Wortetymologie	etimología de la palabra	étymologie du mot	أَصْلُ الكَلِمَةِ التّاريخِيُّ
bald	kahl	calvo	chauve	أَصْلَعُ صُلْعٌ ، صُلْعانٌ
original	Original-	de origen, inicial	d'origine, initial	أَصْلِيٌّ
deafen	taub machen	ensordecer	assourdir	أَصَمَّ
light up, illuminate	Licht machen, beleuchten	aclarar, iluminar	éclairer, illuminer	أَضاءَ

lose	verlieren	perder	perdre	أَضاعَ
add	hinzufügen	añadir	ajouter	أَضافَ
addition	Zusatz	añadido	ajout	إِضافَةٌ
in addition to	zusätzlich zu	además de	en plus de	إِضافَةً إِلى
additional, supplementary	zusätzlich	suplementario, adicional	supplémentaire	إِضافِيٌّ
make s.o. laugh	zum Lachen bringen	hacer reír	faire rire	أَضْحَكَ
concealment	Andeutung	supuesto, segunda intención	l'action de sous-entendre	إِضْمارٌ
framework	Rahmen	cuadro	cadre	إِطارٌ
obey	gehorchen	obedecer	obéir	أَطاعَ
extinction	das Auslöschen	extinción	extinction	إِطْفاءٌ
overlook, open on	mit Blick auf	dar a	donner sur	أَطَلَّ عَلى
launching, release	Abschuss, Befreiung	lanzamiento, liberación	lancement, libération	إِطْلاقٌ
never	keinesfalls	nunca, jamás	jamais	إِطْلاقًا
give a nickname	benennen	apodar	surnommer	أَطْلَقَ لَقَبًا
feel reassured	sich beruhigen	estar tranquilo	être rassuré	اطْمَأَنَّ
show (v.)	zeigen, offenbaren	manifestar, mostrar	manifester, montrer	أَظْهَرَ

providing pension	Unterhalt	el hecho de pensionar	action de pensionner	إِعاشَةٌ
help (v.)	helfen	ayudar	aider	أَعانَ
to be used to	sich gewöhnen	acostumbrarse a	s'habituer	اعْتادَ
consider	betrachten	considerar	considérer	اعْتَبَرَ
become moderate/mild	sich mäβigen	moderarse	se modérer	اعْتَدَلَ
apologise	sich entschuldigen	excusarse, disculparse	s'excuser	اعْتَذَرَ
objection	Einwand	objeción	objection	اعْتِراضٌ
recognition, acknowledgement of	Anerkennung	reconocimiento	reconnaissance	اعْتِرافٌ بِـ
recognise, acknowledge	anerkennen	reconocer	reconnaître	اعْتَرَفَ بِـ
pride in	Stolz auf	el hecho de estar orgulloso de	le fait d'être fier de	اعْتِزازٌ بِـ
intention	Absicht	intención	intention	اعْتِزامٌ
sit in, take refuge in	Schutz suchen bei	parapetarse, encerrarse en, refugiarse en	se retrancher dans	اعْتَصَمَ بِـ
think, believe	denken, glauben	pensar, opinar	penser	اعْتَقَدَ
believe in	glauben an	creer en	croire en	اعْتَقَدَ في
credit (n.)	Kredit	crédito	crédit	اعْتِمادٌ
reliance on	Verlass auf	el hecho de contar con	le fait de compter sur	اعْتِمادٌ عَلى

depend/ lean/ rely/ on	sich stützen auf, sich verlassen auf, abhängen von, basieren auf	apoyarse, fundarse, basarse en, depender de	s'appuyer/ compter sur, dépendre de, se baser sur	اعْتَمَدَ عَلى
please, appeal to	gefallen	gustar	plaire	أَعْجَبَ
prepare	vorbereiten	preparar	préparer	أَعَدَّ
to be prepared / ready	sich vorbereiten	prepararse	se préparer	أَعَدَّ نَفْسَهُ
preparation	Vorbereitung	preparación	préparation	إِعْدادٌ
more fresh than	süβer als	más dulce que	plus doux que	أَعْذَبُ مِنْ
giving	das Geben	el acto de dar	action de donner	إِعْطاءٌ
give (v.)	geben	dar	donner	أَعْطى
pay attention to, to be interested in	einer Sache eine Bedeutung beimessen	prestar atención, interesarse en	prêter attention/ s'intéresser à	أَعْطى اهْتِمامًا لِ
more important than	wichtiger als	más importante que	plus important que	أَعْظَمُ مِنْ
dispense from	befreien von	dispensar, eximir	dispenser de	أَعْفى مِنْ
information	Information	información	information	إِعْلامٌ
advertisement	Anzeige	anuncio	annonce	إِعْلانٌ
commercial advertisement	Handelsanzeige	anuncio comercial	annonce commerciale	إِعْلانٌ تِجارِيٌّ
newspaper advertisement	Zeitungsanzeige	anuncio de prensa	annonce de presse	إِعْلانٌ صَحَفِيٌّ

announce	ankündigen, erklären	anunciar, declarar	annoncer, déclarer	أَعْلَنَ
above	über, ganz oben	por encima de, sobre	au-dessus de	أَعْلى ـ
higher than	höher als	más alto que	plus haut que	أَعْلى مِنْ
blind (v.)	blenden	cegar	aveugler	أَعْمى
blind (adj.)	blind	ciego	aveugle	أَعْمى عُمْيٌ ، عُمْيانٌ
tire	anstrengen	cansar	lasser	أَعْيا
august	August	agosto	août	أَغُسْطُسُ
closing, blocking	Schließung	acto de tapar/ cerrar	action de fermer/ boucher	إِغْلاقٌ
close (v.), block	zumachen, schlieβen	cerrar	fermer, boucher	أَغْلَقَ
enrichment	Bereicherung	enriquecimiento	enrichissement	إِغْناءٌ
to be useful	nützlich sein, dienen zu	ser útil, servir	être utile / servir à	أَفادَ
wake up	aufwachen	despertarse	se réveiller	أَفاقَ
inauguration	Eröffnung	inauguración	inauguration	افْتِتاحٌ
to be proud of	stolz sein auf	estar orgulloso de, enorgullecerse de	être fier/ s'enorgueillir de	افْتَخَرَ بِـ
devouring	das Fressen	acto de devorar	action de dévorer	افْتِراسٌ

divergence	Divergenz	divergencia	divergence	افتِراقٌ
part (v.), separate	sich trennen	separarse	se séparer	افْتَرَقَ
better than	besser als	mejor que	mieux que	أَفْضَلُ مِنْ
breakfast	Frühstück	desayuno	petit déjeuner	إِفْطارٌ
viper	Viper	víbora	vipère	أَفْعًى أَفاعٍ (الأَفاعي)
horizon	Horizont	horizonte	horizon	أُفُقٌ آفاقٌ
horizontally	horizontal	horizontalmene	horizontalement	أُفُقِيّا
relatives	die Verwandten	parientes	proches, parents	أَقارِبُ (ج)
rescue (v.)	aus der Verlegenheit helfen	salvar	sauver	أَقالَ العَثْرَةَ
organise, build	Organisieren, aufbauen	organizar, construir	organiser, construire	أَقامَ
organise a party	eine Feier veranstalten	celebrar una fiesta	organiser une fête	أَقامَ حَفْلَةً
live/ stay/ reside in	sich aufhalten in	residir/ radicarse en	résider, s'installer	أَقامَ في \ بِـ
stay, residence	Aufenthalt, Aufenthaltsort	residencia, estancia	séjour, résidence	إِقامَةٌ
come	ankommen, eintreffen	llegar, acudir	arriver, venir	أَقْبَلَ
like, to be engaged in	sich machen an	dedicarse/ entregarse a	aimer, s'adonner à	أَقْبَلَ عَلى

breaking in	Erstürmung	asalto	assaut	اقْتِحامٌ
in imitation of, following the example of	nach dem Vorbild von	a ejemplo de	à l'exemple/ à l'instar de	اقْتِداءً بِـ
divide/distribute among themselves	sich in etwas teilen	partirse, compartir	se partager	اقْتَسَمَ
economy	Wirtschaft	economía	économie	اقْتِصادٌ
world economy	Weltwirtschaft	economía mundial	économie mondiale	اقْتِصادٌ عالَمِيٌّ
economic, economical	wirtschaftlich	económico	économique	اقْتِصادِيٌّ
economies	Wirtschaft	economías	économies	اقْتِصادِيّاتٌ
to be limited/ restricted to, limit/ restrict to	sich beschränken auf	limitarse a	se limiter/ se borner à	اقْتَصَرَ عَلى
take as a seat, sit down	Platz nehmen, sich setzen	tomar asiento, sentarse	prendre comme siège, s'asseoir	اقْتَعَدَ
be convinced, accept	sich überzeugen von, einsehen	convencerse de, aceptar	se convaincre de, accepter	اقْتَنَعَ بِـ
approval of the state budget	Verabschiedung des allgemeinen Haushalts	adopción del presupuesto del estado	adoption du budget général	إِقْرارُ الميزانِيَّةِ العامَّةِ
Arab gulf countries	Länder des arabischen Golfs	países del golfo Arábico	pays du golfe arabe	أَقْطارُ الخَليجِ العَرَبِيِّ (ج -)
developing countries	Entwicklungsländer	países en desarrollo	pays en développement	أَقْطارٌ نامِيَةٌ (ج)
closing	Schließung	clausura	clôture	إِقْفالٌ

less than	weniger als	menos que	moins que	أَقَلُّ مِنْ
take off	starten	despegar	décoller	أَقْلَعَ
regional	regional	regional	régional	إِقْليمِيٌّ
convincing	das Überzeugen	acto de convencer	action de convaincre	إِقْناعٌ
stronger	stärker	más fuerte	plus fort	أَقْوى
bigger, more than, older	gröβer, mehr, älter	más grande, superior, mayor	plus grand, supérieur à, plus âgé	أَكْبَرُ
win, aquire	gewinnen, erlangen	ganar, conseguir	gagner, obtenir	اكْتَسَبَ
discovery	Entdeckung	descubrimiento	découverte	اكْتِشافٌ
discover	entdecken	descubrir	découvrir	اكْتَشَفَ
sufficiency	das Sichbegnügen	suficiencia	suffisance	اكْتِفاءٌ
self - sufficiency	Autarkie	autosuficiencia	autosuffisance	اكْتِفاءٌ ذاتِيٌّ
limit to, to be content with	sich begnügen mit	conformarse con…	se contenter de	اكْتَفى بِـ
be complete	vollendet sein	completarse, estar completo	se compléter, s'achever	اكْتَمَلَ
October	Oktober	octubre	octobre	أُكْتوبَرُ
more important than	wichtiger als	más importante que	plus important que	أَكْثَرُ أَهَمِّيَّةً مِنْ
more than	mehr als	más que	plus que	أَكْثَرُ مِنْ

confirm, emphasize	bekräftigen	confirmar, insistir	confirmer, insister	أَكَّدَ
honour (v.)	ehren	honrar	honorer	أَكْرَمَ
eating	das Essen	hecho de comer	le fait de manger	أَكْلٌ
eat	essen	comer	manger	أَكَلَ يَأْكُلُ
meal, dish	Essen, Gericht, Mahlzeit	comida, plato	repas, plat	أَكْلَةٌ
completion	Beendigung	terminación, acabamiento	achèvement	إِكْمالٌ
finish (v.), complete	beenden, ergänzen	terminar, acabar, completar	terminer, achever, compléter	أَكْمَلَ
except, to	minus, auβer	excepto, salvo, menos	moins, sauf	إِلاَّ
..., which (the fact that)	was (Rel.Pron.)	lo cual…	ce qui fait que	الأَمْرُ الَّذي
now	jetzt	ahora	maintenant	الآنَ
instrument, machine	Instrument, Maschine	instrumento, maquina	instrument, machine	آلَةٌ
typewriter	Schreibmaschine	máquina de escribir	machine à écrire	آلَةٌ كاتِبَةٌ
join (v.)	eintreten in, gehen zu	ingresar/ matricularse en	se joindre/ s'inscrire à	الْتَحَقَ بِـ
commitment	Verpflichtung	compromiso	engagement	الْتِزامٌ
coil round, wind	umringen, sich wickeln in	unirse a / contra	s'enrouler autour	الْتَفَّ
encounter, convergence	Treffen, Konvergenz	encuentro, convergencia	rencontre, convergence	الْتِقاءٌ

meet	(sich) treffen	encontrarse	se rencontrer	الْتَقى
brilliance	Glanz	brillantez	éclat, splendeur	الْتِماعٌ
inflammation	Entzündung	inflamación	inflammation	الْتِهابٌ
who(m) (f. s.)	die (Rel.-Pron. S.)	que (f.s.)	qui (f.s.)	الَّتي اللاّتي، اللَّواتي، اللاّئي
insist	drängen, beharren auf	insistir	insister	أَلَحَّ
thank God	Gott sei Dank!	gracias a Dios, loor a Dios	Dieu merci, Dieu soit loué	الحَمْدُ لِلَّهِ
etc...	usw.	etc…	etc...	...الخ
who(m) (m. s.)	der (Rel.-Pron. S.)	que (m.s.)	qui (m.s.)	الَّذي الَّذينَ
who(m) (m. pl.)	die (Rel.-Pron. m.Pl.)	que (m.pl.)	qui (m. pl.)	الَّذينَ (ج)
hello!	hallo!	¡Hola !	salut !	السَّلامُ عَلَيْكُمْ
may God's peace and mercy be upon you	Heil über euch und das Erbarmen und der Segen Gottes	la paz de Dios, su gracia y su bendición sean con ustedes	que la paix de Dieu, sa grâce et sa bénédiction soient sur vous	السَّلامُ عَلَيْكُمْ ورَحْمَةُ اللَّهِ وبَرَكاتُهُ
the Messiah, (Jesus) Christ	Christus	Cristo, Jesucristo	le Christ	السَّيِّدُ المسيحُ
all the world	die ganze Welt	el mundo entero	le monde entier	العالَمُ أَجْمَعُ
suppression	Aufhebung, Streichung	supresión	suppression	إِلْغاءٌ
suppress	streichen	suprimir	supprimer	أَلْغى

compose, write	bilden, verfassen	componer, escribir	composer, écrire	أَلَّفَ
thousand	tausend	mil	mille	أَلْفٌ آلافٌ، أُلوفٌ
the Arabian nights	Tausendundeine Nacht	mil y una noches	mille et une nuits	أَلْفُ لَيْلَةٍ وَلَيْلَةٌ
long vowel (=aa)	gedehntes Alif	a larga	à long	أَلِفُ مَدٍّ
alphabet	Alphabet	alfabeto, abecedario	alphabet	أَلِفْباءٌ
Arabic alphabet	arabisches Alphabet	alfabeto árabe	alphabet arabe	أَلِفْباءٌ عَرَبِيَّةٌ
alphabetical	alphabetisch	alfabético	alphabétique	أَلِفْبائِيٌّ
arrest (v.)	verhaften	arrestar (a alguien)	arrêter (quelqu'un)	أَلْقى القَبْضَ عَلى
give a lecture	vortragen	dar una conferencia	donner une conférence	أَلْقى مُحاضَرَةً
glance / have a look at	einen Blick werfen auf	echar un vistazo/ una ojeada a	jeter un coup d'œil sur	أَلْقى نَظْرَةً عَلى
all for one	alle für den einzelnen	todos por uno	tous pour un	الكُلُّ لِلْواحِدِ
who(m) (f. pl.)	die (Rel.-Pron.f.Pl.)	que (f.pl.)	qui (f. pl.)	اللاّتي (ج)
who(m) (f. dual)	sie beide (Rel.-Pron. f.)	que (f. dual)	qui (f. duel)	اللَّتانِ (مؤ)
who(m) (m. dual)	sie beide (Rel.-Pron.m.)	que (m.dual)	qui (m. duel)	اللَّذانِ
Allah, God	Allah, Gott	Alá, Dios	Allah, Dieu	اللَّهُ
Allah, almighty/ be he exalted	Erhabener Allah	Alá, el Altísimo	Allah le très - haut	اللَّهُ تعالى

pain, suffering	Schmerz, Leiden	dolor, sufrimiento	douleur, souffrance	أَلَمٌ آلامٌ
German	Deutsch	el alemán	l'allemand	أَلْمانِيَّةٌ (الـ)
one for all	der einzelne für alle	uno por todos	un pour tous	الواحِدُ لِلْكُلِّ
to	nach, zu	a	à	إِلى
so far	bis jetzt, noch	aún, todavía	jusqu'à présent, encore	إِلى الآنَ
see you, good bye	auf Wiedersehen	hasta la vista	au revoir	إِلى اللِّقاءِ
to the right	rechts	a la derecha	à droite	إِلى الْيَمينِ
besides	neben, parallel zu	al lado de, parejo con	à côté de, parallèlement	إِلى جانِبِ ـ
today, nowadays	heute, heutzutage	hoy, hoy en día	aujourd'hui, de nos jours	اليَوْمَ
mother of the faithful	Mutter der Gläubigen	madre de los creyentes	mère des croyants	أُمُّ المُؤْمِنينَ أُمَّهاتُ ـ
mother (n.)	Mutter	madre	mère	أُمٌّ أُمَّهاتٌ
principality, emirate	Fürstentum, Emirat	principado, emirato	principauté, émirat	إِمارَةٌ
the holy places	die heiligen Stätten	los lugares santos	les lieux saints	أَماكِنُ مُقَدَّسَةٌ (الـ) (ج)
in front of	vor, gegenüber	delante de, ante	devant	أَمامَ ـ
security	Sicherheit	seguridad	sécurité	أَمانٌ

honesty	Ehrlichkeit	honestidad	honnêteté	أَمانَةٌ
nation	Nation	nación	nation	أُمَّةٌ أُمَمٌ
to be distinguished by	sich auszeichnen durch	distinguirse por	se distinguer par	امْتازَ بِـ
exam	Prüfung	examen	examen	امْتِحانٌ
extend, stretch	sich erstrecken, sich ausdehnen	extenderse	s'étendre, se prolonger	امْتَدَّ
extension, spread	Ausdehnung	extensión	prolongement, étendue	امْتِدادٌ
be full	sich füllen	llenarse	se remplir	امْتَلأَ
fullness	das Gefülltsein	llenazón	le fait d'être rempli	امْتِلاءٌ
own (v.)	besitzen	poseer	posséder	امْتَلَكَ
abstention (from)	Enthaltung, Verzicht	abstención (de)	abstention (de)	امْتِناعٌ – عَنْ–
abstain from	sich enthalten, verzichten auf	abstenerse de	s'abstenir de	امْتَنَعَ عَنْ
such as, like	wie z.B., derartig	tales como, parecidos, semejantes	tels que, semblables	أَمْثالُ – (ج)
issue, affair, matter	Angelegenheit	cosa, asunto, tema	chose , problème, sujet	أَمْرٌ أُمورٌ
order (n.)	Befehl, Anordnung	orden	ordre	أَمْرٌ أَوامِرُ
order (v.), command	befehlen, anordnen	ordenar, mandar	ordonner, dicter	أَمَرَ بِـ يَأْمُرُ بِـ
natural fact/ matter	normale Angelegenheit	cosa natural	chose naturelle	أَمْرٌ طَبيعِيٌّ أُمورٌ طَبيعِيَّةٌ

surprising thing	merkwürdige Angelegenheit	cosa curiosa	chose curieuse	أَمْرٌ غَريبٌ أُمورٌ غَريبَةٌ
accomplished fact, fait accompli	vollendete Tatsachen	hecho comsumado	fait accompli	أَمْرٌ واقِعٌ
man (n.)	Mensch, Mann	hombre	homme	امْرُؤٌ رِجالٌ
woman	Frau	mujer	femme	امْرَأَةٌ (مؤ) نِساءٌ نِسْوَةٌ
heart diseases	Herzkrankheiten	enfermedades del corazón	maladies du cœur	أَمْراضُ (ج) القَلْبِ
I have no other choice	Ich stelle es in Gottes Ermessen	me encomiendo a Dios	je m'en remets à Dieu	أَمْري إِلى اللّهِ
yesterday	gestern	ayer	hier	أَمْسِ
hold, arrest, seize	anfassen, festhalten	asir, agarrar, atrapar	saisir, attraper	أَمْسَكَ بِـ
become	werden	volverse, tornarse	devenir (v.)	أَمْسى
signature	Unterschrift	firma	signature	إِمْضاءٌ
spend time	Zeit verbringen	pasar un rato	passer un moment	أَمْضى وَقْتًا
can, to be possible	können, möglich sein	ser posible	être possible	أَمْكَنَ
hope (n.)	Hoffnung	esperanza	espoir	أَمَلٌ آمالٌ
hope (v.)	hoffen	esperar	espérer	أَمَلَ يَأْمُلُ
the united nations	die Vereinten Nationen	las naciones unidas	les nations unies	أُمَمٌ مُتَّحِدَةٌ (الـ) (ج)

ensure	versichern	asegurar	assurer	أَمَّنَ
security	Sicherheit	seguridad	sécurité, sûreté	أَمْنٌ
believe in	glauben an	creer en	croire en	آمَنَ بِـ
internal security	innere Sicherheit	seguridad interior	sûreté intérieure	أَمْنٌ داخِلِيٌّ
food security	Nahrungsmittel-sicherung	seguridad alimenticia	sécurité alimentaire	أَمْنٌ غِذائِيٌّ
private matters	private Angelegenheiten	asunto personal	affaires personnelles	أُمورٌ خاصَّةٌ (ج)
illiterate	Analphabet	analfabeto (adj.)	analphabète	أُمِّيٌّ
prince/ king of the poets	Dichterfürst	príncipe de los poetas	prince des poètes	أَميرُ الشُّعَراءِ (ـ ج)
commander of the faithful	Gebieter der Gläubigen	príncipe de los creyentes	prince des croyants	أَميرُ المُؤْمِنينَ (ـ ج) أُمَراءُ ـ
prince, emir	Prinz, Emir	príncipe, emir	prince, émir	أَميرٌ أُمَراءُ
royal family princesses	Prinzessinnen des Königshauses	princesas de la casa real	princesses de la maison royale	أَميراتُ (ج) بَيْتِ المُلْكِ
princess	Prinzessin	princesa	princesse	أَميرَةٌ
secretary	Privatsekretär	secretario	secrétaire	أَمينُ السِّرِّ أُمَناءُ ـ
secretary of the general popular committee	Sekretär des Generalvolks-ausschusses	secretario del comité popular general	secrétaire du comité populaire général	أَمينُ اللَّجْنَةِ الشَّعْبِيَّةِ العامَّةِ أُمَناءُ اللِّجانِ ـ

God willing	so Gott will	Ojalá, si Dios quiere	si Dieu le veut	إِنْ شَاءَ اللّٰهُ
I, me	ich	yo	je, moi	أَنا
pan, recipient	Topf	recipiente	récipient	إِنَاءٌ (أَوانٍ الأَوانِي)
cooking pan	Kochtopf	recipiente de cocer	récipient de cuisson	إِنَاءُ طَبْخٍ أَوانِي –
elegance	Eleganz	elegancia	élégance	أَنَاقَةٌ
pineapple	Ananas	piña, ananás	ananas	أَنَاناس
pipe (n.)	Rohr	tubo	tuyau	أُنْبوبٌ أَنابيبٌ
you (m. s.)	du (m.s.)	tú (m.s.)	tu, toi (m.s.)	أَنْتَ
you (f. s.)	du (f.s)	tú (f.s.)	tu, toi (f.s.)	أَنْتِ
production	Produktion	producto	production	إِنْتَاجٌ
attention	Aufmerksamkeit	atención	attention	اِنْتِباهٌ
pay attention to	aufpassen auf	tener cuidado	faire attention à	اِنْتَبَهَ لِ
produce (v.)	produzieren	producir	produire	أَنْتَجَ
election	Wahl	elección	élection	اِنْتِخابٌ
elect (v.)	wählen	elegir	élire	اِنْتَخَبَ
spread (n.)	Verbreitung	expansión, difusión	expansion	اِنْتِشارٌ

education expansion/ development	Schulungs-Verbreitung	la expansión de la enseñanza	l'expansion de l'enseignement	انْتِشارُ التَّعْليمِ
spread (v.)	sich verbreiten	difundirse	se répandre	انْتَشَرَ
victory	Sieg	triunfo	triomphe	انْتِصارٌ
to be victorious, triumph	siegen	triunfar	triompher	انْتَصَرَ
regularity	Regelmäßigkeit	regularidad	régularité	انْتِظامٌ
wait	warten auf, erwarten	esperar	attendre	انْتَظَرَ
swelling	Anschwellung	hinchazón	gonflement	انْتِفاخٌ
benefit (n.)	Nutzung	el hecho de sacar provecho	le fait de tirer profit	انْتِفاعٌ
to be swollen	anschwellen	hincharse	s'enfler	انْتَفَخَ
movement	Fortbewegung	movimiento, traslado	déplacement	انْتِقالٌ
move to	übergehen zu	trasladarse a	se déplacer/ passer à	انْتَقَلَ إلى
select (v.)	auswählen	seleccionar, escoger	sélectionner	انْتَقى
you (m.pl.)	ihr (m.Pl.), sie	vosotros	vous (m. pl.)	أَنْتُمْ
you (dual.)	ihr beide	vosotros (dual)	vous (duel)	أَنْتُما
belong to	gehören zu	pertenecer a	appartenir à, relever de	انْتَمى إلى
you (f.pl.)	ihr (f. pl.)	vosotras	vous (f. pl.)	أَنْتُنَّ

end (v.)	fertig sein	acabarse	se terminer	انْتَهى
finish (v.)	fertig werden mit	llevar a cabo	finir	انْتَهى مِنْ
give birth	gebären	tener hijos	donner naissance à	أَنْجَبَ
more effective	wirksamer	más eficaz	plus efficace	أَنْجَحُ
most effective methods	die wirksamsten Mittel	los medios más eficaces	les moyens les plus efficaces	أَنْجَحُ الوَسائِلِ (ـ ج)
accomplish	verwirklichen	cumplir, realizar	accomplir, réaliser	أَنْجَزَ
accomplish a work	eine Arbeit ausführen	cumplir un trabajo	accomplir un travail	أَنْجَزَ عَمَلاً
the English	die Engländer	los ingleses	les Anglais	انجِليزٌ (الـ) (ج)
English man	Engländer	inglés	Anglais	انْجِليزِيٌّ انجِليزٌ
English (n.)	Englisch	el inglés	l'anglais	انْجِليزِيَّةٌ (الـ)
deviation from the orbit	Abweichung von der Kreisbahn	desviación de la órbita	déviation de l'orbite	انْحِرافٌ عَنِ المَدارِ
deviate/ from	abweichen/von	desviar/ de	dévier/ de	انْحَرَفَ عَنْ
to be rolled up	zurückweichen	replegarse	se replier	انْحَسَرَ
to be restricted to	sich beschränken auf	limitarse a	se limiter à	انْحَصَرَ في
partiality, bias	Parteilichkeit	parcialidad	parti pris, partialité	انْحِيازٌ

decrease (n.)	das Sinken	baja, bajada, descenso	baisse	انْخِفاضٌ
price fall	Preissenkung	baja de los precios	baisse des prix	انْخِفاضُ الأَسْعارِ (- ج)
decrease (v.)	sinken	bajar	baisser	انْخَفَضَ
to be dismissed	herausgezogen/ abgesetzt werden	ser dimitido/ destituido	être démis de ses fonctions/ destitué	انْخَلَعَ
rush off, lose one's temper	losgehen	lanzarse	se lancer, s'emporter	اِنْدَفَعَ
war broke out	der Krieg brach aus	la guerra ha estallado	la guerre se déclencha	انْدَلَعَت الحَرْبُ
at that time	damals	en aquel entonces	à cette époque - là	آنَذاكَ
bring/ take down	abladen	bajar, descender (tr.)	descendre (qqch)	أَنْزَلَ
man, human being	Mensch	ser humano	être humain	إِنْسانٌ أناسِيٌّ
human	menschlich	humano	humain	إِنْسانِيٌّ
to be blocked	verstopft werden	taparse	se boucher	انْسَدَّ
blocking up	Verstopfung	el hecho de obstruirse	le fait de se boucher	انْسِدادٌ
outflow, flow	das Fließen	fluidez	écoulement, flux	انْسِيابٌ
traffic flow	Verkehrsfluss	fluidez del tráfico, flujo de la circulación	flux de la circulation	انْسِيابُ المُرورِ
create, construct, found	gründen, aufbauen	crear, construir, fundar	créer, construire, fonder	أَنْشَأَ

creation, institution, construction	Gründung, Aufbau	creación, construcción, institución	création, institution, construction	إِنْشاءٌ
recite verses	rezitieren	recitar versos	réciter des vers	أَنْشَدَ شِعْرًا
departure	Weggang	salida	départ	انْصِرافٌ
leave, depart	weggehen	salir, irse	partir, s'en aller	انْصَرَفَ
to be just	gerecht sein	ser justo	être équitable	أَنْصَفَ
cook (v.)	kochen	cocer	cuire	أَنْضَجَ الطَّعامَ
join	sich anschlieβen	unirse/ juntarse a	se joindre à	انْضَمَّ إِلى
be done/cooked	gekocht sein	estar cocido	être cuit	انْطَبَخَ
springing from	ausgehend von	a partir de	à partir/ partant de	انْطِلاقًا مِنْ
take off, depart	starten	lanzarse	se lancer, prendre le départ	انْطَلَقَ
nose (n.)	Nase	nariz	nez	أَنْفٌ أُنوفٌ
opening (up)	Öffnung	apertura	ouverture	انْفِتاحٌ
open up	sich öffnen	abrirse	s'ouvrir	انْفَتَحَ
explosion	Explosion	explosión	explosion	انْفِجارٌ
demographic boom/ explosion	Bevölkerungs-explosion	explosión demográfica	explosion démographique	انْفِجارٌ سُكّانِيٌّ
more useful	nützlicher	más útil	plus utile	أَنْفَعُ

emotion, irritation	Aufregung	emoción, irritación	émotion, excitation	انْفِعالٌ
to be affected/ irritated, react	sich aufregen	irritarse	s'émouvoir, s'énerver, réagir	انْفَعَلَ
spend	ausgeben	gastar	dépenser	أَنْفَقَ
to be led	geführt werden	dejarse llevar por	se laisser conduire	انْقادَ
rescue (n.)	Rettung	salvamento	sauvetage	إِنْقاذٌ
to be divided	sich teilen	dividirse	se diviser	انْقَسَمَ
to be finished/ over	vergehen	transcurrir	s'écouler	انْقَضى
interruption	Unterbrechung	interrupción	interruption	انْقِطاعٌ
be cut off, break off, be disrupted	abgeschnitten/ unterbrochen werden, abbrechen, ausfallen	cortarse, romperse, quebrarse, pararse	se couper, se rompre, se briser, s'arrêter	انْقَطَعَ
deny	leugnen	negar	nier	أَنْكَرَ
breaking	Bruch	el hecho de romperse	le fait de se briser	انْكِسارٌ
to be broken, break off/ down	zerbrechen	romperse, quebrarse	se briser, se casser	انْكَسَرَ
to be discovered/ revealed	offenbar werden	descubrirse, revelarse	se dévoiler, se découvrir	انْكَشَفَ
hang loose	herabhängen	caer sobre	tomber sur	انْهَدَلَ
to be defeated	besiegt werden	ser derrotado	être vaincu	انْهَزَمَ
cooking utensils	Kochtöpfe	utensilio de cocina	ustensiles de cuisine	آنِيَةُ (ج) طَبْخٍ

elegant	elegant	elegante	élégant	أَنيقٌ
oh !	ach !	¡ ah !	ah!	آه
insult (n.)	Beleidigung	ofensa	offense	إِهانَةٌ
find, reach	sich finden zu	alcanzar, lograr su propósito/ llegar a su objectivo, encontrar	parvenir à, atteindre son but, trouver	اهْتَدى إِلى
to be concerned about/ interested in	sich beschäftigen mit	ocuparse de	s'occuper de	اهْتَمَّ بِـ
interest (n.)	Interesse	interés	intérêt	اهْتِمامٌ
reader's interests	Leserinteressen	preocupaciones de los lectores	préoccupations des lecteurs	اهْتِماماتُ القُرّاءِ (ج)
offer, dedicate	schenken, widmen	ofrecer, dedicar	offrir, dédier	أَهْدى
family	Familie	familia	famille	أَهْلٌ أَهالٍ، الأَهالي
welcome !	herzlich willkommen!	¡ bienvenido !	soyez le bienvenu !	أَهْلاً وسَهْلاً
qualification for	Qualifikation für	aptitud para	aptitude à	أَهْلِيَّةٌ لِـ
interest (v.), concern	interessieren	interesar	intéresser	أَهَمَّ
more important	wichtiger	más importante	plus important	أَهَمُّ
negligence, neglect	Vernachlässigung	descuido	négligence	إِهْمالٌ
neglect (v.)	vernachlässigen	descuidar	négliger	أَهْمَلَ

importance	Bedeutung	importancia	importance	أَهَمِّيَّةٌ
or	oder	o	ou	أَوْ
beginning/ turn of	am Anfang von	a principios de	au début de	أَوائِلَ (ج) ـ
by/ at the end of, in the late	am Ende von	a finales de	vers la fin de	أَواخِرَ (ج) ـ
(auto)bus	Bus	autobús	autobus	أوتوبيسُ
create	schaffen, finden	crear	créer	أَوْجَدَ
be about to	im Begriff sein zu	estar a punto de	être sur le point de	أَوْشَكَ أَنْ
economic situations	wirtschaftliche Lage	situaciones económicas	situations économiques	أَوْضاعٌ اقْتِصادِيَّةٌ (ج)
specify, clarify	erklären, klarstellen	precisar, aclarar	préciser, clarifier	أَوْضَحَ
prayer hours/ time	Gebetszeiten	horas de la oración	heures de prière	أَوْقاتُ (ج) الصَّلاةِ
leisure/ free time	Freizeit	tiempo libre	temps libre	أَوْقاتُ (ج) الفَراغِ
kindle (v.)	anzünden	encender	allumer	أَوْقَدَ
stop (n.), park	anhalten, abstellen	arrestar, aparcar	arrêter, garer	أَوْقَفَ
ounce	Unze	onza	once	أُوقِيَّةٌ أَواقٍ (الأَواقي)
first	erster	primero	premier	أَوَّلُ أَوائِلُ ، أَوَّلونَ

first(ly)	zuerst	primero, en primer lugar	d'abord, premièrement, en premier lieu	أَوَّلاً
children	Kinder	niños	enfants	أَوْلادٌ (ج)
shelter (v.)	unterbringen	abrigar	abriter	آوى
which ?	welch-?	¿ cuál …?	quel ? quelle ?	أَيٌّ؟
verse	Koranvers	versículo	verset	آيَةٌ
positive	positiv	positivo	positif	إيجابِيٌّ
finding	das Finden	acto de encontrar	action de trouver	إيجادٌ
rent (n.)	Miete	alquiler	location, loyer	إيجارٌ
support (v.)	unterstützen	apoyar	appuyer	أَيَّدَ
left (adj.) (m. s.)	linker	izquierdo, siniestro	gauche	أَيْسَرُ يُسْرٌ
conveyance, receipt	Weiterleitung, Quittung	encauzamiento, despacho, recibo	acheminement, reçu	إيصالٌ
also	ebenfalls, auch	asimismo, también	de même, aussi	أَيْضًا
faith, belief	Glaube	fe, creencia	foi, croyance	إيمانٌ
right (adj.) (m. s.)	rechter	derecho (adj.)	droit (adj.)	أَيْمَنُ يُمْنٌ
where ?	wo?	¿dónde ?	où ?	أَيْنَ؟

انجليزيّة	ألمانيّة	إسبانيّة	فرنسيّة	عربيّة
milkman	Milchmann	lechero	laitier	بائِعُ اللَّبَنِ باعَةُ، بائِعو ـ
seller	Verkäufer	vendedor	vendeur, marchand	بائِعٌ باعَةٌ ، بائِعونَ
door, chapter, rubric	Tür, Kapitel, Rubrik	puerta, capítulo, rubrica	porte, chapitre, rubrique	بابٌ أَبْوابٌ
fixed column/ section	feststehende Rubrik	rúbrica/ sección fija	rubrique fixe	بابٌ ثابِتٌ أَبْوابٌ ثابِتَةٌ
remain (v.)	bleiben	quedarse/ estar	demeurer	باتَ يَبيتُ
in the direction of	in Richtung	rumbo a	en direction de	بِاتِّجاهِ ـ
country (side)	Land (# Stadt)	campo, campiña	campagne	بادِيَةٌ بَوادٍ (البَوادي)
God willing	so Gott will	si Dios quiere	si Dieu le veut	بِإذْنِ اللَّهِ

cold	kalt	frio	froid	بارِدٌ
outstanding, prominent	hervorragend, hervorstechend, vorspringend	notable, saliente, proeminente	remarquable, saillant, proéminent	بارِزٌ
with protruding eyes	mit ausgeprägten Augen	de ojos saltones	aux yeux proéminents	بارِزُ العَيْنَيْنِ
skilled	geschickt	diestro	habile	بارِعٌ
God bless	Gott segne	Dios bendiga	que Dieu bénisse	بارَكَ اللَّهُ
in the name of	im Namen von	en nombre de	au nom de	بِاسْمِ ـ
in the name of Allah the Beneficent, the Merciful	im Namen Allahs, des gnädigen, des barmherzigen	en nombre de Dios, el clemente el misericordioso	au nom de Dieu, le clément, le miséricordieux	باسْمِ اللَّهِ الرَّحْمانِ الرَّحيمِ
pasha	Pascha	bajá, pachá	pacha	باشا
carry out investigation	mit den Ermittlungen beginnen	emprender la instrucción	entreprendre l'instruction	باشَرَ التَّحْقيقَ
bus	Bus	bus	bus	باصٌ
sell	verkaufen	vender	vendre	باعَ
as, considering	als	como	en tant que	بِاعْتِبارِ ـ
rest, the remaining	übrig	resto, restante, remanente	le reste, restant	باقٍ (الباقي)
pack (n.)	Paket	bulto, paquete	paquet	باكو
in collaboration with	in Zusammenarbeit mit	en colaboración con	en collaboration avec	بِالتَّعاوُنِ مَعَ

by installments	in Raten	con facilidades de pago	par facilités	بِالتَّقْسيطِ
by chance	zufällig	por casualidad	par hasard	بالصُّدْفَةِ
exactly	genau	exactamente	exactement	بِالضَّبْطِ
of course	selbstverständlich	desde luego	évidemment, bien sûr	بِالطَّبْعِ
on the contrary	im Gegengeil	al contrario	au contraire	بِالعَكْسِ
exaggerate	übertreiben	exagerar	exagérer	بالَغَ
of great significance	von weitreichender Bedeutung	relevante	extrêmement important	بالِغُ الأَهَمِّيَّةِ
sufficiently	ausreichend	lo suficiente	suffisamment	بِالقَدْرِ الكافي
near	in der Nähe von	cerca de	près de	بِالقُرْبِ مِنْ
by weight	nach Gewicht	al peso	au poids	بِالميزانِ
with respect to, as regards, for	bezüglich	respecto a, en lo que se refiere a	aux yeux de, en ce qui concerne, pour	بِالنِّسْبَةِ إِلى \ لِ
Good appetite	guten Appetit !	¡ buen provecho !; ¡ que aproveche !	bon appétit !	بالهناء والشِّفاء
okra	Bamia, Gambo	quingombó	gombo	بامِيَةٌ
regularly	regelmäβig	regularmente	régulièrement	بِانْتِظامٍ
acknowledge as chief/ sovereign	huldigen	reconocer por jefe	reconnaître comme chef	بايَعَ
oil (n.)	Erdöl	petróleo	pétrole	بِتْرولٌ

broadcast (v.)	senden, ausstrahlen	difundir	diffuser	بَثَّ يَبُثُّ
madly	wahnsinnig	con locura, locamente	follement	بِجُنونٍ
next to	neben	al lado/ cerca de	à côté/ auprès de	بِجِوارِ ـ
in good state, fine, well	in gutem Zustand, sehr gut	en buen estado	en bon état, très bien	بِحالَةٍ جَيِّدَةٍ
research (n.)	Suche, Forschung	investigación	recherche	بَحْثٌ بُحوثٌ\ أَبْحاثٌ
scientific research	wissenschaftliche Forschung	investigación científica	recherche scientifique	بَحْثٌ عِلْمِيٌّ بُحوثٌ\ أَبْحاثٌ عِلْمِيَّةٌ
search for the truth	Suche nach der Wahrheit	la búsqueda de la verdad	quête de la vérité	بَحْثٌ عَنِ الحَقيقَةِ
look for	suchen nach	buscar	chercher	بَحَثَ عَنْ يَبْحَثُ عَنْ
on the pretext of	unter dem Vorwand	so pretexto de que	sous prétexte de	بِحُجَّةِ ـ
the Mediterranean sea	das Mittelmeer	el mar mediterráneo	la mer Méditerranée	بَحْرٌ أَبْيَضُ مُتَوَسِّطٌ (الـ)
the Arab sea	das arabische Meer	el mar árabe	la Mer Arabe	بَحْرُ العَرَبِ
sea	Meer	mar	mer	بَحْرٌ بِحارٌ بُحورٌ
maritime	see-	maritímo	maritime	بَحْرِيٌّ

navy	Marine	marina (n.)	marine (n.)	بَحْرِيَّةٌ (الـ)
according to	je nach	según	selon	بِحَسَبِ ـ
due to, by virtue of	kraft, dank	en virtud de	en vertu de	بِحُكْمِ ـ
enthusiastically	begeistert	con entusiasmo, con ahínco	avec enthousiasme	بِحَماسَةٍ
with much enthusiasm	mit groβer Begeisterung	con mucho ahínco	avec un grand enthousiasme	بِحَماسَةٍ شَديدَةٍ
so that	so dass	de tal modo que	de telle sorte que, de façon que	بِحَيْثُ
lake	See (m.)	lago	lac	بُحَيْرَةٌ
particularly	insbesondere	en particular	en particulier, particulièrement	بِخاصَّةٍ
fine ! (adj.), well !	gut !	¡bien !	bien !	بِخَيْرٍ
beginning, start	Beginn	principio, comienzo	début, commencement	بَدْءٌ
it seems that	es scheint, dass…, es scheint, als ob…	parece que	il semble que, il paraît que	بَدا أَنَّ يَبْدو أَنَّ
start, begin	beginnen, starten	empezar, comenzar	commencer	بَدَأَ يَبْدَأُ
appear	scheinen	parecer	paraître	بَدا يَبْدو
corpulence	Korpulenz	corpulencia	corpulence	بَدانَةٌ
beginning	Beginn	principio, comienzo	début, commencement	بِدايَةٌ
full moon	Vollmond	plenilunio, luna llena	pleine lune	بَدْرٌ بُدورٌ

instead of	statt, anstelle	en vez de	au lieu de	بَدَلاً مِنْ
bedouins	Beduinen	beduínos	bédouins	بَدْوٌ (ج)
without	ohne	sin	sans	بِدونِ ـ
uninterruptedly, continuously	ohne Unterbrechung	sin interrupción	sans interruption	بِدونِ انْقِطاعٍ
no comment	ohne Kommentar	sin comentario	sans commentaire	بِدونِ تَعْليقٍ
in vain, of no use	vergeblich	en vano, en balde	en vain	بِدونِ جَدْوى
bedouin	beduinisch, Beduine	beduíno	bédouin	بَدَوِيٌّ بَدْوٌ
sow (v.)	säen	sembrar	semer	بَذَرَ يَبْذُرُ
germ of mutual understanding	Keim der Verständigung	germen de comprensión	germe de compréhension	بَذْرَةُ التَّفاهُمِ بُذورُ ـ
seed (n.), germ	Saat, Keim	semilla, germen	semence, germe	بَذْرَةٌ بَذْراتٌ، بَذْرٌ، بُذورٌ
take pains, endeavour, make an effort	sich bemühen	realizar un esfuerzo, esforzarse	fournir un effort	بَذَلَ مَجْهودًا يَبْذُلُ ـ
expend, give	aufwenden, hingeben	gastar, empeñarse en	fournir, dépenser	بَذَلَ يَبْذُلُ
suit (n.)	Anzug	traje	costume	بِذْلَةٌ بِذَلٌ
piety, generosity	kindliche Liebe, Güte	piedad/ amor filial, generosidad	piété filiale, générosité	بِرٌّ

decoration certificate	Auszeichnungs-Urkunde	diploma de condecoración	brevet de décoration	بَراءَةُ وِسامٍ
orange (n.)	Orange	naranja	orange	بُرْتُقالٌ
tower, zodiac sign	Turm, Tierkreiszeichen	torre, signo del zodiaco	tour, signe du zodiaque	بُرْجٌ أَبْراجٌ، بُروجٌ
become cold	kalt werden	enfriarse	se refroidir	بَرَدَ يَبْرُدُ
telegraph	Telegraf	telégrafo	télégraphe	بَرْقٌ
telegram	Telegramm	telegrama	télégramme	بَرْقِيَّةٌ
blessings	Segen	bendiciones	bénédictions	بَرَكاتٌ (ج)
volcano	Vulkan	volcán	volcan	بُرْكانٌ بَراكينُ
oil barrel	Ölbarrel	barril de petróleo	baril de pétrole	بِرْميلُ النَّفْطِ
barrel (n.)	Fass	tonel	tonneau	بِرْميلٌ بَراميلُ
programme (n.)	Programm	programa	programme	بَرْنامَجٌ بَرامِجُ
educational programme	Bildungsprogramm	programa educativo	programme éducatif	بَرْنامَجٌ تَعْليمِيٌّ بَرامِجُ تَعْليمِيَّةٌ
land-, wild	Land-, Wild-	terrestre, salvaje	terrestre, sauvage	بَرِّيٌّ
post (n.)	Post	correos	poste	بَريدٌ
air mail	Luftpost	correo aéreo	courrier aérien	بَريدٌ جَوِّيٌّ

seed, stone	Kern	pepita	pépin	بِزْرَةٌ بِزْرٌ، بُزورٌ
because of, due to	wegen, auf Grund von	a causa de, debido a	à cause, du fait de	بِسَبَبِ ـ
quickly	rasch, schnell	rápidamente	rapidement	بِسُرْعَةٍ
in the name of Allah the Beneficent, the Merciful	im Namen Allahs, des gnädigen, des barmherzigen	en nombre de Dios, el clemente el misericordioso	au nom de Dieu, le clément, le miséricordieux	بِسْمِ اللَّهِ االرَّحْمانِ الرَّحيمِ
easily	leicht	fácilmente	facilement	بِسُهولَةٍ
simple, easy	einfach	sencillo	simple	بَسيطٌ
human being	Mensch	ser humano	être humain	بَشَرٌ
skin (n.)	Haut	piel, cutis	peau (de l'être humain)	بَشَرَةٌ
on condition that, provided that	unter der Bedingung, dass…	con la condición de que	à condition que	بِشَرْطِ أَنْ ـ
human	menschlich	humano	humain	بَشَرِيٌّ
mankind	Menschheit	humanidad	humanité	بَشَرِيَّةٌ
clearly	klar und deutlich	de manera evidente	de façon évidente/ claire	بِشَكْلٍ بارِزٍ
particularly	besonders, speziell	de manera particular	d'une façon particulière	بِشَكْلٍ خاصٍّ
primarily, mainly	hauptsächlich	principalmente	principalement	بِشَكْلٍ رَئيسِيٍّ
in general	im allgemeinen	de manera general	d'une façon générale	بِشَكْلٍ عامٍّ

completely, totally	ganz, vollständig	del todo y por completo	entièrement	بِشَكْلٍ كامِلٍ
sight (n.)	Gesichtssinn	vista (n.)	vue (n.)	بَصَرٌ أَبْصارٌ
optics	Optik	óptica	optique	بَصَرِيّاتٌ
in general	im allgemeinen	en general	en général	بِصِفَةٍ عامَّةٍ
permanently, continually	dauernd, ständig	continuamente, de continuo	de façon continue	بِصورَةٍ دائِمَةٍ
repeatedly	wiederholt, mehrfach	reiteradas veces	de façon répétée	بِصورَةٍ مُتَكَرِّرَةٍ
consumer goods	Konsumgüter	bienes de consumo	biens de consommation	بِضاعَةٌ اسْتِهْلاكِيَّةٌ بَضائِعُ ـ
goods, marchandise	Ware	mercancía	marchandise	بِضاعَةٌ بَضائِعُ
duck (n.)	Ente	pato	canard	بَطٌّ
carrier pigeon messages	Botschaften der Brieftauben	cartas de la paloma mensajera	messages du pigeon voyageur	بَطائِقُ (ج) الحَمامِ الزّاجِلِ
potatoes	Kartoffel	patatas	pomme de terre	بَطاطِس
boarding card	Bordkarte	tarjeta de embarco	carte d'embarquement	بِطاقَةُ السَّفَرِ بَطائِقُ\ بِطاقاتٌ
hotel form	Hotelgästeformular	tarjeta del hotel	fiche de renseignements (de l'hôtel)	بِطاقَةُ الفُنْدُقِ بَطائِقُ\ بِطاقاتٌ ـ
institute card	Institutsausweis	tarjeta del instituto	carte de l'institut	بِطاقَةُ المَعْهَدِ بَطائِقُ\ بِطاقاتُ ـ

arrival/ disembarkment card	Ankunftskarte	tarjeta de desembarco	fiche de débarquement	بِطاقَةُ الوُصولِ بَطائِقُ\ بِطاقاتٌ ـ
post card	Postkarte	tarjeta postal	carte postale	بِطاقَةٌ بَريدِيَّةٌ بَطائِقُ\ بِطاقاتٌ ـ
card	Karte	tarjeta	carte	بِطاقَةٌ بَطائِقُ، بِطاقاتٌ
identity card	Personalausweis	carnet de identidad	carte d'identité	بِطاقَةٌ شَخْصِيَّةٌ بَطائِقُ\ بِطاقاتٌ ـ
blanket (n.)	(Woll-) Decke	manta	couverture	بَطّانِيَّةٌ بَطاطينُ
by nature, by definition	naturgemäβ	por su índole	de par sa nature	بِطَبيعَتِهِ
duck (a —)	Ente (eine)	pato	canard (un —)	بَطَّةٌ بَطٌّ بِطَطٌ
hero, champion	Held, Meister	héroe, campeón	héros, champion	بَطَلٌ أَبْطالٌ
abdomen, belly	Bauch	vientre	ventre	بَطْنٌ بُطونٌ
heroism, championship	Heldentum, Meisterschaft	heroísmo, campeonato	héroïsme, championnat	بُطولَةٌ
water melon	Wassermelone	sandía	pastèque	بِطّيخٌ
water melon (a —)	Wassermelone (eine)	sandía (una —)	pastèque (une —)	بِطّيخَةٌ
send	schicken	mandar, enviar	envoyer	بَعَثَ يَبْعَثُ
after	nach	después	après	بَعْدَ

dimension	Dimension	dimensión	dimension	بُعْدٌ أَبْعادٌ
after-noon, p.m.	Nachmittag	tarde	après - midi	بَعْدَ الظُّهْرِ
a little, some	einige, etwas	alguno (s.), cierto (s.)	quelque(s), certain(s)	بَعْضٌ
somehow, to some extent	ziemlich, etwas	un poco, algo (adv.)	quelque peu	بَعْضَ الشَّيْءِ
carefully	sorgfältig	cuidadosamente	avec soin	بِعِنايَةٍ
violently	mit Gewalt	violentamente	violemment	بِعُنْفٍ
entitled	mit dem Titel	titulado	intitulé	بِعُنْوانِ ـ
far, remote	fern, entfernt	lejos, lejano	loin, lointain	بَعيدٌ بُعَداءُ
mule	Maultier	mulo	mulet	بَغْلٌ بِغالٌ
thanks to	dank	gracias a	grâce à	بِفَضْلِ ـ
staying	das Bleiben	el hecho de quedarse	le fait de rester	بَقاءٌ
grocer	Krämer	tendero de ultramarinos	épicier	بَقّالٌ
grocery	Kramladen	tienda de ultramarinos	épicerie	بَقّالَةٌ
as much as	je…, desto	tantos…tantos	autant ... autant	بِقَدْرِ ما
cow (n.)	Kuh	vaca	vache	بَقَرَةٌ بَقَرٌ، أَبْقارٌ، بَقَراتٌ

beef	Rindfleisch	carne de ternera	viande de bœuf	بَقَرِيٌّ
spot (n.), stain	Fleck	mancha	tâche	بُقْعَةٌ بُقَعٌ
written by	geschrieben von	escrito/ redactado por	écrit / rédigé par	بِقَلَمِ ـ
vegetables, legumes	Gemüse	hortalizas	légumes	بُقولٌ (ج)
stay, remain	bleiben	quedar, permanecer	rester, demeurer	بَقِيَ يَبْقى
the rest, the remains	Rest, Überrest	resto (el —)	le reste	بَقِيَّةٌ بَقايا
crying, weeping	das Weinen	llanto	pleur, action de pleurer	بُكاءٌ
with all its potential, with full capacity	mit all seiner Energie	con toda su capacidad/ potencia	avec toute sa capacité, à plein régime	بِكامِلِ طاقَتِهِ
abundently, a lot, heavily	viel, in Mengen	abundantemente, en abundancia	abondamment, en grande quantité	بِكَثْرَةٍ
unfortunately	leider	desgraciadamene	malheureusement	بِكُلِّ أَسَفٍ
in sufficient quantities	in ausreichenden Mengen	en cantidades suficientes	en quantités suffisantes	بِكَمِّيّاتٍ كافِيَةٍ
cry (v.), weep	weinen	llorar	pleurer	بَكى يَبْكي
even, rather	vielmehr	más bien, o sea	bien plus	بَلْ
countries	Länder	países	pays (pl.)	بِلادٌ (ج)
the far east countries	Länder des fernen Ostens	países del extremo oriente	pays d'extrême orient	بِلادُ (ج) الشَّرْقِ الأَقْصى

third world countries	Dritte-Welt-Länder	países del tercer mundo	pays du tiers-monde	بِلادُ (ج) العالَمِ الثّالِثِ
Islamic countries	islamische Länder	países islámicos	pays islamiques	بِلادٌ إِسْلامِيَّةٌ (ج)
developed countries	entwickelte Länder	países desarrollados	pays développés	بِلادٌ مُتَقَدِّمَةٌ (ج)
developing countries	Entwicklungsländer	países en desarrollo	pays en développement	بِلادٌ نامِيَةٌ (ج)
dates	Dattel	dátil (aun no maduro)	datte verte	بَلَحٌ
homeland	Herkunftsland	país de origen	pays d'origine	بَلَدٌ أَصْلِيٌّ بُلْدانٌ\ بِلادٌ ـ
country	Land	país	pays	بَلَدٌ بُلْدانٌ بِلادٌ
Arab countries	arabische Länder	países árabes	pays arabes	بُلْدانٌ عَرَبِيَّةٌ (ج)
report (v.)	mitteilen, melden	informar/ avisar de	signaler, notifier	بَلَّغَ عَنْ
reach (v.)	erreichen	alcanzar	atteindre	بَلَغَ يَبْلُغُ
glass, crystal	(Kristall-) Glas	vidrio, cristal	verre, cristal	بِلَّوْرٌ
glass-, crystal-	kristallen	de vidrio, de cristal	en verre, en cristal	بِلَّوْرِيٌّ
sufficiently	genügend	lo suficiente	suffisamment	بِما فيهِ الكِفايَةُ
on one's own, alone	einzeln	solo	tout seul	بِمُفْرَدِهِ
like, as	so wie, als	considerado como	considéré comme, qui tient lieu de	بِمَنْزِلَةِ ـ

coffee (beans)	Kaffee	café	café	بُنٌّ
constructive	konstruktiv	constructivo, edificante	constructif, édifiant	بَنّاءٌ
cousin (f. s.) (maternal)	Cousine (mütterlicherseits)	prima (materna)	cousine (maternelle)	بِنْتُ الْخالِ بَناتُ ـ
cousin (f. s.) (paternal)	Cousine (väterlicherseits)	prima (paterna)	cousine (paternelle)	بِنْتُ العَمِّ بَناتُ ـ
girl	Mädchen	chica	fille	بِنْتٌ بَناتٌ
little girl	kleines Mädchen	niña	fillette	بِنْتٌ صَغيرَةٌ بَناتٌ صَغيراتٌ
successfully	mit Erfolg	con éxito	avec succès	بِنَجاحٍ
by oneself/ himself	selbst	en persona, personalmente, por si mismo	par soi -même, en personne	بِنَفْسِهِ
bank (n.)	Bank	banco	banque	بَنْكٌ بُنوكٌ
the world bank	die Weltbank	el banco mundial	la banque mondiale	بَنْكٌ دُوَلِيٌّ (الـ ـ)
basic structure	Basisstruktur	estructura básica	structure de base	بِنْيَةٌ أَساسِيَّةٌ بِنًى ـ
structure (n.)	Struktur	estructura	structure	بِنْيَةٌ بِنًى
infrastructure	Infrastruktur	infraestructura	infrastructure	بِنْيَةٌ هَيْكَلِيَّةٌ بِنًى ـ
spice (n.)	Gewürz	especia	épice	بَهارٌ
joy, delight	Freude, Wonne	arrebato, júbilo	joie, ravissement	بَهْجَةٌ

in order to	zwecks	a fin de	afin de	بِهَدَفِ ـ
dazzle, fascinate	blenden, faszinieren	maravillar, deslumbrar, fascinar	émerveiller, fasciner	بَهَرَ يَبْهَرُ
porter	Pförtner	portero	portier	بَوّابٌ
hotel porter	Hotelportier	portero del hotel	portier de l'hôtel	بَوّابُ الفُنْدُقِ
gate, portal	Tor, Portal	pórtico	porte monumentale, portail	بَوّابَةٌ
realistically	realistisch	con realismo	avec réalisme	بِواقِعِيَّةٍ
gas-cooker	Gasherd	cocina de gas	cuisinière à gaz	بوتاجاز
particularly	insbesondere	particularmente	d'une façon particulière	بِوَجْهٍ خاصٍّ
the police, policeman	Polizei, Polizist	policía, agente de policía	police, agent de police	بوليس
insurance policy/ certificate	Versicherungspolice	póliza de seguro	police d'assurance	بوليصَةُ التَّأْمينِ
explanation, expressing clearly	Erklärung, Erläuterung	aclaración, explicación	explicitation	بَيانٌ
royal family	Königsfamilie	familia real / reinante	famille royale	بَيْتُ المُلْكِ بُيوتُ ـ
house (n.)	Haus	casa	maison	بَيْتٌ بُيوتٌ
verse	Vers	verso	vers (n.)	بَيْتُ شِعْرٍ أَبْياتُ ـ
easily	leicht	fácilmente	facilement	بِيُسْرٍ
oval, egg-shaped	oval	oval, ovoideo	ovale, ovoïde	بَيْضاوِيٌّ

egg (n.)	Ei	huevo	œuf	بَيْضَةٌ بَيْضٌ بَيْضاتٌ
sale	Verkauf	venta	vente	بَيْعٌ
show, indicate	erklären, erläutern	demostrar, indicar, aclarar	montrer, indiquer, illustrer	بَيَّنَ
between, among	zwischen	entre	entre, parmi	بَيْنَ
now and then	ab und zu	de vez en cuando	de temps à autre	بَيْنَ الحينِ والآخَرِ
in (between) brackets, in parentheses	in Klammern	entre paréntesis	entre parenthèses	بَيْنَ قَوْسَيْنِ
whereas, while	während	mientras que	tandis que	بَيْنَما

انجليزيّة	ألمانيّة	إسبانيّة	فرنسيّة	عربيّة
pursue, carry on	fortsetzen	proseguir	poursuivre	تابَعَ
disciple, follower	Anhänger, Gefolgsmann	discípulo, partidario	disciple, partisan	تابِعٌ أَتْباعٌ، تابِعونَ
dependent	abhängig, unterstellt	dependiente	dépendant	تابِعٌ تُبَّعٌ تَبَعٌ
be affected/ moved	gerührt sein, betroffen sein	conmoverse	être affecté/ ému	تَأَثَّرَ
effect, influence, impact	Auswirkung, Einfluss, Effekt	efecto, influencia, impacto	effet, influence, impact	تَأْثيرٌ
crown (n)	Krone	corona	couronne	تاجٌ تيجانٌ
salesman, merchant	Händler	comerciante	commerçant	تاجِرٌ تُجّارٌ
to be postponed	aufgeschoben sein	ser aplazado	être reporté	تَأَجَّلَ
come / to be late	sich verspäten, sich verzögern	quedar atrasado, retrasarse, tardar en	être en retard, s'attarder à	تَأَخَّرَ
delay (n.)	Verspätung, Verzögerung	retraso, demora	retard, retardement	تَأْخيرٌ

history	Geschichte	historia	histoire	تاريخٌ
date of issue of passport	Passausstellungs-datum	fecha de expedición del pasaporte	date de délivrance du passeport	تاريخُ الجَوازِ
date of birth	Geburtsdatum	fecha de nacimieno	date de naissance	تاريخُ الميلادِ
arrival date	Ankunftsdatum	fecha de llegada	date d'arrivée	تاريخُ الوُصولِ
ancient history	die alte Geschichte	historia antigua	histoire ancienne	تاريخٌ قَديمٌ
historical	historisch	histórico	historique	تاريخِيٌّ
ninth (m.)	neunter	noveno	neuvième (m.)	تاسِعٌ
make sure of	sich vergewissern, dass…	asegurarse de	s'assurer de	تَأَكَّدَ مِنْ
following	folgend	siguiente	suivant	تالٍ (التّالي)
consist/ to be composed of	bestehen aus	componerse de	se composer de	تَأَلَّفَ مِنْ
total (adj.), complete	vollständig	total (adj.)	total (adj.)	تامٌّ
contemplate, look attentively	betrachten	contemplar	contempler, regarder avec attention	تَأَمَّلَ
insurance, deposit	Versicherung, Bürgschaft	seguro, fianza, afianzamiento	assurance, cautionnement	تَأْمينٌ
qualification	Qualifizierung	capacitación	habilitation, qualification	تَأْهِيلٌ
teacher training	Lehrerausbildung	formación del institutor	formation de l'instituteur	تَأْهِيلُ المُعَلِّمِ
support (n.)	Unterstützung	apoyo, sostén	appui, soutien	تَأْييدٌ

exchange (v.)	austauschen	intercambiar	échanger	تَبادَلَ
exchange of goods	Warenaustausch	intercambio de mercancías	échange de marchandises	تَبادُلُ البَضائِعِ (- ج)
expertise exchange	Erfahrungsaustausch	intercambio de experiencias	échange d'expériences	تَبادُلُ الخِبْراتِ (- ج)
information exchange	Informationsaustausch	intercambio de informaciones	échange d'informations	تَبادُلُ المَعْلوماتِ (- ج)
trade exchange	Handelsaustausch	intercambio comercial	échange commercial	تَبادُلٌ تِجارِيٌّ
viewpoint exchange	Gedankenaustausch	intercambio de opiniones	échange de vues	تَبادُلُ وِجْهاتِ النَّظَرِ (- ج -)
to be blessed	gesegnet sein	ser bendito	être béni	تَبارَكَ
follow, report to	folgen, gehören zu	seguir	suivre, relever de	تَبِعَ يَتْبَعُ
according to	entsprechend, infolge	según	selon, suivant	تَبَعًا لِـ
dependency	Abhängigkeit	dependencia	dépendance	تَبَعِيَّةٌ
classification	Klassifizierung	clasificación	classification	تَبْويبٌ
become clear	sich herausstellen	distinguirse, desprenderse	apparaître, se distinguer	تَبَيَّنَ
the distinction became obvious	sich deutlich herausstellen	el asunto se ha aclarado, volverse/ hacerse más claro que el agua	les choses se sont décantées, l'affaire s'est éclairée	تَبَيَّنَ الخَيْطُ الأَبْيَضُ مِنَ الخَيْطِ الأَسْوَدِ

trade, commerce, business	Handel	comercio	commerce	تِجارَةٌ
world trade	Welthandel	comercio internacional	commerce international	تِجارَةٌ عالَمِيَّةٌ
commercial	kommerziell	comercial	commercial	تِجارِيٌّ
towards	betreffs, gegenüber	respecto a…	concernant, à l'égard de	تُجاهَ
feign ignorance, ignore	nicht zur Kenntnis nehmen wollen, ignorieren	fingir ignorancia, ignorar intencionadamente	faire semblant d'ignorer, ignorer	تَجاهَلَ
exceed	überschreiten	pasar, exceder, superar	dépasser	تَجاوَزَ
disregard, pay no attention	übersehen	tolerar, perdonar	fermer les yeux sur	تَجاوَزَ عَنْ
to be renewed/ renovated	sich erneuern	renovarse	se renouveler	تَجَدَّدَ
constructive experience	konstruktive Erfahrung	experiencia edificante	expérience constructive, édifiante	تَجْرِبَةٌ بَنّاءَةٌ تَجارِبُ ـ
experience (n.), attempt	Erfahrung, Experiment	experiencia, intento	expérience, tentative	تَجْرِبَةٌ تَجارِبُ
nuclear test/ experiment	Kernwaffenversuch	experimento nuclear	essai nucléaire	تَجْرِبَةٌ ذَرِّيَّةٌ تَجارِبُ ـ
materialisation	Konkretisierung	concreción	concrétisation	تَجْسيدٌ
gathering	Zusammenführung	reagrupación	regroupement	تَجْميعٌ
embellishment	Verschönerung	embellecimiento	embellissement	تَجْميلٌ
equipment	Ausrüstung	equipo	équipement	تَجْهيزٌ

wander about, stroll	wandern, spazierengehen	recorrer, dar un paseo, emprender un giro por	faire un tour, se promener	تَجَوَّلَ
under, beneath	unter	bajo, debajo de	sous	تَحْتَ
talk, speak	sprechen, reden	hablar	parler	تَحَدَّثَ
to be free/ liberated	sich befreien	liberarse	se libérer	تَحَرَّر
liberation	Befreiung	liberación	libération	تَحَرُّرٌ
independence	Unabhängigkeit	independencia	indépendance	تَحَرُّرٌ مِنَ التَّبَعِيَّةِ
burn oneself	verbrennen	quemarse	brûler (intr.)	تَحَرَّقَ
make a move, move	sich bewegen	moverse	bouger, se mouvoir	تَحَرَّكَ
movements, dealings	Bewegungen, Fortbewegungen, das Treiben	movimientos, actuaciones	déplacements, mouvements, agissements	تَحَرُّكاتٌ (ج)
inquiries, investigations	Untersuchungen, Ermittlungen	encuestas, investigaciones	enquêtes, investigations	تَحَرِّياتٌ (ج)
sense, perceive	befühlen	percibir, aguzar los sentidos (en busca de)	chercher à sentir, percevoir	تَحَسَّسَ
improve	sich verbessern	mejorarse	s'améliorer	تَحَسَّنَ
improvement	Verbesserung	mejora(miento)	amélioration	تَحْسِينٌ
being civilised	Zivilisiertheit	el hecho de ser civilizado	le fait d'être civilisé	تَحَضُّرٌ
Islamic work of art	islamisches Kunstwerk	objeto de arte islámico	objet d'art musulman	تُحْفَةٌ إِسْلامِيَّةٌ تُحَفٌ ــ

work of art, antiquity, ornament	Kunstwerk	objeto de colección, obra de arte	objet d'art, pièce de musée, bibelot	تُحْفَةٌ تُحَفٌ
have reservations	Zurückhaltung üben	tener reservas, hacer objeciones	faire des réserves sur	تَحَفَّظَ عَنْ \ مِنْ
reservations	Zurückhaltung, Vorbehalte	reservas, objeciones	réserves, réticences	تَحَفُّظاتٌ (ج)
to be fulfilled, come true	verwirklicht werden	realizarse	se réaliser	تَحَقَّقَ
fulfillment, achievement	Verwirklichung	realización	réalisation	تَحْقيقٌ
goal fulfillment	Erzielung	realización del objetivo	réalisation des objectifs	تَحْقيقُ الهَدَفِ
control of	Beherrschung	control / dominio de	maîtrise de	تَحَكُّمٌ في
syntactic analysis	Satzanalyse	análisis sintáctico	analyse des phrases	تَحْليلُ الجُمَلِ (- ج)
analysis	Analyse	análisis	analyse	تَحْليلٌ تَحاليلُ تَحْليلاتٌ
change/ to be transformed into	sich verwandeln in	convertirse en	se transformer en	تَحَوَّلَ إلى
greeting, salutation	Gruß	saludo, salutación	salutation	تَحِيَّةٌ تَحِيّاتٌ، تَحايا
best greetings/ regards	mit freundlichen Grüβen	atento saludo	salutation distinguée	تَحِيَّةٌ طَيِّبَةٌ
neutralisation	Neutralisierung	neutralización	neutralisation	تَحْييدٌ
graduate (v.)	ein Studium abschlieβen	graduarse	terminer les études	تَخَرَّجَ
storage	das Lagern, das Speichern	almacenamiento	emmagasinage, stockage	تَخْزينٌ

specialisation	Spezialisierung	especialización	spécialisation	تَخَصُّصٌ
go beyond, surpass	passieren, überwinden	salvar, superar	franchir	تَخَطّى
planning	Planung	planificación	planification	تَخْطيطٌ
town planning	Städtebauplanung	obras de urbanización de las ciudades	aménagement des villes	تَخْطيطُ المُدُنِ (- ج)
perfect planning	ausgezeichnete Planung	planificación minuciosa	planification minutieuse	تَخْطيطٌ مُتْقَنٌ
decrease, reduction	Senkung, Verringerung	reducción, disminución	réduction, diminution	تَخْفيضٌ
underdevelopment	Unterentwicklung	subdesarrollo	sous-développement	تَخَلُّفٌ
to be absent	fernbleiben	ausentarse	s'absenter	تَخَلَّفَ عَنْ
guessing	Vermutung	conjetura	action de supposer	تَخْمينٌ
interfere with, mix	ineinandergreifen	interferir	interférer, se mélanger	تَداخَلَ
study/ analyse together	gemeinsam prüfen	examinar juntos	examiner ensemble	تَدارَسَ
currency in circulation/ exchange	Geldumlauf, Geldwechsel	circulación monetaria, cambio	circulation monétaire, change	تَداوُلُ العُمْلاتِ (- ج)
intervene in, interfere in/ with	intervenieren, sich einmischen	intervenir, ingerirse	intervenir, s'ingérer	تَدَخَّلَ في
training, practice	Training, Übung	entrenamiento, ejercicio	entraînement, exercice	تَدَرُّبٌ
practise	trainieren, üben	entrenarse en, ejercitarse a	s'entraîner/ s'exercer à	تَدَرَّبَ عَلى

practice, exercice, training	Training, Übung	entrenamiento, ejercicio	entraînement, exercice	تَدْرِيبٌ
gradually	allmählich	gradualmente	progressivement	تَدْرِيجِيًّا
heating	das Heizen	calefacción	action de se chauffer	تَدْفِئَةٌ
dangle	herabhängen	colgar, pender	pendre	تَدَلّى
destruction	Zerstörung	destrucción	destruction	تَدْمِيرٌ
recording	Aufzeichnung	registro, transcripción	enregistrement, transcription	تَدْوِينٌ
remember	sich erinnern	acordarse de	se souvenir	تَذَكَّرَ
ticket	Ticket	billete, entrada	ticket	تَذْكِرَةٌ تَذاكِرُ
appear	scheinen	aparecer	paraître	تَراءى
heritage	Kulturerbe	patrimonio	patrimoine	تُراثٌ
Islamic heritage	islamisches Kulturerbe	patrimonio del Islam	patrimoine de l'islam	تُراثُ الإِسْلامِ
Arab and Islamic heritage	arabisch-islamisches Kulturerbe	patrimonio arabomusulmán	patrimoine arabo - musulman	تُراثٌ عَرَبِيٌّ وإِسْلامِيٌّ
intellectual heritage	geistiges Kulturerbe	patrimonio intelectual	patrimoine intellectuel	تُراثٌ فِكْرِيٌّ
artistic heritage	Kunsterbe	patrimonio artístico	patrimoine artistique	تُراثٌ فَنِّيٌّ
regression	das Zurückweichen	retroceso, disminución	régression	تَراجُعٌ

range from... to, vary between	schwanken zwischen	oscilar entre	varier entre	تَرَاوَحَ بَيْنَ
soil (n.)	Erdboden	suelo	sol	تُرْبَةٌ
educational	Erziehungs-	educativo	éducatif	تَرْبَوِيٌّ
education	Erziehung	educación	éducation	تَرْبِيَةٌ
children's education	Kindererziehung	educación de los niños	éducation des enfants	تَرْبِيَةُ الأَطْفالِ (. ج)
religious instruction/ education	religiöse Erziehung	instrucción/ educación religiosa	instruction/ éducation religieuse	تَرْبِيَةٌ دِينِيَّةٌ
order (n.)	das Ordnen	clasificación	classement, ordre	تَرْتِيبٌ
translation	Übersetzung	traducción	traduction	تَرْجَمَةٌ
permission, authorisation	Genehmigung	autorización, permiso	permission, autorisation	تَرْخِيصٌ تَرَاخِيصُ
hesitation	das Zögern	vacilación	hésitation	تَرَدُّدٌ
consolidation	Konsolidierung	consolidación	consolidation	تَرْسِيخٌ
leave (v.), let	lassen	dejar	laisser	تَرَكَ يَتْرُكُ
concentrate	sich konzentrieren	concentrarse	se concentrer	تَرَكَّزَ
Turk	Türke	turco	turc	تُرْكِيٌّ أَتْراكُ تُرْكُ
word formation	Wortbildung	formación de la palabra	formation du mot	تَرْكِيبُ الكَلِمَةِ
increase, growth	Zunahme	aumento, incremento	accroissement	تَزايُدٌ

increase, grow	zunehmen	aumentarse, incrementarse	s'accroître, se multiplier	تَزايَدَ
get married, marry	heiraten	casarse	se marier	تَزَوَّجَ
ornamentation, decoration	Ausschmückung, Verzierung	adorno, ornamento	ornementation, décoration	تَزْيينٌ
wonder (v.)	sich fragen	preguntarse	se demander	تَساءَلَ
tolerance	Toleranz	tolerancia	tolérance	تَسامُحٌ
to be tolerant	tolerant sein	ser tolerante	être tolérant	تَسامَحَ
registration, recording	Registrierung	grabación, transcripción	enregistrement, transcription	تَسْجيلٌ
mail/ letter registration	Registrierung der Einschreibebriefe	certificado de correos	recommandation des lettres	تَسْجِيلُ الخِطابات (ج.)
nine	neun	nueve	neuf	تِسْعَةٌ
nineteen	neunzehn	diecinueve	dix - neuf	تِسْعَةَ عَشَرَ
ninety	neunzig	noventa	quatre-vingt- dix	تِسْعونَ
reception	Erhalt	recepción	réception	تَسَلُّمٌ
entertainment	Unterhaltung	distracción, entretenimiento	distraction	تَسْلِيَةٌ
delivery	Lieferung	entrega	livraison	تَسْليمٌ
to be called/ named	sich nennen	nombrarse	se nommer	تَسَمّى

facilitating	Erleichterung	acto de facilitar	action de faciliter	تَسْهيلٌ
pessimism	Pessimismus	pesimismo	pessimisme	تَشاؤُمٌ
to be entangled/ interwined, intersect	verflochten sein	enredarse, enmarañarse	s'enchevêtrer, s'entrelacer	تَشابَكَ
entanglement	Verflechtung	enredo, enmarañamiento	enchevêtrement	تَشابُكٌ
resemble	einander ähneln	parecerse, asemejarse	se ressembler	تَشابَهَ
joint consultation	Beratung	hecho de concertarse, consulta (mutua)	concertation	تَشاوُرٌ
political consultation	politische Beratung	consulta política	concertation politique	تَشاوُرٌ سِياسِيٌّ
encouragement	Ermutigung	estímulo, fomento	encouragement	تَشْجيعٌ
vagrancy	das Umherirren, Landstreicherei	vagabundeo, errancia	vagabondage, errance	تَشَرُّدٌ
roam about	umherirren	vagar, errar, vagabundear	errer, vagabonder	تَشَرَّدَ
making homeless, dispersion	Vertreibung	dispersión (de las poblaciones)	dispersion (des populations)	تَشْريدٌ
legislation	Gesetzgebung	legislación	législation	تَشْريعٌ
employment, use, putting into operation	Beschäftigung, Inbetriebnahme	empleo, puesta en marcha/ funcionamiento	emploi, mise en marche	تَشْغيلٌ
shaping, molding	Bildung, Formung	composición	composition, mise en forme	تَشْكيلٌ
muddling, interference	Störung	interferencia, parásito	brouillage, parasite	تَشْويشٌ
export (n.)	Export	exportación	exportation	تَصْديرٌ

approval, ratification	Ratifizierung	ratificación	ratification	تَصْديقٌ عَلى
modification, adaptation	Anpassung	adaptación	adaptation	تَصَرُّفٌ
thumb/ flick through	durchblättern	hojear	feuilleter	تَصَفَّحَ
design (n.)	Entwurf	concepción	conception	تَصْميمٌ
artistic design	künstlerische Zeichnung	forma/figura artística	forme/ figure artistique	تَصْميمٌ فَنِّيٌّ
manufacturing, industrialization	Verarbeitung, Industrialisierung	fabricación, industrialización	fabrication, industrialisation	تَصْنيعٌ
imagine	sich etwas vorstellen	imaginar	imaginer	تَصَوَّرَ
conception	Vorstellung	concepción	conception	تَصَوُّرٌ
imagine !	stell'dir vor!	¡ imagínate !	imaginez !	تَصَوَّرْ
conflict of interests	Interessenkonflikt	conflicto de intereses	conflit des intérêts	تَضارُبُ المَصالِحِ (- ج)
double, to be doubled	sich verdoppeln	duplicar	doubler (intr.)	تَضاعَفَ
sacrifice (n.)	Opferung	sacrificio	sacrifice	تَضْحِيَةٌ
include	enthalten, beinhalten	abarcar	comporter	تَضَمَّنَ
require	erfordern	exigir, requerir	exiger, requérir	تَطَلَّبَ
aspiration	Bestrebung	aspiración, anhelo	aspiration	تَطَلُّعٌ

aspire/ look forward to	streben nach	aspirar a, anhelar	aspirer à	تَطَلَّعَ إلى
evolve	sich entwickeln	evolucionar	évoluer	تَطَوَّرَ
development	Entwicklung	desarrollo, fomento	développement, promotion	تَطْوِيرٌ
equalise, to be equal	unentschieden spielen, ausgeglichen sein	empatar	égaliser	تَعادَلَ
discrepancy, contradiction	Widerspruch	contradicción, discrepancia	contradiction	تَعارُضٌ
introducing people	das Einanderkennen-lernen	presentaciones	présentations	تَعارُفٌ
make a contract	einen Vertrag abschließen	llegar a un convenio, pactar	passer une convention	تَعاقَدَ
come on !	komm !	¡ ven !	viens !	تَعالَ
let's go !	gehen wir!	¡ vámonos !	allons !	تَعالَ بِنا
the almighty, be he exalted	erhaben sein (Gott)	Dios, el altísimo	le très - haut (Dieu)	تَعالى
Islamic instructions/ teachings	die Lehre des Islam	enseñanzas del Islam	enseignements de l'islam	تَعاليمُ (ج) الإِسْلامِ
behaviour, transaction	Umgang, Geschäftsverkehr	comportamiento, transacción	comportement, transaction	تَعامُلٌ
cooperate, collaborate, help one another	zusammenarbeiten, einander helfen	cooperar, colaborar, ayudarse mutuamente	coopérer, collaborer, s'entraider	تَعاوَنَ
cooperation, collaboration	Zusammenarbeit	cooperación, colaboración	coopération, collaboration	تَعاوُنٌ
cultural cooperation	kulturelle Zusammenarbeit	cooperación cultural	coopération culturelle	تَعاوُنٌ ثَقافِيٌّ
international cooperation	internationale Zusammenarbeit	cooperación internacional	coopération internationale	تَعاوُنٌ دُوَلِيٌّ

financial cooperation	finanzielle Zusammenarbeit	cooperación financiera	coopération financière	تَعاوُنٌ مالِيٌّ
fatigue, hardship, effort	Müdigkeit, Anstrengung, Mühe	fatiga, cansancio, pena	fatigue, labeur, peine	تَعَبٌ أَتْعابٌ
to be tired	sich anstrengen	penar, padecer	peiner	تَعِبَ يَتْعَبُ
expression	Ausdruck	expresión	expression	تَعْبيرٌ
writing, composition	schriftlicher Ausdruck	expresión escrita	expression écrite	تَعْبيرٌ كِتابِيٌّ
to be surprised/ astonished	sich wundern	asombrarse	s'étonner	تَعَجَّبَ
multiply	zahlreich werden	multiplicarse	se multiplier	تَعَدَّدَ
exceed	überschreiten	rebasar, superar	dépasser	تَعَدّى
to be exposed to/ be faced with	ausgesetzt sein, sich widersetzen	exponerse a	s'exposer/ se heurter à	تَعَرَّضَ لِـ
acquaintance, getting to know	Kenntnisnahme	conocimiento	prise de connaissance	تَعَرُّفٌ
get acquainted with, discover	kennenlernen, sich vertraut machen	trabar conocimiento con, descubrir	connaître, faire la connaissance de, découvrir	تَعَرَّفَ عَلى
definition	Bestimmung	definición	définition	تَعْريفٌ تَعاريفُ، تَعْريفاتٌ
customs tariff	Zolltarif	tarifa arancelaria	tarif douanier	تَعْريفَةٌ جُمْرُكِيَّةٌ
tariff-	tariflich	arancelario	tarifaire	تَعْريفِيٌّ
bonds consolidation	Verstärkung der Bindungen	consolidación de los lazos	consolidation des liens	تَعْزيزُ الرَّوابِطِ (ـ ج)

relations consolidation	Festigung der Beziehungen	intensificación de las relaciones	consolidation des relations	تَعْزِيزُ العَلاقاتِ (- ج)
dine	zu Abend essen	cenar	dîner (v.)	تَعَشّى
break down, stop	ausfallen, einen Schaden haben	averiarse, interrumpirse	tomber en panne, arrêter	تَعَطَّلَ
breakdown	Panne	avería	panne	تَعَطُّلٌ
complication	Komplikation	complicación	complication	تَعْقيدٌ
to be attached to/ cling to,	hängen an, sich festklammern an	agarrarse a	s'attacher/ s'accrocher à	تَعَلَّقَ بِـ
sticking to/ cherishing illusions	Bindung an Schimären	apego a las quimeras	attachement aux chimères	تَعَلُّقٌ بِالأَوْهامِ (- ج)
learn	(er-)lernen	aprender	apprendre	تَعَلَّمَ
learning	Studium, das Erlernen	aprendizaje	apprentissage	تَعَلُّمٌ
comment (n.)	Kommentar	comentario	commentaire	تَعْليقٌ تَعاليقُ تَعْليقاتٌ
education, teaching	(Aus-)Bildung	enseñanza	enseignement	تَعْليمٌ
adult teaching/ literacy	Erwachsenenbildung	enseñanza a los adultos	enseignement aux adultes	تَعْليمُ الكِبارِ (- ج)
university/ higher education	Hochschulausbildung	enseñanza universitaria	enseignement universitaire/ supérieur	تَعْليمٌ جامِعِيٌّ
higher /university education	Hochschulwesen	enseñanza superior	enseignement supérieur/ universitaire	تَعْليمٌ عالٍ (ـ العالي)

educational, didactic	Bildungs-	docente, educativo, didáctico	éducatif, didactique	تَعْليمِيٌّ
go deeply into, study thoroughly	sich vertiefen in	profundizar	approfondir	تَعَمَّقَ في
reinforcement	Vertiefung	ahondamiento	approfondissement	تَعْميقٌ
knowledge reinforcement	Vertiefung der Kenntnisse	hecho de sumirse en el conocimiento	approfondissement des connaissances	تَعْميقُ المَعْرِفَةِ
to be used/ accustomed to	sich gewöhnen an	acostumbrarse a	s'habituer à	تَعَوَّدَ عَلى
compensation	Entschädigung	indemnización, compensación	dédommagement	تَعْويضٌ
(have) lunch	zu Mittag essen	almorzar	déjeuner (v.)	تَغَدّى
nutrition	Ernährung	nutrición	nutrition	تَغْذِيَةٌ
news coverage	Mediendeckung	cobertura mediática	couverture médiatique	تَغْطِيَةٌ إِخْبارِيَّةٌ
overcome, triumph	überwinden, siegen über	vencer	surmonter, vaincre	تَغَلَّبَ عَلى
sing, chant	singen	cantar	chanter	تَغَنّى
change, be changed	sich verändern	cambiar	changer (intr.)	تَغَيَّرَ
change (n.)	Veränderung, Wechsel	cambio	changement	تَغْييرٌ
optimism	Optimismus	optimismo	optimisme	تَفاؤُلٌ
details	Einzelheiten	detalles	détails	تَفاصيلُ (ج)
interaction	Wechselwirkung	interacción	interaction	تَفاعُلٌ

mutual understanding	Verständigung	comprensión mutua	compréhension mutuelle, entente	تَفاهُمٌ
blossom, open up	sich öffnen	abrirse	éclore	تَفَتَّحَ
explosion	Explosion	explosión	explosion	تَفْجِيرٌ
nuclear explosion	Kernexplosion	explosión nuclear	explosion nucléaire	تَفْجيرٌ ذَرِّيٌّ
look at, view, watch	zuschauen, besichtigen	visitar	visiter, examiner	تَفَرَّجَ عَلى
ramify	sich verzweigen	ramificarse	se ramifier	تَفَرَّعَ
divide	auseinandergehen	dividirse	se diviser	تَفَرَّقَ
segregation	Absonderung, Trennung	segregación	ségrégation	تَفْرِقَةٌ
separation	Unterscheidung	diferenciación, distinción	différenciation	تَفْريقٌ
here you are !	bitte !	se lo ruego, por favor	tenez !	تَفَضَّلْ
(with my) best regards	mit vorzüglicher Hochachtung	reciba un atento saludo de	veuillez agréer mon profond respect	تَفَضَّلوا بِقَبولِ عَظيمِ احْتِرامي وتَقْديري
with my best regards	mit vorzüglicher Hochachtung	reciba un atento saludo de	veuillez agréer mon profond respect	تَفَضَّلوا بِقَبولِ فائِقِ الاحْتِرامِ
preferential	Präferenz -	preferencial	préférentiel	تَفْضيلِيٌّ
thinking, reflection	das Denken, Überlegung	acto de reflexionar, reflexión	action de réfléchir, réflexion	تَفْكيرٌ
ingenuity, cleverness	Scharfsinn	ingeniosidad, ingenio	ingéniosité	تَفَنُّنٌ

diversify, to be a master/ expert in	meistern	ingeniarse en / para	s'ingénier à	تَفَنَّنَ في
meet	zusammentreffen	encontrarse	se rencontrer	تَقابَلَ
mutual approach, convergence	Annäherung, Konvergenz	acercamiento, convergencia	rapprochement, convergence	تَقارُبٌ
to be near each other	sich gegenseitig annähern	acercarse uno a otro	se rapprocher l'un de l'autre	تقارَبَ
intellectual convergence	geistige Annäherung	cercanía intelectual	rapprochement intellectuel	تَقارُبٌ فِكْرِيٌّ
receive	erhalten	percibir, cobrar	percevoir	تَقاضَى
crossroads, intersection	Kreuzung, Schnittpunkt	cruce, intersección	croisement, intersection	تَقاطُعٌ
intersect	sich kreuzen	cruzarse	se croiser	تَقاطَعَ
traditions	Traditionen	tradiciones	traditions	تَقاليدُ (ج)
acceptance	Annahme	aceptación	acceptation	تَقَبُّلٌ
receive, accept	entgegennehmen, annehmen	recibir, aceptar	recevoir, accepter	تَقَبَّلَ
progress, development	Fortschritt, Weiterentwicklung	progreso, desarrollo	progrès, développement	تَقَدُّمٌ
advance, develop	fortschreiten, sich weiterentwickeln	avanzar, desarrollarse	avancer, se développer	تَقَدَّمَ
social progress	sozialer Fortschritt	progreso social	progrès social	تَقَدُّمٌ اجْتِماعِيٌّ
technical progress	technischer Fortschritt	progreso técnico	progrès technique	تَقَدُّمٌ تَقْنِيٌّ
scientific progress	wissenschaftlicher Fortschritt	progreso científico	progrès scientifique	تَقَدُّمٌ عِلْمِيٌّ

intellectual progress	intellektübler Fortschritt	progreso intelectual	progrès intellectuel	تَقَدُّمٌ فِكْرِيٌّ
present oneself for	herantreten, um zu…	presentarse a	se présenter pour	تَقدَّمَ لِ
esteem, appreciation	Würdigung, Schätzung	consideración, apreciación	considération, appréciation	تَقْدِيرٌ
presentation, grant	Vorstellung, Gewährung	presentación	présentation, offre	تَقْدِيمٌ
nearly	ungefähr, fast	casi	à peu près, presque	تَقْرِيبًا
report, statement	Bericht	informe	rapport	تَقْرِيرٌ تَقارِيرُ
(payment in) installments	Ratenzahlung	facilidad de pago	facilité/ échelonnement de paiement	تَقْسِيطٌ
division	Auf-, Einteilung	división	division	تَقْسِيمٌ
division of labour	Arbeitsteilung	división del trabajo	division du travail	تَقْسِيمُ العَمَلِ
geographical division	geographische Teilung	división geográfica	division géographique	تَقْسِيمٌ جُغْرافِيٌّ
functional division	funktionelle Teilung	división funcional	division fonctionnelle	تَقْسِيمٌ وَظيفِيٌّ
traditional, folk-	traditionell, folkloristisch	tradicional, folclórico	traditionnel, folklorique	تَقْلِيدِيٌّ
reduction, decrease	Verringerung, Verminderung	reducción, disminución	réduction, diminution	تَقْلِيلٌ
technical	technisch	técnico	technique	تَقْنِيٌّ
calendar	Kalender	calendario	calendrier	تَقْوِيمٌ تَقاوِيمُ
Gregorian calendar	christliche Zeitrechnung	calendario gregoriano	calendrier grégorien	تَقْوِيمٌ ميلادِيٌّ

hegira calendar	Hidschrazeitrechnung	calendario de la hégira	calendrier hégirien	تَقْويمٌ هِجْرِيٌّ
costs	Kosten	costes, costos	coûts	تَكاليفُ (ج)
be integrated, complement	einander vervollständigen, einander ergänzen	completarse con, ser complementario (s)	se compléter, être complémentaire(s)	تَكامَلَ
complementarity, integration	das Einanderergänzen, Integration	complementaridad, integración	complémentarité, intégration	تَكامُلٌ
repetition	Wiederholung	repetición	répétition	تَكْرارٌ
tribute, honouring	Ehrung, Würdigung	acto de homenajear	action de rendre hommage/ d'honorer	تَكْريمٌ
in honour of	zu Ehren von	en honor de	en l'honneur de	تَكْريمًا لِ
cost (v.)	kosten	costar	coûter	تَكَلَّفَ
mannerism, affectation	Ziererei, Affektiertheit	amaneramiento, manierismo, afectación	maniérisme, affectation	تَكَلُّفٌ
speak	sprechen	hablar	parler	تَكَلَّمَ
technological	technologisch	tecnológico	technologique	تِكْنولوجِيٌّ
technology	Technologie	tecnología	technologie	تِكْنولوجيا
round/ curl up	sich runden	redondearse	s'arrondir	تَكَوَّرَ
consist of, be composed of	bestehen aus, gebildet sein aus	constar/ componerse de	se constituer/ se composer de	تَكَوَّنَ مِنْ
air conditioning	Klimatisierung	climatización	climatisation	تَكْييفٌ

summing up	das Zusammenfassen	acto de resumir	action de résumer	تَلْخيصٌ
summary	Zusammenfassung	resumen	résumé	تَلْخيصٌ تَلاخيصُ
television set	Fernsehapparat	televisor	téléviseur	تِلْفازٌ تَلافيزُ
turn around	sich wenden	volverse	se retourner	تَلَفَّتَ
telex (n.)	Telex	telex	télex	تِلِكْس
pupil	Schüler	alumno	élève	تِلْميذٌ تَلاميذُ تَلامِذَةٌ
pollution	Verschmutzung	contaminación	pollution	تَلَوُّثٌ
television	Fernsehen	televisor	télévision	تِليفِزْيون
telephone (n.)	Telefon	teléfono	téléphone	تِليفون
the agreement was made	sich einigen auf	se llegó a un acuerdo/ convenio	l'accord a eu lieu	تَمَّ الاتِّفاقُ يَتِمُّ ـ
take place, to be accomplished	stattfinden, erfolgen	tener lugar, cumplirse	avoir lieu, s'accomplir	تَمَّ يَتِمُّ
hold/ remain together	zusammenhalten	ser solidario (s)	être solidaire(s)	تَماسَكَ
completely, totally, exactly, o'clock/ sharp	völlig, vollständig, vollkommen, genau	completamente, totalmente, perfectamente, en punto	complètement, totalement, parfaitement, exactement	تَمامًا
enjoy	genieβen	gozar de	jouir de	تَمَتَّعَ بِـ
statute	Statue	estatua	statue	مْثالٌ تَماثيلُ

consist in	bestehen in	consistir en	consister en	تَمَثَّلَ في
playing, acting, dramatic performance	Aufführung, Schauspielkunst	representación teatral, arte dramático	jeu théâtral, art dramatique	تَمْثيلٌ
nursing	Krankenpflege	profesión de enfermero, cuidado médico	profession d'infirmier, soins médicaux	تَمْريضٌ
striking/ attachment to	das Festhalten an	apego/ adhesión a	attachement à	تَمَسُّكٌ بِـ
stick to	festhalten an	aferrarse a / en	s'attacher à	تَمَسَّكَ بِـ
can (v.), to be able to, reach	können, imstande sein zu	poder, llegar a	pouvoir, parvenir à	تَمَكَّنَ مِنْ
wish (v.)	wünschen	desear	souhaiter	تَمَنّى
financing	Finanzierung	financiación	financement	تَمْويلٌ
provision, supply	Versorgung	abastecimiento	approvisionnement	تَمْوينٌ
to be characterised by	sich auszeichnen durch	distinguirse por	se distinguer par	تَمَيَّزَ بِـ
scatter, to be scattered	sich verteilen, verstreut werden	esparcirse	se répandre, s'éparpiller	تَناثَرَ
to be appropriate/ suitable	entsprechen	corresponder	correspondre à	تَناسَبَ مَعَ
discuss, debate	diskutieren, debattieren	discutir, debatir	discuter, débattre	تَناقَشَ
contradiction	Widerspruch	contradicciones	contradiction	تَناقُضٌ
dealing with	Behandlung	acto de abordar	action d'aborder	تَناوُلٌ
take, deal with	zu sich nehmen, behandeln	tomar, abordar, tratar	prendre, aborder, traiter	تَناوَلَ

eat, have a meal	essen, Mahlzeit einnehmen	comer	manger, prendre un repas	تَناوَلَ الطَّعامَ
(have) lunch	zu Mittag essen	almorzar	déjeuner	تَناوَلَ الغَداءَ
stroll, go for a walk	spazierengehen	pasearse	se promener	تَنَزَّهَ
tennis	Tennis	tenis	tennis	تِنْسٌ
co-ordination	Koordinierung	coordinación	coordination	تَنْسيقٌ
children's upbringing	Kindererziehung	educación de los niños	éducation des enfants	تَنْشِئَةُ الأَطْفالِ (- ج)
organising, organisation	Organisierung, Organisation	organización	organisation	تَنْظيمٌ
breathe	atmen	respirar	respirer	تَنَفَّسَ
execution	Ausführung	ejecución	exécution	تَنْفيذٌ
developmental	Entwicklungs-	de desarrollo	de développement	تَنْمَوِيٌّ
development	Entwicklung	desarrollo	développement	تَنْمِيَةٌ
rural development	ländliche Entwicklung	desarrollo rural	développement rural	تَنْمِيَةٌ ريفِيَّةٌ
agricultural development	landwirtschaftliche Entwicklung	desarrollo agrícola	développement agricole	تَنْمِيَةٌ زِراعِيَّةٌ
diversity, variety	Vielfalt	diversidad, variedad	diversité, variété	تَنَوُّعٌ
diversify, vary	vielfältig sein	diversificarse	se diversifier, varier	تَنَوَّعَ

diversification	Diversifizierung	diversificación	diversification	تَنْويعٌ
source diversification	Diversifizierung der Quellen	diversificación de los recursos	diversification des sources	تَنْويعُ المَصادِرِ (- ج)
congratulations	Glückwünsche	felicitaciones	félicitations	تَهانٍ (التَّهاني) (ج)
neglect (v.)	geringschätzen	descuidar	négliger	تَهاوَنَ بِـ
threaten	drohen	amenazar	menacer	تَهَدَّدَ
moral education	ethische Erziehung	educación moral	éducation morale	تَهْذيبُ الأَخْلاقِ (- ج)
smuggling, trafficking	Schmuggel	contrabando, tráfico	contrebande, trafic	تَهْريبٌ
drug trafficking	Drogenschmuggel	tráfico de droga	trafic de stupéfiants	تَهْريبُ المُخَدِّراتِ (- ج)
congratulation	Glückwunsch	felicitaciones, enhorabuena	félicitation	تَهْنِئَةٌ تَهانٍ (التَّهاني)
jumping	das Hüpfen	saltillo	sautillement	تَواثُبٌ
balance, equilibrium	Gleichgewicht, Ausgewogenheit	equilibrio	équilibre	تَوازُنٌ
arrive together	strömen (Menschen)	llegar juntos a	affluer (personnes)	تَوافَدَ
abound, increase	reichlich vorhanden sein, anwachsen	abundar, incrementarse	exister en abondance, accroître	تَوافَرَ
twin (n.)	Zwilling	gemelo	jumeau	تَوْأَمٌ تَوائِمُ

consolidation of bonds	Festigung der Bindungen	consolidación de los lazos	consolidation des liens	تَوْثِيقُ الصِّلَةِ
crown (v.)	krönen	coronar	couronner	تَوَّجَ
sending, addressing	das Richten	envío	envoi	تَوْجِيهٌ
unification	Vereinigung	unificación	unification	تَوْحِيدٌ
distribution	Verteilung	distribución	distribution	تَوْزِيعٌ
fair distribution	gerechte Verteilung	distribución equitativa	distribution équitable	تَوْزِيعٌ عادِلٌ
expansion	Expansion	expansión	expansion	تَوَسُّعٌ
colonial expansion	koloniale Expansion	expansión colonial	expansion coloniale	تَوَسُّعٌ اسْتِعْمارِيٌّ
economic and cultural expansion	wirtschaftliche und kulturelle Expansion	expansión económica y cultural	expansion économique et culturelle	تَوَسُّعٌ اقْتِصادِيٌّ وثَقافِيٌّ
extension	Erweiterung	extensión	extension	تَوْسِيعٌ
reach (v.)	gelangen zu	llegar a	parvenir à	تَوَصَّلَ إِلى
clarification	Verdeutlichung	precisión, esclarecimiento	précision	تَوْضِيحٌ
die, pass away	sterben, aus dem Leben scheiden	morir, fallecer	mourir, décéder	تُوُفِّيَ
provision	Bereitstellung	abastecimiento, suministro	approvisionnement	تَوْفِيرٌ
stopping, halt(ing), interruption	Stillstand, Unterbrechung	cese, interrupción	arrêt, interruption	تَوَقُّفٌ

depend on	abhängen von	depender de	dépendre de	تَوَقَّفَ عَلى
stop at	sich aufhalten mit	detenerse en	arrêter sur	تَوَقَّفَ عِنْدَ
signature	Unterschrift	firma	signature	تَوْقيعٌ تَواقيعُ
undertake, take charge	übernehmen	encargarse de	se charger de	تَوَلّى
come to power	die Macht übernehmen	tomar el poder	prendre le pouvoir	تَوَلّى الحُكْمَ
obstetrics	Geburtshilfe	obstetricia	obstétrique	تَوْليدٌ
current (n.), stream	Strom	corriente	(le) courant	تَيّارٌ
electric current	elektrischer Strom	corriente eléctrica	courant électrique	تَيّارٌ كَهْرَبائِيٌّ
fig	Feige	higa	figue	تينٌ

انجليزيّة	ألمانيّة	إسبانيّة	فرنسيّة	عربيّة
fixed	fest	fijo	fixe	ثابِتٌ
revolt, explode	sich auflehnen, ausbrechen (Vulkan)	rebelarse	se révolter, exploser	ثارَ يَثورُ
third (m.)	dritter	tercero	troisième (m.)	ثالِثٌ
eighth (m.)	achter	octavo	huitième (m.)	ثامِنٌ
second (m.)	zweiter	segundo	deuxième (m.)	ثانٍ (الثّاني)
secondary	sekundär	segundario	secondaire	ثانَوِيٌّ
secondary school certificate, baccalaureate	Abitur	bachillerato	baccalauréat	ثانَوِيَّةٌ عامَّةٌ
second(ly)	zweitens	segundo	deuxièmement	ثانِيًا
fix up	befestigen	fijar	fixer	ثَبَّتَ

breast (n.)	Busen, Brust	seno, pecho	(le) sein	ثَدْيٌ أَثْداءٌ
natural resources	Bodenschätze	recursos naturales	ressources naturelles	ثَرَواتٌ طَبيعِيَّةٌ (ج)
huge/ substantial resources	riesige Reichtümer/ Vorkommen	riquezas enormes	richesses énormes	ثَرَواتٌ هائِلَةٌ (ج)
resources, wealth, fortune	Reichtum, Vermögen	riqueza, fortuna	richesse, fortune	ثَرْوَةٌ
animal resources	Tierbestand	riqueza animal	richesse animale	ثَرْوَةٌ حَيَوانِيَّةٌ
lexical/ linguistic richness	lexikalische/ sprachliche Reichhaltigkeit	riqueza léxica/ lingüística	richesse lexicale/ linguistique	ثَرْوَةٌ لُغَوِيَّةٌ
chandelier	Kronleuchter	araña	lustre	ثُرَيّا
crystal chandelier	Kristallkronleuchter	araña de cristal	lustre en cristal	ثُرَيّا بِلَّوْرِيَّةٌ
snake	Schlange	serpiente	serpent	ثُعْبانٌ ثَعابينُ
culture	Kultur	cultura	culture	ثَقافَةٌ
high culture	hohe Kultur	alta cultura	haute culture	ثَقافَةٌ عُلْيا
cultural	kulturell	cultural	culturel	ثَقافِيٌّ
trust, trustworthy person	Vertrauen, Vertrauensperson	confianza, hombre de confianza	confiance, homme de confiance	ثِقَةٌ
weight, burden	Gewicht, Last	peso	poids	ثِقْلٌ أَثْقالٌ
heavy	schwer	pesado	lourd	ثَقيلٌ ثِقالٌ
Tuesday	Dienstag	martes	mardi	ثُلاثاءُ (الـ)

three	drei	tres	trois	ثَلاثَةٌ
thirteen	dreizehn	trece	treize	ثَلاثَةَ عَشَرَ
thirty	dreiβig	treinta	trente	ثَلاثونَ
refrigerator	Kühlschrank	refrigerador, nevera	réfrigérateur	ثَلاّجَةٌ
one third	Drittel	tercio	tiers	ثُلُثٌ أَثْلاثٌ
ice (n.), snow	Eis, Schnee	hielo, nieve	glace, neige	ثَلْجٌ ثُلوجٌ
then	dann	después, luego	puis	ثُمَّ
eighty	achtzig	ochenta	quatre- vingts	ثَمانونَ
eight	acht	ocho	huit	ثَمانِيَةٌ
eighteen	Achtzehn	dieciocho	dix-huit	ثَمانِيَةَ عَشَرَ
the 1980s	die achtziger Jahre	los años ochenta	les années quatre-vingts	ثَمانيناتٌ
fruit (n.)	Frucht	fruta	fruit	ثَمَرَةٌ ثَمَرٌ ثِمارٌ أَثْمارٌ
price (n.)	Preis	precio	prix	ثَمَنٌ أَثْمانٌ
international/ world price	Weltpreis	precio mundial	prix mondial	ثَمَنٌ عالَمِيٌّ أَثْمانٌ عالَمِيَّةٌ
high price	hoher Preis	precio elevado	prix élevé	ثَمَنٌ مُرْتَفِعٌ أَثْمانٌ مُرْتَفِعَةٌ

bilateral	bilateral	bilateral	bilatéral	ثُنائِيٌّ
Taurus	Stier	tauro	taureau	ثَوْرٌ (بُرْجُ الـ -)
bull, ox	Stier	toro, buey	taureau, bœuf	ثَوْرٌ ثيرانٌ
revolution, eruption	Revolution, Ausbruch (Vulkan)	revolución, erupción	révolution, éruption	ثَوْرَةٌ

انجليزيّة	ألمانيّة	إسبانيّة	فرنسيّة	عربيّة
bring	bringen	llevar, traer	apporter	جاءَ بِـ يَجيءُ بِـ
come	kommen	venir	venir	جاءَ يَجيءُ
hungry	hungrig, hungernd	hambriento	qui a faim, affamé	جائِعٌ
serious	ernst	serio	sérieux	جادٌّ
neighbour	Nachbar	vecino	voisin	جارٌ جيرانٌ
violent	reiβend	violento	violent	جارِفٌ
to be conceivable/ permitted	erlaubt sein	ser permitido / lícito	être permis	جازَ يَجوزُ
sit with s. o., keep s. o.'s company	zusammensitzen, Gesellschaft leisten	hacer compaña	tenir compagnie à, être en compagnie de	جالَسَ
sitting	sitzen	sentado	assis	جالِسٌ
mosque	Moschee	mezquita	mosquée	جامِعٌ جَوامِعُ

great mosque	große Moschee	gran mezquita	grande mosquée	جامِعٌ كَبيرٌ
university	Universität	universidad	université	جامِعَةٌ
Islamic university	islamische Universität	universidad islámica	université islamique	جامِعَةٌ إِسْلامِيَّةٌ
the League of Arab States	die Liga der arabischen Staaten	la liga de los estados árabes	la ligue des états arabes	جامِعَةُ الدُّوَلِ العَرَبِيَّةِ
private university	private Universität	universidad privada	université privée	جامِعَةٌ خاصَّةٌ
the Arab league	die arabische Liga	la liga árabe	la ligue arabe	جامِعَةٌ عَرَبِيَّةٌ (الـ)
university-, academic	Universitäts-	universitario	universitaire	جامِعِيٌّ
side of the road	Straßenrand	lado de la carretera	bas-côté	جانِبُ الطَّريقِ جَوانِبُ ـ
European side/ party	europäische Seite	parte europea	côté européen	جانِبٌ أورُبِّيٌّ
side, party, aspect, factor	Seite, Teil, Aspekt, Faktor	lado, parte, aspecto, factor	côté, partie, aspect, facteur	جانِبٌ جَوانِبُ
Arab side/ party	arabische Seite	parte árabe	côté arabe	جانِبٌ عَرَبِيٌّ
wage holy war, strive	kämpfen, sich bemühen	hacer la guerra santa, hacer esfuerzos	faire la guerre sainte, déployer des efforts	جاهَدَ
ignorant	unwissend, ignorant	ignorante	ignorant	جاهِلٌ جَهَلَةٌ جُهّالٌ
merciless, oppressor	unbarmherzig, Unterdrücker	despiadado, opresor	impitoyable, oppresseur	جَبّارٌ جَبابِرَةٌ
algebra	Algebra	álgebra	algèbre	جَبْرٌ

wheat mountain	Weizenberg	montaña de trigo	montagne de blé	جَبَلُ القَمْحِ
mountain	Berg	montaña	montagne	جَبَلٌ جِبالٌ
mountainous	gebirgig	montañoso	montagneux	جَبَلِيٌّ
cheese	Käse	queso	fromage	جُبْنٌ أَجْبانٌ
forehead, front	Stirn	frente	front	جَبْهَةٌ جِباهٌ
grandfather	Großvater	abuelo	grand-père	جَدٌّ جُدودٌ أَجْدادٌ
work hard	bemüht sein um	afanar por	s'évertuer à	جَدَّ في يَجِدُّ في
happen, appear for the first time, turn up	sich ereignen	tener lugar, aparecer por primera vez	avoir lieu, apparaître pour la première fois	جَدَّ يَجِدُّ
very	sehr	muy, mucho	très	جِدّا
wall (n.)	Mauer	pared	mur	جِدارٌ جُدْرانٌ، جُدُرٌ
grandmother	Großmutter	abuela	grand -mère	جَدَّةٌ (مؤ)
agenda (of meeting)	Tagesordnung	orden del día	ordre du jour	جَدْوَلُ الأَعْمالِ (ج-)
brook, table	Bach, Tabelle	arroyo, manantial, cuadro	ruisseau, tableau	جَدْوَلٌ جَداوِلُ
use, utility	nutzen, Nützlichkeit	eficacia, utilidad	efficacité, utilité	جَدْوى
Capricorn	Steinbock	Aries	capricorne	جَدْيٌ (بُرْجُ الـ)

new	neu	nuevo	neuf, nouveau	جَديدٌ جُدُدٌ
worth mentioning	erwähnenswert	lo que es de notar	qui mérite d'être mentionné	جَديرٌ بِالذِّكْرِ
attract/ draw attention	die Aufmerksamkeit lenken	llamar la atención	attirer l'attention	جَذَبَ الأَنْظارَ يَجْذِبُ ـ
root (n.)	Wurzel	raíz	racine	جِذْرٌ جُذورٌ
linguistic root	sprachlicher Stamm	raíz lingüística	racine linguistique	جِذْرٌ لُغَوِيٌّ جُذورٌ لُغَوِيَّةٌ
trunk	Stamm, Rumpf	tronco	tronc	جِذْعٌ أَجْذاعٌ، جُذوعٌ
draw, drag	schleppen	arrastrar	traîner	جَرَّ يَجُرُّ
audicity, boldness	Kühnheit	audacia	audace	جُرْأَةٌ
tractor	Traktor	tractor	tracteur	جَرّارٌ
bulldozer	Planierraupe	bulldozer	bulldozer	جَرّافَةٌ
to be common practice	gewöhnlich	soler	d'habitude	جَرَتِ العادَةُ
wound (n.)	Wunde	herida	blessure	جُرْحٌ جُروحٌ، جِراحٌ
drag (v.)	schleppen	arrastrar	traîner	جَرَّرَ
bell	Glocke, Klingel	compana, timbre	cloche, sonnette, sonnerie	جَرَسٌ أَجْراسٌ

door bell	Türklingel	timbre de la puerta	sonnette de la porte	جَرَسُ البابِ
telephone bell/ ring	das Telefonläuten	timbre del teléfono	sonnerie du téléphone	جَرَسُ الهاتِفِ
puppy	Welpe	cría del perro, cachorro	chiot	جَرْوٌ جِراءٌ
run, flow, take place	laufen, flieβen, stattfinden, geschehen	correr, fluir, tener lugar, ocurrir	courir, couler, avoir lieu, se passer	جَرى يَجري
newspaper	Zeitung	periódico	journal	جَرِيدَةٌ جَرائِدُ
specialised newspaper	Fachzeitung	periódico especializado	journal spécialisé	جَرِيدَةٌ مُخْتَصَّةٌ جَرائِدُ ـ
daily newspaper	Tageszeitung	diario (n.)	quotidien (n.)	جَرِيدَةٌ يَوْمِيَّةٌ جَرائِدُ ـ
crime	Verbrechen	crímen	crime	جَرِيمَةٌ جَرائِمُ
murder (n.)	Mord	asesinato	meurtre	جَرِيمَةُ قَتْلٍ جَرائِمُ ـ
part (n.)	Teil	parte	partie	جُزْءٌ أَجْزاءٌ
partial	partiell	parcial	partiel	جُزْئِيٌّ
butcher (n.)	Fleischer	carnicero	boucher	جَزّارٌ
carrot	Karotte	zanahoria	carotte	جَزَرٌ
island	Insel	isla	île	جَزِيرَةٌ جُزُرٌ، جَزائِرُ

many thanks	besten Dank	muchas gracias	grand merci, vif remerciement	جَزيلُ الشُكْرِ
body	Körper	cuerpo (humano)	corps (humain)	جَسَدٌ أَجْسادٌ
physical, bodily	physisch, körperlich	físico, corpóreo	physique, corporel	جَسَدِيٌّ
body	Körper	cuerpo	corps	جِسْمٌ أَجْسامٌ، جُسومٌ
human body	Körper des Menschen	cuerpo humano	corps humain	جِسْمُ الإِنْسانِ
bodily	körperlich	corporal	corporel	جِسْمِيٌّ
bulky	korpulent	corpulento	corpulent	جَسيمٌ جِسامٌ
make (v.)	machen, werden lassen	poner, hacer, llevar a	amener à, rendre	جَعَلَ يَجْعَلُ
geographer, geographical	Geograph, geographisch	geógrafo, geogràfico	géographe, géographique	جُغْرافِيٌّ
geography	Geographie	geografía	géographie	جُغْرافِيا
eyelid	Augenlid	párpado	paupière	جَفْنٌ أَجْفانٌ، جُفونٌ
bringing, importation	das Herbeibringen, Import	aporte, importación	apport, importation	جَلْبٌ
djellaba (garment)	Dschellaba	chilaba	djellaba	جِلْبابٌ جَلابيبُ
sit	sich setzen	sentarse	s'asseoir	جَلَسَ يَجْلِسُ
evil companion	übler Tischgenosse	mal compañero	mauvais compagnon de table	جَليسُ السّوءِ جُلَساءُ ـ

companion	Tischgenosse	compañero	compagnon de table	جَليسٌ جُلَساءُ
Jumæda i (5th Hegira month)	Dschumada I (5. Hidschra-Monat)	ğumāda i (5° mes del año musulmán)	joumœda I (5ème mois de l'année musulmane)	جُمادى الأولى
Jumæda ii (6 th Hegira month)	Dschumada II (6. Hidschra-Monat)	ğumāda ii (6° mes del año musulmán)	joumœda II (6ème mois d'année musulmane)	جُمادى الثّانيَةُ
customs	Zoll	aduanas	douanes	جَمارِكُ (ج)
group, community	Gruppe, Gemeinschaft	grupo, comunidad	groupe, communauté	جَماعَةٌ
the European community	die Europäische Gemeinschaft	la comunidad europea	la communauté européenne	جَماعَةٌ أورُبِيَّةٌ (الـ)
beauty	Schönheit	belleza	beauté	جَمالٌ
aesthetic	ästhetisch	estético	esthétique	جَماليٌّ
popular masses	Volksmassen	masas populares	masses populaires	جَماهيرُ (ج) الشَّعْبِ
Jamahiry (of the people)	dschamahiri (Volks-)	jamahirí	jamahiri	جَماهيريٌّ
customs officier, customs-	Zollbeamter, Zoll-	aduanero (n., y adj.)	douanier (n., adj.)	جُمْرُكِيٌّ
garbage collecting	Müllabfuhr	recolección de las basuras domésticas	ramassage des ordures ménagères	جَمْعُ القُماماتِ (- ج)
word plural	Plural eines Wortes	plural de la palabra	pluriel du mot	جَمْعُ الكَلِمَةِ جُموعُ -
plural	Plural	plural	pluriel	جَمْعٌ جُموعٌ

unite, compile, collect, gather	zusammenfügen, zusammenstellen, sammeln	reunir, agrupar, coleccionar	réunir, rassembler, collectionner	جَمَعَ يَجْمَعُ
Friday	Freitag	viernes	vendredi	جُمُعَةٌ جُمَعٌ
association	Verein, Verband	asociación	association	جَمْعِيَّةٌ
general assembly	Vollversammlung	asamblea general	assemblée générale	جَمْعِيَّةٌ عامَّةٌ
women's association	Frauenverband	asociación feminina	association féminine	جَمْعِيَّةٌ نِسائِيَّةٌ
camel	Kamel	camello, dromedario	chameau	جَمَلٌ جِمالٌ
sentence (n.)	Satz	frase	phrase	جُمْلَةٌ جُمَلٌ
useful sentence	Aussagesatz	oración completa	phrase complète	جُمْلَةٌ مُفيدَةٌ جُمَلٌ ـ
the readers, readership	Leserschaft	masa de los lectores	masse des lecteurs	جُمْهورُ القُرّاءِ (ـ ج)
public (n.)	Publikum, Volk	público (n.)	public (n.)	جُمْهورٌ جَماهيرُ
republican	republikanisch	republicano	républicain	جُمْهورِيٌّ
republic	Republik	república	république	جُمْهورِيَّةٌ
all	alles, alle	todo(s)	tout, tous	جَميعٌ
fine, nice, beautiful	schön	hermoso	beau	جَميلٌ
go mad	geisteskrank/ verrückt werden	enloquecer	devenir fou	جُنَّ يُجَنُّ

side	Seite	lado	côté	جَنْبٌ جُنوبٌ، أَجْنابٌ
side by side	Seite an Seite	lado a lado	côte à côte	جَنْبًا إِلى جَنْبٍ
dagger	Dolch	puñal	poignard	جَنْبِيَّةٌ جَنابٍ (الجَنابِيُّ)
paradise	Paradies	paraíso	paradis	جَنَّةٌ جِنانٌ، جَنّاتٌ
race (n.)	Geschlecht, Rasse	raza	race	جِنْسٌ أَجْناسٌ
nationality	Nationalität	nacionalidad	nationalité	جِنْسِيَّةٌ
south	Süden	sur	sud	جَنوبٌ
insanity, madness	Wahnsinn, Verrücktheit	locura, euforía	folie, euphorie	جُنونٌ
reap the fruit	die Frucht ernten	cosechar la fruta	cueillir le fruit	جَنى الثَّمَرَةَ يَجْني -
reap the fruit of one's hard work	die Früchte seiner harten Arbeit ernten	cosechar el fruto de su trabajo	cueillir les fruits de son labeur	جَنى ثِمارَ أَتْعابِهِ يَجْني -
do harm, perpetrate (crime, offense, mischief)	ein Verbrechen begehen, schaden	cometer un crimen, perjudicar a	commettre/ perpétrer un crime, nuire à	جَنى عَلى يَجْني عَلى
reap	pflücken, ernten	cosechar	cueillir	جَنى يَجْني
pound (money)	Pfund	guinea (moneda)	guinée	جُنَيْهٌ

pound sterling	Pfund Sterling	libra esterlina	livre sterling	جُنَيْهٌ اسْتِرْلينيٌّ
struggle, holy war	Kampf, heiliger Krieg	lucha, guerra santa	lutte, guerre sainte	جِهادٌ
apparatus, machine, equipment, set	Apparat, Gerät, Ausrüstung	aparato, equipo	appareil, équipement	جِهازٌ أَجْهِزَةٌ
state apparatus	Staatsapparat	aparato del estado	appareil de l'Etat	جِهازُ الدَّوْلَةِ
radio set	Radiogerät	aparato de radio	poste de radio	جِهازُ الرّاديو
tape - recorder	Tonbandgerät	magnetófono	magnétophone	جِهازُ تَسْجيلٍ أَجْهِزَةُ ـ
air conditioner	Klimaanlage	acondicionador de aire	climatiseur	جِهازُ تَكْييفٍ أَجْهِزَةُ ـ
technical staff	technischer Ausschuss	comité técnico	comité technique	جِهازٌ فَنِّيٌّ أَجْهِزَةٌ فَنِّيَّةٌ
side	Seite	lado	côté	جِهَةٌ
official body	offizielle Seite	medio oficial	milieu officiel	جِهَةٌ رَسْمِيَّةٌ
prepare, equip	vorbereiten, ausstatten	preparar, equipar, dotar	préparer, équiper	جَهَّزَ
equip/ prepare oneself	sich ausstatten, sich vorbereiten	equiparse, dotarse, prepararse	s'équiper, se préparer	جَهَّزَ نَفْسَهُ
ignorance	Unwissenheit	ignorancia	ignorance	جَهْلٌ
weather, atmosphere	Luft, Atmosphäre, Stimmung	atmósfera, ámbito	atmosphère, ambiance	جَوٌّ أَجْواءٌ

answer (n.)	Antwort	respuesta	réponse	جَوابٌ أَجْوِبَةٌ
neigbourhood	Nachbarschaft	vecindad	voisinage	جِوارٌ
passport	Pass	pasaporte	passeport	جَوازٌ
passport	Reisepass	pasaporte	passeport	جَوازُ السَّفَرِ
quality	Qualität	calidad	qualité	جَوْدَةٌ
Gemini	Zwillinge (Tierkreiszeichen)	géminis	gémeaux	جَوْزاءُ (بُرْجُ الـ)
cavity, inside	Höhlung, Bauch	vientre	creux, cavité, ventre	جَوْفٌ أَجْوافٌ
essential, fundamental	wesentlich	esencial	essentiel	جَوْهَرِيٌّ
by air, aerial, atmospheric	Luft-, atmosphärisch	aéreo, atmosférico	aérien, atmosphérique	جَوِّيٌّ
pocket (n.)	Tasche	bolsillo	poche	جَيْبٌ جُيوبٌ
good (adj.)	gut	bueno, de calidad, excelente	bon, intéressant, de qualité	جَيِّدٌ
army	Armee	ejército	armée	جَيْشٌ جُيوشٌ
generation	Generation	generación	génération	جيلٌ أَجْيالٌ
new generation	neue Generation	nueva generación	nouvelle génération	جيلٌ جَديدٌ أَجْيالٌ جَديدَةٌ

انجليزيّة	ألمانيّة	إسبانيّة	فرنسيّة	عربيّة
eyebrow	Augenbraue	ceja	sourcil	حاجِبٌ حَواجِبُ
need (n.)	Bedarf, Bedürfnis	necesidad	besoin	حاجَةٌ
common need	gemeinsamer Bedarf	necesidad común	besoin commun	حاجَةٌ مُشْتَرَكَةٌ
obstacle	Hindernis	obstáculo	obstacle	حاجِزٌ حَواجِزُ
accident, incident	Unfall, Vorfall	accidente, incidente	accident, incident	حادِثٌ حَوادِثُ
hot, ardent, warm	heiβ, herzlich	caliente, ardiente, calenturoso	chaud, ardent, chaleureux	حارٌّ
fight (v.)	(be-)kämpfen	combatir	combattre	حارَبَ
porter, caretaker, keeper, guard	Wächter, Hausmeister, Pförtner	conserge, portero, guardia	concierge, portier, gardien	حارِسٌ حُرّاسٌ
account, hold responsible	abrechnen mit, zur Rechenschaft ziehen	pedir cuentas a uno	faire les comptes avec, demander des comptes à	حاسَبَ

computer	Computer	ordenador	ordinateur	حاسِبٌ آلِيٌّ
sight (n.)	Gesichtssinn	la vista	la vue	حاسَّةُ البَصَرِ
sense (n.)	Sinn	sentido	sens	حاسَّةٌ حَواسٌّ
computer	Computer	ordenador	ordinateur	حاسوبٌ حَواسيبُ
present (n., adj.)	Gegenwart, anwesend	presente	présent	حاضِرٌ
verge, border, edge	Rand, Kante	borde	bord	حافَّةٌ حَوافٌّ
preserve, sustain, maintain	bewahren, wahren, aufrechterhalten	conservar, preservar, mantener	conserver, préserver, entretenir, maintenir	حافَظَ عَلى
bus	Bus	bus	bus	حافِلَةٌ
adorned	geschmückt	adornado	paré	حالٍ (الحالي)
right away, immediately	unverzüglich	inmediatamente	immédiatement	حالاً
case, state	Fall, Zustand	caso, estado	cas, état	حالَةٌ
weather forecast	Wetterlage	meteorología	météo	حالَةُ الجَوِّ
as soon as	sobald	en cuanto	dès que	حالَما
present, (adj.)	gegenwärtig	actual	actuel	حالِيٌّ
now(adays), at present	zur Zeit	en la actualidad	actuellement	حالِيًّا
hot	heiβ	caliente	chaud	حامٍ (الحامي)

sour (adj.)	sauer	agrio	aigre	حامِضٌ
it is time for	es ist an der Zeit zu	ya es hora de	il est temps de	حانَ الوَقْتُ لِ
shop (n.)	Laden	tienda	boutique	حانوتٌ حَوانيتُ
try	versuchen	intentar	essayer	حاوَلَ
love (n.)	Liebe	amor	amour	حُبٌّ
love for life	Lebensfreude	amor de la vida	amour de la vie	حُبُّ الحَياةِ
seed, grain	Korn	grano	grain	حَبٌّ حُبوبٌ
platonic love	platonische Liebe	amor platónico	amour platonique	حُبٌّ عُذْرِيٌّ
chaste love	keusche Liebe	amor casto	amour innocent	حُبٌّ عَفيفٌ
imprisonment	Inhaftierung	encarcelamiento	emprisonnement	حَبْسٌ
cord, rope	Seil	cuerda	corde	حَبْلٌ حِبالٌ
cereals	Getreide	cereales	céréales	حُبوبٌ (ج)
until, in order to, even	bis, um…zu, sogar, auch wenn	hasta que, a fin de que, aun	jusqu'à ce que, afin que, même	حَتّى
until now, up to now, so for	bis jetzt, bisher	hasta ahora	jusqu'à présent	حَتّى الآنَ
incite, urge	drängen zu	incitar a	inciter/ exhorter à	حَثَّ عَلى يَحُثُّ عَلى

argument	Argument	argumento	argument	حُجَّةٌ حُجَجٌ
stone (n.)	Stein	piedra	pierre	حَجَرٌ أَحْجارٌ، حِجارَةٌ
lap (n.)	Schoβ	regazo	giron	حِجْرٌ حُجورٌ
sitting/ living room	Wohnzimmer, Empfangsraum	salón	salon	حُجْرَةُ الاسْتِقْبالِ
operation room, operation theatre	Operationssaal	quirófano	salle d'opérations	حُجْرَةُ العَمَلِيّاتِ (- ج)
consultation/ examination room	Untersuchungsraum	sala de consultas / reconocimiento médico	salle de consultation	حُجْرَةُ الفَحْصِ
room (n.)	Zimmer, Raum	cuarto	chambre, salle	حُجْرَةٌ حُجَرٌ، حُجُراتٌ
single room	Einzelzimmer	un cuarto para una sola persona	chambre (chambre individuelle pour une seule personne)	حُجْرَةٌ لِشَخْصٍ واحِدٍ
booking	Reservierung	reserva	réservation	حَجْزٌ
reserve, book, hold back	reservieren, zurückhalten	reservar	réserver, retenir	حَجَزَ يَحْجِزُ
volume, amount, size	Volumen, Umfang, Format	volumen, formato, tamaño	volume, format	حَجْمٌ أَحْجامٌ، حُجومٌ
export volume	Exportvolumen	volumen de las exportaciones	volume des exportations	حَجْمُ الصّادِراتِ (- ج)
minimum	Minimum	minimum	minimum	حَدٌّ أَدْنى حُدودٌ دُنْيا

border, frontier, limit	Grenze	límite, frontera	limite, frontière	حَدٌّ حُدودٌ
limit (v.)	begrenzen	limitar	limiter	حَدَّ يَحُدُّ
modernity	Modernität	modernidad	modernité	حَداثَةٌ
blacksmith	Schmied	herrero	forgeron	حَدّادٌ
talk to	sprechen mit	hablar con	parler à	حَدَّثَ
event	Ereignis	suceso, acontecimiento	événement	حَدَثٌ أَحْداثٌ
political event	politisches Ereignis	acontecimiento político	événement politique	حَدَثٌ سِياسِيٌّ أَحْداثٌ سِياسِيَّةٌ
talk about	sprechen über	hablar de	parler de	حَدَّثَ عَنْ
occur, happen	geschehen, stattfinden, eintreten, auftreten	tener lugar, ocurrir, surgir, suceder	avoir lieu, se produire, surgir	حَدَثَ يَحْدُثُ
occurrence	Geschehen, Eintreten, Auftreten	ocurrencia, aparición	le fait d'avoir lieu, apparition	حُدوثٌ
international borders	internationale Grenzen	fronteras internacionales	frontières internationales	حُدودٌ دُوَلِيَّةٌ (ج)
new, modern	modern, neu	moderno	moderne	حَديثٌ
conversation, talk	Gespräch, Unterhaltung	conversación, entrevista, plática	conversation, entretien	حَديثٌ أَحاديثُ
people's talk	Meinungsaustausch der Leute	conversación de la gente	conversation des gens	حَديثُ النّاسِ أَحاديثُ ـ
pleasant talk	angenehmes Gespräch	conversación agradable	conversation agréable	حَديثٌ مُمْتِعٌ أَحاديثُ مُمْتِعَةٌ

Hadith, the Prophet's tradition	Hadith, Tradition des Propheten	hadît, tradiciones del profeta	hadith, tradition du prophète	حَديثٌ نَبَوِيٌّ أَحاديثُ نَبَوِيَّةٌ
iron (n.)	Eisen	hierro	fer	حَديدٌ
garden (n.)	Garten	jardín	jardin	حَديقَةٌ حَدائِقُ
shoe	Schuh	zapato	soulier, chaussure	حِذاءٌ أَحْذِيَةٌ
beware!, be careful !	hüte dich!	¡ ojo !, ¡ cuidado !, ¡ no se fie usted !	méfiez -vous !	حَذارِ
warn	warnen	prevenir, advertir	prévenir, avertir	حَذَّرَ
caution, precaution	Vorsicht	desconfianza, recelo	méfiance, précaution	حَذَرٌ أَحْذارٌ
warn against	warnen vor	prevenir contra	mettre en garde contre	حَذَّرَ مِنْ
temperature	Temperatur	temperatura	température	حَرارَةٌ
you mustn't do/ say that !	das darfst du nicht !	¡ no lo hagas, por Dios !	ce n'est pas bien de ta part !	حَرامٌ عَلَيْكَ
war (n.)	Krieg	guerra	guerre	حَرْبٌ حُروبٌ
world war ii	der zweite Weltkrieg	la segunda guerra mundial	la deuxième guerre mondiale	حَرْبٌ عالَمِيَّةٌ ثانِيَةٌ (الـ)
war-, military	Kriegs-, militärisch	militar	militaire	حَرْبِيٌّ
write, draft	schreiben, redigieren	escribir, redactar	écrire, rédige	حَرَّرَ
border/ frontier guards	Grenzschutz	guardas fronterizos	gardes frontaliers	حَرَسُ الحُدودِ (ج)

guard (v.), watch	bewachen	guardar	garder	حَرَسَ يَحْرُسُ
eagerness	Bestreben	ansia, deseo	attachement profond	حِرْصٌ
endeavour, seek, make sure that	streben nach	empeñarse en, velar por, obrar por	tenir/ veiller/ œuvrer à	حَرَصَ عَلى يَحْرِصُ عَلى
alphabetical letter	Buchstabe	letra del alfabeto	lettre de l'alphabet	حَرْفٌ أَبْجَدِيٌّ حُرُوفٌ أَبْجَدِيَّةٌ
letter, particle, preposition	Buchstabe, Partikel, Präposition	letra, partícula, preposición	lettre, particule, préposition	حَرْفٌ حُرُوفٌ، أَحْرُفٌ
craft, profession	Handwerk, Beruf	oficio, profesión	métier, profession	حِرْفَةٌ حِرَفٌ
gesture, movement	Geste, Bewegung	gesto, movimiento	geste, mouvement	حَرَكَةٌ
freedom, liberty	Freiheit	libertad	liberté	حُرِّيَّةٌ
silk	Seide	seda	soie	حَرِيرٌ
eager to/ for	besorgt um	atento a, empeñado en, celoso de	soucieux de	حَرِيصٌ عَلى حِراصٌ\حُرَصاءُ عَلى
hot	scharf	picante	piquant	حِرّيفٌ
fire (n.)	Brand	incendio	incendie	حَرِيقٌ حَرائِقُ
bunch	Bündel	haz, gavilla	fagot	حُزْمَةٌ حُزَمٌ

sadness, sorrow	Trauer, Kummer	tristeza, pena	tristesse, chagrin	حُزْنٌ أَحْزانٌ
become sad	trauern, traurig sein	afligirse por	être affligé/ triste	حَزِن يَحْزَنُ
sad	traurig	triste	triste	حَزِينٌ حُزَناءُ
tact	Gefühl	tacto	tact	حِسٌّ
soup	Suppe	sopa	soupe	حَساءٌ أَحْسِيَةٌ
tomato soup	Tomatensuppe	sopa de tomates	soupe de tomate	حَساءُ طَماطِم
calculation, account	das Rechnen, Rechnung	cálculo, cuenta	calcul, compte	حِسابٌ
optional	nach Wunsch	optativo	au choix, facultatif	حَسَبَ الرَّغْبَةِ
think	glauben	creer, tener por	croire	حَسِبَ يَحْسَبُ
calculate, count	zählen, rechnen	calcular, contar	calculer, compter	حَسَبَ يَحْسُبُ
that's enough	es genügt	bástete	cela vous suffit	حَسْبُكَ
settle the question/ problem	die Frage klar entscheiden	resolver el problema	trancher la question	حَسَمَ المُشْكِلَةَ يَحْسِمُ ـ
improve, embellish	verbessern, verschönern	mejorar, embellecer	améliorer, embellir	حَسَّنَ
good (adj.)	gut	bueno	bon	حَسَنٌ حِسانٌ
beauty	Schönheit	belleza	beauté	حُسْنٌ مَحاسِنُ

all right !, o. k. !	gut!	¡ bien !, ¡ conforme !	bon ! d'accord !	حَسَنًا
goldfinch	Stieglitz	jilguero	chardonneret	حَسّونٌ حَساسينُ
insect	Insekt	insecto	insecte	حَشَرَةٌ
stuffing	Füllung	relleno	farce	حَشْوَةٌ
herb, grass	Pflanze, Gras	hierba	herbe	حَشيشَةٌ حَشائِشُ
horse	Pferd	caballo	cheval	حِصانٌ أَحْصِنَةٌ
reap, harvest	ernten	segar, consechar	moissonner, récolter	حَصَدَ يَحْصُدُ
get, obtain, acquire	erlangen, erhalten	obtener, conseguir, adquirir	obtenir, acquérir	حَصَلَ عَلى يَحْصُلُ عَلى
output, outcome	Ergebnis, Erlös	resultado, logro	résultat, acquis	حَصيلَةٌ حَصائِلُ
acquired language	Spracherwerb	adquisición lingüística	acquis linguistique	حَصيلَةٌ لُغَوِيَّةٌ
civilisation	Zivilisation	civilización	civilisation	حَضارَةٌ
mankind/ human civilisation	menschliche Zivilisation	civilización humana	civilisation humaine	حَضارَةٌ إِنْسانِيَّةٌ
Arab civilisation	arabische Zivilisation	civilización árabe	civilisation arabe	حَضارَةٌ عَرَبِيَّةٌ
contemporary Arab civilisation	zeitgenössische arabische Zivilisation	civilización árabe contemporánea	civilisation arabe contemporaine	حَضارَةٌ عَرَبِيَّةٌ مُعاصِرَةٌ
cultural	zivilisatorisch	civilizacional	civilisationnel	حَضارِيٌّ

urban area	städtischer Ort	medio/ area urbana	milieu urbain	حَضَرٌ
come, to be present, attend	kommen, anwesend sein, beiwohnen	venir, acudir, presentarse, estar presente, asistir a	venir, arriver, être présent, se présenter, assister à	حَضَرَ يَحْضُرُ
his majesty	seine Majestät	su majestad	sa Majesté	حَضْرَةُ صاحِبِ الجَلالَةِ
His Excellency/ Highness	Exzellenz	su excelencia	Excellence	حَضْرَةُ صاحِبِ الفَخامَةِ
attendance, presence	Teilnahme an, Anwesenheit	asistencia, presencia	action d'assister, présence	حُضورٌ
alight (v.), perch	ablegen, abstellen, sich setzen, aufsetzen	posarse	se poser	حَطَّ يَحُطُّ
firewood	Brennholz	leña	bois de chauffage	حَطَبٌ أَحْطابٌ
luck	Glück, Los	fortuna	chance	حَظٌّ حُظوظٌ
horoscope	Horoskop	horóscopo	horoscope	حَظُّكَ اليَوْمَ
have, gain	genieβen, zuteil werden	gozar de	jouir de	حَظِيَ بِـ\يَحْظى بِـ
dig (v.)	graben, bohren	cavar	creuser	حَفَرَ يَحْفِرُ
pit, excavation	Loch, Grube	hoyo, fosa	fosse	حُفْرَةٌ حُفَرٌ
preserve/ conserve food	Lebensmittel aufbewahren	conservar el alimento	conserver la nourriture	حَفِظَ الطَّعامَ يَحْفَظُ ـ
learn, memorise, maintain, preserve	auswendig lernen, bewahren, behüten	aprender, mantener, asegurar, preservar	apprendre, maintenir, assurer, préserver	حَفِظَ يَحْفَظُ

abound with	voll sein von	está henchido / cuajado/lleno de	être plein de	حَفَلَ بِـ يَحْفِلُ بِـ
wedding ceremony	Hochzeit	boda	cérémonie de mariage	حَفْلُ زَواجٍ
dinner party	festliches Abendessen	cena con baile	dîner de gala	حَفْلُ عَشاءٍ
party	Fest	fiesta	fête	حَفْلَةٌ
grandson	Enkel	nieto	petit-fils	حَفيدٌ أَحْفادٌ، حَفَدَةٌ حُفَداءُ
trees rustle	das Rauschen der Bäume	susurro de los árboles	bruissement des arbres	حَفيفُ الأَشْجارِ (- ج)
right (n.)	recht	derecho	droit	حَقٌّ حُقوقٌ
legitimate right	legitimes Recht	derecho legitimo	droit légitime	حَقٌّ مَشْروعٌ حُقوقٌ ـ
hatred, grudge	Hass	rencor	rancune	حِقْدٌ أَحْقادٌ، حُقودٌ
achieve	realisieren	realizar	réaliser	حَقَّقَ
achieve a goal	das Ziel erreichen	conseguir su meta	atteindre le but	حَقَّقَ الهَدَفَ
field (n.)	Feld, Acker, Bereich	campo, ámbito	champ, domaine	حَقْلٌ حُقولٌ
injection	Spritze	inyección	piqûre	حُقْنَةٌ حُقَنٌ
rights, law	Rechte, Rechtswissenschaft	derechos, el derecho	droits, le droit	حُقوقٌ (ج)

legitimate rights	legitime Rechte	derechos legítimos	droits légitimes	حُقوقٌ مَشْروعَةٌ (ج)
suitcase	Koffer, Tasche	maleta	valise	حَقيبَةٌ حقائِبُ
in reality, really, in fact	wirklich, tatsächlich, wahrhaftig	en real verdad, verdaderamente, en efecto	en vérité, réellement, en effet	حَقيقةً
the real matter	realer Tatbestand/ Sachverhalt	la realidad de las cosas	la réalité des faits	حَقيقَةُ الأَمْرِ
truth, reality, fact	Wahrheit, Wirklichkeit	verdad, realidad	vérité, réalité	حَقيقَةٌ حَقائِقُ
true, real	wirklich, real, tatsächlich	verdadero, real	vrai, véritable, réel	حَقيقِيٌّ
tale	Erzählung	cuento	conte	حِكايَةٌ
referee	Schiedsrichter	arbitrio	arbitre	حَكَمٌ حُكّامٌ
judge (v.)	urteilen, beurteilen	emitir sentencia sobre…, juzgar	porter un jugement sur	حَكَمَ عَلى يَحْكُمُ عَلى
govern, control, rule	herrschen, regieren	gobernar, regir	gouverner, régir	حَكَمَ يَحْكُمُ
maxim, wisdom	Maxime, Weisheit	máxima, sabiduría	maxime, sagesse	حِكْمَةٌ حِكَمٌ
common adage/ maxim	verbreitete Maxime	máxima corriente	maxime courante	حِكْمَةٌ شائِعَةٌ حِكَمٌ -
government	Regierung	gobierno	gouvernement	حُكومَةٌ
conflict resolving	Meinungsverschieden heiten Beilegung der	arreglo de las controversias	règlement des différends	حَلُّ الخِلافاتِ (- ج)

solve the problem	das Problem lösen	resolver el problema	résoudre le problème	حَلَّ المُشْكِلَةَ يَحُلُّ ـ
solution	Lösung	solución	solution	حَلٌّ حُلولٌ
fair solution	gerechte Lösung	solución equitativa	solution équitable	حَلٌّ عادِلٌ حُلولٌ عادِلَةٌ
solve	lösen	resolver	résoudre	حَلَّ يَحُلُّ
barber, hairdresser	Friseur	peluquero	coiffeur	حَلّاقٌ
fenugreek	Bockshornklee	fenogreco / alholva	fenugrec	حُلْبَةٌ
throat	Kehle, Rachen	garganta	gorge	حَلْقٌ حُلوقٌ، أَحْلاقٌ
dream (n.)	Traum	sueño	rêve	حُلْمٌ أَحْلامٌ
dream (v.)	träumen	soñar	rêver	حَلَمَ يَحْلُمُ
sweet, fresh	süß	dulce	doux	حُلْوٌ
cake	Süßigkeiten	pastel	gâteau	حَلْوًى حَلاوى
milk (n.)	Milch	leche	lait	حَليبٌ
donkey	Esel	asno	âne	حِمارٌ حَميرٌ، حُمُرٌ، أَحْمِرَةٌ
enthusiasm	Begeisterung	entusiasmo	enthousiasme	حَماسَةٌ

bathroom	Badezimmer	cuarto de baño	salle de bains	حَمّامٌ
carrier pigeon	Brieftaube	paloma mensajera	pigeon voyageur	حَمامٌ زاجِلٌ
protection	Schutz	protección	protection	حِمايَةٌ
archaeological site protection	Denkmalschutz	protección de los monumentos arqueológicos	protection des sites archéologiques	حِمايَةُ الآثارِ (ـ ج)
investment protection	Investitionsschutz	protección de las inversiones	protection des investissements	حِمايَةُ الاِسْتِثْماراتِ (ـ ج)
praise (v.)	loben, preisen	alabar, loar	louer	حَمِدَ يَحْمَدُ
Aries	Widder	Aries	bélier	حَمَلٌ (بُرْجُ الـ)
carry	tragen	llevar	porter	حَمَلَ يَحْمِلُ
father-in-law	Schwiegervater	suegro	beau-père	حَمُو أَحْماءٌ
fever	Fieber	fiebre	fièvre	حُمَّى
yearn/long for	streben nach, sich sehnen nach	anhelar, ansiar	aspirer à, languir de	حَنَّ إِلى يَحِنُّ إِلى
palate	Gaumen	paladar	palais	حَنَكٌ أَحْناكٌ
accidents	Unfälle	accidentes	accidents	حَوادِثُ (ج)
dialogue	Dialog	diálogo	dialogue	حِوارٌ
dialogue between peoples	Dialog der Völker	diálogo de los pueblos	dialogue des peuples	حِوارُ الشُّعوبِ (ـ ج)

North - South dialogue	Nord-Süd-Dialog	diálogo norte-sur	dialogue Nord - Sud	حِوارُ الشَّمالِ والجَنوبِ
South - South dialogue	Süd-Süd-Dialog	diálogo sur-sur	dialogue sud - sud	حِوارٌ بَيْنَ الجَنوبِ والجَنوبِ
dialogue between peoples	Dialog zwischen den Völkern	diálogo entre los pueblos	dialogue entre les peuples	حِوارٌ بَيْنَ الشُّعوبِ (- ج)
Arab-African dialogue	arabisch-afrikanischer Dialog	diálogo árabo-africano	dialogue Arabo-Africain	حِوارٌ عَرَبِيٌّ إِفْرِيقِيٌّ
Arab- European dialogue	arabisch-europäischer Dialog	diálogo euro-árabe	dialogue Euro-Arabe	حِوارٌ عَرَبِيٌّ أورُبِيٌّ
the five senses	die fünf Sinne	los cinco sentidos	les cinq sens	حَواسُّ خَمْسٌ (الـ-) (ج)
around, about	ungefähr, etwa	cerca de, aproximadamente, poco más o menos	aux environs de, à peu près	حَوالَيْ -
Pisces	Fische	piscis	poissons	حوتٌ (بُرْجُ الـ-)
marked contrast between white and black of the eye	Schwarzäugigkeit	hecho de tener el blanco yel negro del ojo muy marcados	noirceur marquée des yeux	حَوَرٌ
wash-basin, basin	Waschbecken, Becken	lavabo, cuenca	lavabo, bassin	حَوْضٌ أَحْواضٌ، حِياضٌ
change, transpose	verwandeln, umstellen	cambiar, transponer	changer, transposer	حَوَّلَ
around, about	um... herum, betreffs	alrededor de/ a propósito de, —	autour/ à propos de	حَوْلَ -
living, living being, quarter	lebend, Lebewesen, Stadtviertel	viviente, ser vivo, barrio	vivant, être vivant, quartier	حَيٌّ أَحْياءٌ

shopping centre	Einkaufszentrum	barrio comercial	quartier commercial	حَيٌّ تِجارِيٌّ أَحْياءٌ تِجارِيَّةٌ
life	Leben	vida	vie	حَياةٌ
better life	besseres Leben	vida mejor	vie meilleure	حَياةٌ أَفْضَلُ
human life	Menschenleben	vida humana	vie humaine	حَياةٌ بَشَرِيَّةٌ
public life	öffentliches Leben	vida pública	vie publique	حَياةٌ عامَّةٌ
daily life	Alltagsleben	vida cotidiana	vie quotidienne	حَياةٌ يَوْمِيَّةٌ
where	wo	donde	où	حَيْثُ
worry (v.), puzzle	beunruhigen, peinigen	preocupar, consternar	préoccuper, intriguer	حَيَّرَ
trick (n.)	Trick	astucia, ardid	ruse	حيلَةٌ حِيَلٌ
when	wenn, als	cuando	quand, lorsque	حينَ
animal	Tier	animal	animal	حَيَوانٌ
lively, vital	lebenswichtig, vital	vital	vital	حَيَوِيٌّ
vitality	Lebenskraft, Vitalität	dinamismo, vitalidad	dynamisme, vitalité	حَيَوِيَّةٌ
live	leben	vivir	vivre	حَيِيَ يَحْيا

انجليزيّة	ألمانيّة	إسبانيّة	فرنسيّة	عربيّة
(man) servant	Diener	servidor	serviteur	خادِمٌ خُدّامٌ خَدَمَةٌ
maid	Dienerin	criada	servante	خادِمَةٌ (مؤ)
leaving, abroad	herauskommend, Ausland	saliente, el extranjero	sortant, l'étranger	خارِجٌ
outside, abroad	auβerhalb, im Ausland	fuera de, en el extranjero	à l'extérieur de, en dehors, à l'étranger	خارِجَ ـ
foreign, external	auβen befindlich, Auβen-	exterior, externo	extérieur, externe	خارِجِيٌّ
the foreign affairs	die auswärtigen Angelegenheiten	los asuntos exteriores/ extranjeros	les affaires étrangères	خارِجِيَّةٌ (الـ-)
special, private	besonder-, speziell, privat	particular, especial, privado	particulier, spécial, privé	خاصٌّ
related to	bezüglich	relativo a	relatif à	خاصٌّ بِـ
especially, particularly	insbesondere	particularmente	particulièrement	خاصَّةً
enter the war	Krieg führen	hacer la guerra	faire la guerre	خاضَ الحَرْبَ يَخوضُ ـ

sew	nähen	coser	coudre	خَاطَ يَخِيطُ
address, speak to	anreden, sprechen zu	dirigirse/ hablar a	s'adresser/ parler à	خَاطَبَ
to be afraid of, fear, dread	Angst haben, fürchten	temer, tener miedo	avoir peur, craindre	خَافَ يَخَافُ
without, devoid of	ohne, frei, entblößt von	sin, exento/ carente de	sans, dépourvu de	خَالٍ (الخَالِي) مِنْ
(maternal) uncle	Onkel (mütterlicherseits)	tío (materno)	oncle (maternel)	خَالٌ أَخْوَالٌ
(maternal) aunt	Tante (mütterlicherseits)	tía (materna)	tante (maternelle)	خَالَةٌ (مؤ)
sincere	ehrlich	sincero	sincère	خَالِصٌ خُلَّصٌ
raw	roh	bruto, sin refinar	brut	خَامٌ
fifth (m.)	fünfter	quinto	cinquième (m.)	خَامِسٌ
betray	verraten	traicionar	trahir	خَانَ يَخُونُ
news, information	Nachricht, Mitteilung	noticia, información	nouvelle, information	خَبَرٌ أَخْبَارٌ
good/ happy news	gute Nachricht	buena noticia	bonne nouvelle	خَبَرٌ سَارٌّ أَخْبَارٌ سَارَّةٌ
experience (n.)	Erfahrung	experiencia	expérience	خِبْرَةٌ
bread	Brot	pan	pain	خُبْزٌ
space expert	Weltraumexperte	experto del espacio	expert de l'espace	خَبِيرُ الفَضَاءِ خُبَرَاءُ ـ

expert (n.)	Experte	experto	expert	خَبيرٌ خُبَراءُ
to be ashamed of	sich schämen wegen	avergonzarse, tener vergüenza de	avoir honte de	خَجِلَ مِنْ يَخْجَلُ مِنْ
serve, work	dienen, arbeiten	servir, trabajar	servir, travailler	خَدَمَ يَخْدِمُ
communication services	Kommunikations-dienste	servicios de comunicación	services de communication	خِدْماتٌ اتِّصاليَّةٌ (ج)
urgent services	Notdienst	servicios urgentes	services urgents	خِدْماتٌ عاجِلَةٌ (ج)
service (n.)	Dienst	servicio	service	خِدْمَةٌ
serving society	Dienst an der Gesellschaft	servicio de la sociedad	service de la société	خِدْمَةُ المُجْتَمَعِ
military service	Militärdienst	servicio militar	service militaire	خِدْمَةٌ عَسْكَرِيَّةٌ
khedive	khedivial	jedive	khédive	خِديوي
destroy vegetation/ plants	die Plantage zerstören	devastar las plantaciones	ravager les plantations	خَرَّب الزَّرْعَ
get out, leave	hinausgehen, herauskommen	salir	sortir	خَرَجَ يَخْرُجُ
stupid (f.s.)	dumm (f.)	estúpida	stupide (f.)	خَرْقاءُ (مؤ) خُرْقٌ
lamb (n.)	Hammel	cordero	agneau	خَروفٌ خِرْفانٌ خِرافٌ
stuffed lamb	gefülltes Lammfleisch	cordero relleno	agneau farci	خَروفٌ مَحْشُوٌّ خِرْفانٌ\ خِرافٌ مَحْشُوَّةٌ

water murmur	das Plätschern des Wassers	susurro del agua	murmure des eaux	خَرِيرُ الماءِ
world map	Weltkarte	mapa del mundo	carte du monde	خَرِيطَةُ العالَمِ
map (n.)	Landkarte	mapa	carte géographique	خَرِيطَةٌ خَرائِطُ
autumn	Herbst	otoño	automne	خَرِيفٌ
cupboard	Schrank	armario	armoire	خِزانَةٌ خَزائِنُ
wardrobe	Kleiderschrank	ropero	armoire, garde -robe	خِزانةُ مَلابِسَ خَزائِنُ ـ
ceramic	keramisch	de porcelana	en porcelaine	خَزَفِيٌّ
lettuce	Kopfsalat	lechuga	laitue	خَسٌّ
wooden	hölzern	de madera	en bois	خَشَبِيٌّ
rough	grob, rauh	áspero	rêche	خَشِنٌ خُشُنٌ خِشانٌ
fear/ dread for/ to be afraid of	fürchten/ für	temer/ por	craindre/ pour	خَشِيَ\ عَلى يَخْشى\ عَلى
characteristics, particularities	Charakteristika, Besonderheiten	peculiaridades	caractéristiques, particularités	خَصائِصُ (ج)
artistic properties/ characteristics	künstlerische Eigenschaften	peculiaridades artísticas	caractéristiques artistiques	خَصائِصُ فَنِّيَّةٌ (ج)
fertile	fruchtbar	fértil	fertile	خِصْبٌ
dedicate to, reserve for	widmen, bestimmen	consagrar a, reservar a	consacrer/ réserver à	خَصَّصَ لِ

tuft	Büschel	mechón	touffe	خُصْلَةٌ خُصَلٌ
characteristic, particularity	Charakteristikum, spezifische Eigenschaft	peculiaridad	caractéristique, particularité	خَصيصَةٌ خَصائِصُ
vegetables	Gemüse	verduras	légumes	خُضَرٌ (ج)
vegetables	Gemüse	hortalizas	légumes	خَضْرَواتٌ (ج)
greengrocer	Gemüsehändler	vendedor de verduras	marchand de légumes	خُضَرِيٌّ
calligraphy	Kalligraphie	caligrafía	calligraphie	خَطٌّ
calligraphic style	kalligraphischer Stil	estilo caligrafico	style calligraphique	خَطُّ ـ
airway, airline	Luftverkehrslinie	línea aérea	ligne aérienne	خَطُّ الطَّيَرانِ خُطوطُ ـ
bold letters	Fettdruck	negrilla	caractères gras	خَطٌّ بارِزٌ
free calligraphy	Freischrift	caligrafía libre	calligraphie libre	خَطٌّ حُرٌّ
line (n.)	Linie, Strich	línea, raya	ligne, trait	خَطٌّ خُطوطٌ
decorative/ ornamental calligraphy	ornamentale Kalligraphie	caligrafía ornamental	calligraphie ornementale	خَطٌّ زُخْرُفِيٌّ
Arabic calligraphy	arabische Kalligraphie	caligrafía arabe	calligraphie arabe	خَطٌّ عَرَبِي
bold letters	Fettdruck	negrilla	caractère gras	خَطٌّ عَريضٌ
free calligraphy	Freischrift	caligrafía libre	calligraphie libre	خَطٌّ مُبْتَكَرٌ

straight line	Gerade	línea recta	ligne droite	خَطٌّ مُسْتَقِيمٌ خُطوطٌ مُسْتَقِيمَةٌ
error	Irrtum	error	erreur	خَطَأٌ أَخْطاءٌ
letter	Brief	carta	lettre	خِطابٌ
calligrapher	Kalligraph	calígrafo	calligraphe	خَطّاطٌ
ask for a girl's hand in marrige, propose	um die Hand eines Mädchens anhalten	pedir la mano de	demander en mariage	خَطَبَ يَخْطُبُ
engagement	Verlobung	noviazgo	demande en mariage, fiançailles	خِطْبَةٌ
plan (n.)	Plan	plan	plan	خُطَّةٌ خُطَطٌ
danger	Gefahr	peligro	danger	خَطَرٌ أَخْطارٌ
nuclear danger	Nukleargefahr	peligro nuclear	danger nucléaire	خَطَرٌ نَوَوِيٌّ أَخْطارٌ نَوَوِيَّةٌ
step (n.)	Schritt, Etappe	paso, etapa	pas, étape	خُطْوَةٌ خُطًى، خُطُواتٌ
speaker, orator	Redner	orador	orateur	خَطيبٌ خُطَباءُ
serious, grave	ernst, gefährlich	grave, serio	grave, sérieux	خَطيرٌ
reduce, decrease	verringern, senken	disminuir	réduire, diminuer	خَفَّضَ
reduce, decrease	verringern, senken	reducir, disminuir	réduire, diminuer	خَفَضَ يَخْفِضُ

lighten, reduce, alleviate	erleichtern, reduzieren	aligerar, aliviar	alléger, réduire	خَفَّفَ
light (adj.)	leicht	ligero	léger	خَفيفٌ خِفافٌ
vinegar	Essig	vinagre	vinaigre	خَلٌّ
to be void/ empty of	leer/ frei sein von	estar falto/ carecer de	se vider de	خَلا مِنْ يَخْلو مِنْ
conflict, disagreement, dispute	Meinungs-verschiedenheit	desacuerdo, litigio	désaccord, différend	خِلافٌ
during	während, im Verlauf von	en el transcurso de, durante	au cours de, durant	خِلالَ ـ
undress, take off	sich ausziehen	quitar el vestido, desvestirse	se déshabiller	خَلَعَ مَلابِسَهُ يَخْلَعُ ـ
behind	hinter	detrás de, tras	derrière	خَلْفَ ـ
character	Charakter	carácter	caractère	خُلُقٌ أَخْلاقٌ
good character	guter Charakter	buen genio	bon caractère	خُلُقٌ طَيِّبٌ أَخْلاقٌ طَيِّبَةٌ
create	schaffen	crear	créer	خَلَقَ يَخْلُقُ
cell	Zelle	célula	cellule	خَلِيَّةٌ خَلايا
solar cell	Solarzelle	célula solar	cellule solaire	خَلِيَّةٌ شَمْسِيَّةٌ خَلايا ـ
gulf	Golf	golfo	golfe	خَليجٌ خُلْجانٌ، خُلُجٌ

Arab gulf	arabischer Golf	el Golfo Arábico	le Golfe arabe	خليجٌ عَرَبِيٌّ (الـ)
caliph	Kalif	califa	calife	خليفَةٌ خُلَفاءُ
five	fünf	cinco	cinq	خَمْسَةٌ
fifteen	fünfzehn	quince	quinze	خَمْسَةَ عَشَرَ
fifty	fünfzig	cincuenta	cinquante	خَمْسونَ
guess, expect	schätzen, vermuten	suponer	deviner, prévoir	خَمَّنَ
Thursday	Donnerstag	jueves	jeudi	خَميسٌ (الـ)
dagger	Dolch	puñal	poignard	خِنْجَرٌ خَناجِرُ
strangle	erwürgen	ahogar	étouffer	خَنَقَ يَخْنُقُ
low (n.), moo	das Brüllen des Rindes	el mugido	meuglement	خُوارُ البَقَرِ
peach	Pfirsich	melocotón	pêche	خَوْخٌ
cucumber	Gurke	pepino	concombre	خِيارٌ
imagination	Phantasie	imaginación	imagination	خَيالٌ أَخْيِلَةٌ
good (n.)	das Wohl	bien (n.)	bien (n.)	خَيْرٌ
give the choice	vor die Wahl stellen	dar a escoger entre	laisser le choix entre	خَيَّرَ
better than	besser als	mejor que	mieux/ meilleur que	خَيْرٌ مِنْ

good and evil	Gutes und Böses	bien y mal	bien et mal	خَيْرٌ وشَرٌّ
welfare, boons	Güter, Wohltaten	bienes	biens	خَيْراتٌ (ج)
tent	Zelt	tienda	tente	خَيْمَةٌ خِيامٌ، خِيَمٌ، خَيْماتٌ

انجليزيّة	ألمانيّة	إسبانيّة	فرنسيّة	عربيّة
telephone station	Telefonstation	estación telefónica	station téléphonique	دائِرَةٌ تَليفونِيَّةٌ دَوائِرُ ـ
circumscription	Bezirk	circunscripción	circonscription	دائِرَةٌ دَوائِرُ
permanent, lasting, constant	dauernd, ständig	permanente, duradero, constante	permanent, durable, constant	دائِمٌ
always	immer, ständig	siempre	toujours	دائِمًا
entering	eintretend	entrante	entrant	داخِلٌ
inside, in	innerhalb	dentro, en el interior	à l'intérieur de	داخِلَ ـ
interior, internal	innen, intern	interior, interno	intérieur, interne	داخِلِيٌّ
interior, internal affairs, home office	innere Angelegenheiten	los asuntos interiores	les affaires intérieures	داخِلِيَّةٌ (الـ)
nursery, crèche	Krippe	guardería infantil	crèche	دارُ الحَضانَةِ

turn around, bear on	sich drehen um	girar al rededor de	tourner autour	دارَ حَوْلَ يَدورُ حَوْلَ
revolve around, concern	kreisen um	gravitar/girar al rededor de	tourner/ graviter autour	دارَ في فَلَكِ يَدورُ -
turn round, happen	sich drehen, stattfinden	efectuarse, celebrarse, tener lugar	tourner, se dérouler	دارَ يَدورُ
student, learner	Lerner, Student	alumno estudioso, estudiante	apprenant, étudiant	دارِسٌ
caller	Rufer	llamador	celui qui appelle	داعٍ (الدّاعي)
joke with, make fun	spaβen/ scherzen mit	bromear con	plaisanter avec	داعَبَ
defend	verteidigen	defender	défendre	دافَعَ عَنْ
dark coloured	dunkel	oscuro	foncé	داكِنٌ
last (v.)	dauern	durar	durer	دامَ يَدومُ
break into, raid	anstürmen, überfallen	asaltar	assaillir	داهَمَ
degree, diploma	Diplom	diploma	diplôme	دِبْلومٌ
diplomat	Diplomat	diplomático	diplomate	دِبْلوماسِيٌّ
diplomacy	Diplomatie	diplomacia	diplomatie	دِبْلوماسِيَّةٌ
hen, chicken	Hähnchen	pollo	poulet	دَجاجٌ
chicken (n.)	Huhn	gallina	poule	دَجاجَةٌ دَجاجٌ، دَجاجاتٌ

smoke (n.)	Rauch, Tabak	humo, tabaco	fumée, tabac	دُخَانٌ أَدْخِنَةٌ
income	Einkommen	ingreso	revenu (n.)	دَخْلٌ دُخُولٌ
national income	Nationaleinkommen	ingreso nacional	revenu national	دَخْلٌ قَوْمِيٌّ دُخُولٌ قَوْمِيَّةٌ
enter, get into	eintreten	entrar	entrer	دَخَلَ يَدْخُلُ
entering, entry, admittance	Eintritt	entrada	entrée	دُخُولٌ
bicycle	Fahrrad	bicicleta	bicyclette	دَرَّاجَةٌ
motorbike, motorcycle	Motorrad	velomotor	vélomoteur	دَرَّاجَةٌ بُخَارِيَّةٌ
study (n.)	Untersuchung, Studium	estudio	étude	دِرَاسَةٌ
secondary education	Sekundarschulbildung	estudios secundarios	études secondaires	دِرَاسَةٌ ثَانَوِيَّةٌ
university/ higher education	Hochschulstudium	estudios universitarios	études universitaires	دِرَاسَةٌ جَامِعِيَّةٌ
train (v.)	ausbilden, trainieren	entrenar	entraîner	دَرَّبَ
drawer	Schublade	cajón, casillero	tiroir	دُرْجٌ أَدْرَاجٌ
desk drawer	Schreibtischschublade	pupitre de la mesa (del despacho)	tiroir du bureau	دُرْجُ المَكْتَبِ أَدْرَاجٌ –
degree, grade	Grad	grado	degré	دَرَجَةٌ
temperature	Temperatur	temperatura	température	دَرَجَةُ الحَرَارَةِ

high degree/ grade	hoher Grad, hoher Rang	temperatura elevada	degré élevé	دَرَجَةٌ عالِيَةٌ
teach	unterrichten	enseñar	enseigner	دَرَّسَ
lesson	Lektion, Unterricht	lección	leçon	دَرْسٌ دُروسٌ
practical lesson	praktische Lektion	lección práctica	leçon pratique	دَرْسٌ عَمَلِيٌّ دُروسٌ عَمَلِيَّةٌ
study (v.)	untersuchen, studieren	estudiar	étudier	دَرَسَ يَدْرُسُ
championship trophy	Meisterschaftstrophäe	trofeo del campeonato	trophée du championnat	دِرْعُ البُطولَةِ
armour (n.)	Rüstung	adarga, armadura	armure	دِرْعٌ دُروعٌ
dirham	Dirham	dirhem	dirhem	دِرْهَمٌ دَراهِمُ
glittering, sparkling	schimmernd	"centelleante; rutilante"	brillant	دَرِيٌّ
know, to be aware	wissen	saber (v.)	savoir (v.)	دَرى يَدْري
let !, stop !	lass !	¡ déjalo !	laisse!	دَعْ
call for prayer	zum Gebet aufrufen	llamar a la oración	appeler à la prière	دَعا إلى الصَّلاةِ يَدعو ـ
call for, invite/ urge to	rufen, einladen, beten	llamar, invitar, rogar	appeler/ inviter à	دَعا إِلى يَدْعو إِلى
call, pray	rufen, beten	llamar, rogar	appeler, prier	دَعَا يَدْعو
invocation, prayer	Gebet, Bitte	invocación, ruego	invocation, prière	دُعاءٌ أَدْعِيَةٌ

propaganda, publicity	Propaganda, Werbung	propaganda, publicidad	propagande, publicité	دِعايَةٌ
touristic advertising/ publicity	Werbung für Tourismus	publicidad turística	publicité touristique	دِعايَةٌ سِياحِيَّةٌ
support, reinforcement, subsidisation	Unterstützung, Festigung, Subvention	sostén, refuerzo, compensación	soutien, renforcement, compensation	دَعْمٌ
relations consolidation	Festigung der Beziehungen	consolidación de las relaciones	consolidation/ renforcement des relations	دَعْمُ العَلاقاتِ (ـ ج)
defence	Verteidigung	defensa	défense	دِفاعٌ
account book, ledger	Geschäftsbuch	registro de cuentas	livre des comptes	دَفْتَرُ الحِساباتِ (ـ ج) دَفاتِرُ ـ
notebook, copybook, booklet, register	Heft, Buch, Register	registro	bloc-notes, cahier, carnet, registre	دَفْتَرٌ دَفاتِرُ
pay the bill	die Rechnung bezahlen	pagar la cuenta	payer l'addition, régler la note	دَفَعَ الحِسابَ يَدْفَعُ ـ
pay	bezahlen	pagar	payer	دَفَعَ يَدْفَعُ
ring the bell	klingeln	tocar el timbre	sonner la cloche	دَقَّ الجَرَسَ يَدُقُّ ـ
to be thin/ delicate/ fine	dünner/ feiner werden	ser fino/ menudo, adelgazar, ser delicado/ sutil	devenir menu, s'amincir, être délicat	دَقَّ يَدِقُّ
ring (v.) knock	klingeln, klopfen	tocar, doblar	sonner, frapper	دَقَّ يَدُقُّ
flour (n.)	Mehl	harina	farine	دَقيقٌ
fine, thin, precise, exact	dünn, fein, genau	minúsculo, fino, preciso	minuscule, fin, précis	دَقيقٌ دِقاقٌ، دَقائِقُ، أَدِقَّةٌ

minute (n.)	Minute	minuto	minute	دَقِيقَةٌ دَقائِقُ
shop (n.)	Laden	tienda	boutique	دُكّانٌ دَكاكِينُ
doctor (n.)	Doktor	doctor	docteur	دُكْتورٌ دَكاتِرَةٌ
indicate, inform, show	zeigen, hinweisen auf, nachweisen	indicar, señalar, enseñar	indiquer, désigner, renseigner sur	دَلَّ عَلى يَدُلُّ عَلى
meaning, indication	Bedeutung	significación	signification	دَلالَةٌ دَلائِلُ، دَلالاتٌ
Aquarius	Wassermann	acuario	verseau	دَلْوٌ (بُرْجُ الـ ـ)
bucket	Eimer	cubo	seau	دَلْوٌ دِلاءٌ
proof, evidence, guide(book)	Beweis, Indiz, Führer	prueba, argumento, guía	preuve, argument, guide	دَليلٌ أَدِلَّةٌ
touristic guide(book)	Fremdenführer	guía turística	guide touristique	دَليلٌ سِياحِيٌّ أَدِلَّةٌ سِياحِيَّةٌ
scientific evidence	wissenschaftlicher Nachweis	prueba científica	preuve scientifique	دَلِيلٌ عِلْمِيٌّ أَدِلَّةٌ عِلْمِيَّةٌ
blood	Blut	sangre	sang	دَمٌ دِماءٌ
destruction	Zerstörung	destrucción	destruction	دَمارٌ
yours faithfully	behüt'dich Gott!	Dios te guarde	que Dieu te garde	دُمْتَ لِأَخيكَ المُخْلِصِ
yours ever	Gott bewahre dich!	Dios te guarde	que Dieu te garde	دُمْتَ لي

bloody (adj.)	blutig, Blut-	sanguíneo	sanguin	دَمَوِيٌّ
this world	unsere Welt	la vida terrenal	le bas monde	دُنْيا
astonishment, surprise	Verwunderung	asombro	étonnement	دَهْشَةٌ
grease (v.)	anstreichen	untar	enduire	دَهَنَ يَدْهُنُ
fat, greasy	fettig, Fett-	graso	gras	دُهْنِيٌّ
fats	Fett	grasas	matières grasses	دُهْنِيّاتٌ (ج)
medicine, drug	Medikament	medicamento	médicament	دَواءٌ أَدْوِيَةٌ
official administrations	offizielle Behörden	administraciones oficiales	administrations officielles	دَوائِرُ رَسْمِيَّةٌ (ج)
role, turn, floor	Rolle,Runde, Stockwerk	papel, turno, piso	rôle, tour, étage	دَوْرٌ أَدْوارٌ
turning (around)	Drehung	remolino	tournoiement	دَوَرانٌ
frequency, current use	Häufigkeit	el hecho de andar en lenguas	fréquence	دَوَرانٌ عَلى الأَلْسِنَةِ (- ج)
blood circulation	Blutkreislauf	circulación sanguínea	circulation du sang	دَوْرَةٌ دَمَوِيَّةٌ
foreign countries	das Ausland	países extranjeros	pays étrangers	دُوَلٌ أَجْنَبِيَّةٌ (ج)
superpowers	Großmächte	grandes potencias	grandes puissances	دُوَلٌ كُبْرى (ج)
cupboard	Küchenschrank	alacena	placard de cuisine	دولابُ أَطْباقٍ (ج) دَواليبُ ـ

cupboard	Schrank	armario	armoire	دولابٌ دَواليبُ
wardrobe	Kleiderschrank	ropero, guardarropa	penderie, garde-robe	دولابُ مَلابِسَ (ج) دَواليبُ ـ
dollar	Dollar	dólar	dollar	دولارٌ
state (n.)	Staat	estado	Etat	دَوْلَةٌ دُوَلٌ
sovereign state	souveräner Staat	estado soberano	Etat souverain	دَوْلَةٌ ذاتُ سِيادَة دُوَلٌ ـ
member state	Mitgliedsstaat	estado miembro	Etat membre	دَوْلَةٌ عُضْو دُوَلٌ أعْضاءٌ
superpower	Großmacht	gran potencia	grande puissance	دَوْلَةٌ كُبْرى دُوَلٌ ـ
developed country	entwickeltes Land	pais desarrollado	pays développé	دَوْلَةٌ مُتَقَدِّمَةٌ دُوَلٌ ـ
international	international	internacional	international	دُوَلِيٌّ
without, below	ohne, unter	sin, por debajo de	sans, sans que, au dessous de	دونَ
undoubtedly	ohne Zweifel	sin duda	sans doute	دونَ شَكٍّ
December	Dezember	diciembre	décembre	ديسَمْبَر
cock (n.)	Hahn	gallo	coq	ديكٌ دِيَكَةٌ دُيوكٌ، أَدْياكٌ
religion	Religion	religión	religion	دينٌ أَدْيانٌ

divine religion	göttliche Religion	religión revelada	religion révélée	دينٌ سَماوِيٌّ أَدْيانٌ سَماوِيَّةٌ
dinar	Dinar	dinar	dinar	دينارٌ دَنانيرُ
collection of poems	Gedichtssammlung	diván	recueil de poèmes	ديوانُ شِعْرٍ دَواوينُ ـ

انجليزيّة	ألمانيّة	إسبانيّة	فرنسيّة	عربيّة
same, with (f.s.)	das Selbst, selbst, gleich, selb, ausgestattet sein mit (f. s.)	ella misma, mismísima, en persona, de, que posee, dotada de	même, soi-même, à, qui a, qui possède, dotée de	ذَاتٌ (مؤ) ذَواتٌ .
(be) spread	sich verbreiten	divulgarse, difundirse	se propager	ذاعَ يَذِيعُ
taste (v.)	kosten, probieren	probar, catar	goûter	ذاقَ يَذوقُ
stydy one's lessons	lernen, seine Hausaufgaben machen	repasar sus lecciones	réviser ses leçons	ذاكَرَ دُروسَهُ (ـ ج)
going to	gehend/ fahrend nach	destinado a	allant à	ذاهِبٌ إلى
fly (n.)	Fliege	mosca	mouche	ذُبابَةٌ ذُبابٌ، ذُبّانٌ
arm (n.)	Arm	brazo	bras	ذِراعٌ أَذْرُعٌ
corn, maize	Mais	maíz	maïs	ذُرَةٌ
atomic	atomar	atómico	atomique	ذَرِّيٌّ
intelligence	Intelligenz	inteligencia	intelligence	ذَكاءٌ

remind	erinnern	recordar	rappeler	ذَكَّرَ
say, mention, remember	äuβern, nennen, erwähnen, melden	decir, indicar, mencionar, citar, evocar	dire, indiquer, mentionner, évoquer	ذَكَرَ يَذْكُرُ
intelligent, clever	intelligent	inteligente	intelligent	ذَكِيٌّ أَذْكِياءُ
that (m.)	jener	aquél, aquello, aquel	cela, celui-là, ce/cet... là	ذَلِكَ
dispraise (v.)	sich abfällig äuβern, tadeln	denigrar, denunciar	condamner, dénoncer	ذَمَّ يَذُمُّ
gold	Gold	oro	or	ذَهَبٌ
go (v.)	gehen, fortgehen, fahren, fortfahren	ir a, salir, marcharse	aller, s'en aller, partir, quitter	ذَهَبَ يَذْهَبُ
golden	golden, vergoldet, aus Gold	dorado, de oro	doré, d'or	ذَهَبِيٌّ
mind (n.)	Geist	espíritu	esprit	ذِهْنٌ أَذْهانٌ
with (m.s.)	von, habend, ausgestattet sein mit (m.s.)	de, poseedor de, dotado de	à, qui a, qui possède, doté de	ذو ذَوو
Du l-hijja (12th Hegira month)	Thu-El-Hidscha (12. Hidschra-Monat)	dul-hijja (12° mes del año musulmán)	du l-hijja (12ème mois de l'année musulmane)	ذو الحِجَّةِ
Du l-qa`da (11th Hegira month)	Thu-El-Kaada (11. Hidschra-Monat)	dul-qa`da (11° mes del año musulmán)	du l-qa`da (11ème mois de l'année musulmane)	ذو القَعْدَةِ
taste (n.)	Geschmack	gusto	goût	ذَوْقٌ أَذْواقٌ
tail (n.), train	Schwanz, Schleppe	cola	queue, traîne	ذَيْلٌ ذُيولٌ، أَذْيالٌ

ر

انجليزيّة	ألمانيّة	إسبانيّة	فرنسيّة	عربيّة
smell (n.)	Geruch	olor	odeur	رائِحَةٌ رَوائِحُ
good/ nice smell	angenehmer Geruch	buenos olores, fragancia	bonne odeur	رَائِحَةٌ زَكِيَّةٌ رَوائِحُ ـ
good/ nice smell	angenehmer Geruch	buenos olores, fragancia	bonne odeur	رائِحَةٌ طَيِّبَةٌ رَوائِحُ ـ
stinking smell	übler Geruch	olor pestilente	odeur de pourriture	رائِحَةٌ عَفِنَةٌ رَوائِحُ ـ
bad smell	schlechter Geruch	olor desagradable, repugnante	mauvaise odeur	رائِحَةٌ كَريهَةٌ رَوائِحُ ـ
stinking smell	Gestank	olor fétido / hodiondo	mauvaise odeur	رائِحَةٌ نَتِنَةٌ رَوائِحُ ـ
wonderful	wunderbar	soberbio, magnífico	superbe	رائِعٌ
link (n.), bond	das Band	lazo, vínculo	lien	رابِطَةٌ رَوابِطُ
fourth (m.)	vierter	cuarto	quatrième (m.)	رابِعٌ

revise (v.), contact	überprüfen, sich wenden an	revisar, repasar	réviser, contacter	راجَعَ
leave (v.), start	weggehen, etwas anfangen	irse, echarse a, ponerse a	s'en aller, se mettre à	راحَ يَروحُ
palm (of the hand)	Handfläche	palma de la mano	paume	راحَةٌ راحٌ
radio set	Radiogerät	aparato de radio	poste de radio	راديو
head (n.)	Kopf	cabeza	tête	رَأْسٌ رُؤوسٌ
capital (n.)	Kapital	capital (n.)	capital (n.)	رَأْسُ مالٍ رُؤوسُ أَمْوالٍ
head (v.), chair, lead	leiten	presidir	présider	رَأَسَ يَرْأَسُ
correspond with, write to	korrespondieren mit, schreiben an	cartearse con, mantener correspondencia con	correspondre avec, écrire à	راسَلَ
vertically	vertikal	verticalmente	verticalement	رَأْسِيًّا
take into consideration	berücksichtigen	tomar / tener en consideración	prendre en considération	راعى
watch (v.)	kontrollieren, überwachen	controlar	contrôler	راقَبَ
keep s. o. under surveillance	die Bewegungen beobachten	controlar el movimiento	surveiller les mouvements	راقَبَ التَّحَرُّكاتِ (ـ ج)
typewriter	Schreibmaschine	máquina de escribir	machine à écrire	راقِنَةٌ
passenger	Fahrgast, Fluggast	viajero	voyageur	راكِبٌ رُكّابٌ
relater, narrator	Erzähler	narrador, relator	transmetteur, narrateur	راوٍ (الرّاوي) رُواةٌ

view, opinion, idea	Ansicht, Meinung, Idee	opinión, parecer, idea	avis, opinion, idée	رَأْيٌ آراءٌ
public opinion	öffentliche Meinung	opinión pública	opinion publique	رَأْيٌ عامٌّ
seeing, sight	das Sehen, die Sicht	vista	action de voir, vue	رُؤْيَةٌ
president of the Emirates	Emirattenchef	jefe de los emiratos	chef des émirats	رَئيسُ الإِماراتِ (- ج)
editor in chief	Chefredakteur	redactor jefe	rédacteur en chef	رَئيسُ التَّحْريرِ
president of the Republic	Präsident der Republik	presidente de la república	président de la république	رَئيسُ الجُمْهورِيَّةِ
head of the government	Regierungschef	jefe del gobierno	chef du gouvernement	رَئيسُ الحُكومَةِ
head of State	Staatspräsident	el jefe del estado	le chef de l'Etat	رَئيسُ الدَّوْلَةِ
prime minister	Ministerpräsident	el jefe del gobierno, el primer ministro	chef du conseil des ministres, Premier ministre	رَئيسُ الوُزَراءِ (- ج)
president	Präsident, Chef	presidente, jefe	président, chef	رَئيسٌ رُؤَساءُ
president of the council of ministers	Vorsitzender des Ministerrats	presidente del consejo de ministros	président du conseil des ministres	رَئيسُ مَجْلِسِ الوُزَراءِ (- ج)
main, principal	wesentlich, Haupt-,	esencial, principal	essentiel, principal	رَئيسِيٌّ
God, lord, master	Gott, Oberhaupt, Herr	Dios, señor, maestro	Dieu, seigneur, maître	رَبٌّ أَرْبابٌ
exceed, to be more than	mehr sein als, übersteigen	exceder, pasar de	excéder, dépasser	رَبا عَلى يَرْبو عَلى
housewife	Hausfrau	ama de casa	maîtresse de maison	رَبَّةُ بَيْتٍ

connect between	verbinden mit	conectar	relier entre	رَبَطَ بَيْنَ يَرِبطُ بَيْنَ
tie, link, connect	anbinden, festbinden	atar, enlazar	lier, nouer	رَبَطَ يَرْبِطُ
quarter	Viertel	cuarto	quart	رُبُعٌ أَرْباعٌ
may be, perhaps	vielleicht	puede ser que	il se peut que	رُبَّما
hill	Hügel	colina	colline	رَبْوَةٌ رُبًى
bring up	erziehen, züchten	criar	élever	رَبّى
spring (n.)	Frühling, Frühjahr	primavera	printemps	رَبيعٌ
Rabi` i (3rd Hegira month)	Rabii I (3. Hidschra-Monat)	rabi` i (3° mes del año musulmán)	rabi' i (3ème mois de l'année musulmane)	رَبيعٌ الأَوَّلُ
Rabi' ii (4 th Hegira month)	Rabii II (4. Hidschra-Monat)	rabi` ii (4° mes del año musulmán)	rabi' ii (4ème mois de l'année musulmane)	رَبيعٌ الثّاني
put into order, arrange	ordnen, arrangieren	arreglar, ordenar	ranger, arranger	رَتَّبَ
hope, would like to, ask	hoffen, erhoffen, bitten	esperar, rogar	espérer, prier (tr)	رَجا يَرجو
please (interj.)	bitte	se ruega a	prière de	رَجاءً
hope (n.), request	Hoffnung, Bitte	deseo	souhait	رَجاءٌ
fire brigade, firemen	Feuerwehr	bomberos	pompiers	رِجالُ (ج) الإِطْفاءِ
economists	die Volkswirtschaftler	economistas	économistes	رِجالُ (ج) الاقْتِصادِ
policemen	Polizei	la policía	la police	رِجالُ (ج) البوليسِ

lawyers	Juristen, Rechtsgelehrte	juristas	juristes, hommes de loi	رِجالُ (ج) القانونِ
Rajab (7 th Hegira month)	Radschab (7. Hidschra-Monat)	rajab (7° mes del año musulmán)	rajab (7ème mois de l'année musulmane)	رَجَبٌ
to be due to	zurückzuführen sein auf	deberse a	être dû à	رَجَعَ إلى يَرْجِعُ إلى
change one's mind	seine Meinung ändern	cambiar de opinión	changer d'avis	رَجَعَ عَنْ رَأْيِهِ يَرْجِعُ عَنْ ـ
come back, return	zurückkehren, zurückkommen	volver, regresar	revenir	رَجَعَ يَرْجِعُ
tremble (v.)	zittern	temblar	trembler	رَجَفَ يَرْجُفُ
leg	Bein	pierna	jambe	رِجْلٌ أَرْجُلٌ
man (n.)	Mann	hombre	homme	رَجُلٌ رِجالٌ
old man	alter Mann	anciano (n.)	vieil homme	رَجُلٌ عَجوزٌ رِجالٌ عُجُزٌ
explorer, globe trotter	Forschungsreisender	gran viajero, explorador	grand voyageur	رَحّالَةٌ
depart, go, leave	abreisen	partir	partir	رَحَلَ يَرْحَلُ
trip, journey, excursion, flight	Reise, Ausflug, Flug	viaje, excursión, vuelo	voyage, excursion, vol	رِحْلَةٌ
the Merciful/ Beneficent (i.e. God)	der Erbarmer	el clemente	le clément	رَحْمانُ (الـ ـ)
God's mercy	das Erbarmen Gottes	la gracia de Dios	la grâce de Dieu	رَحْمَةُ اللهِ
prosperity, opulence, abundance, well-being	Prosperität, Opulenz, Üppigkeit, Wohlstand	prosperidad, opulencia, riqueza	prospérité, opulence, abondance, aisance	رَخاءٌ

cheap	billig, durchschnittlich	barato	bon marché, ordinaire	رَخيصٌ
answer (n.), reply	Antwort	respuesta	réponse	رَدٌّ رُدودٌ
return (v.)	zurückgeben	devolver	rendre	رَدَّ يَرُدُّ
in reply to	in Beantwortung	en respuesta a	en réponse à	رَدًا عَلى
livelihood	Lebensunterhalt	subsistencia	subsistance	رِزْقٌ أَرْزاقٌ
telex messages	Telexmitteilungen	mensajes por telex	messages par télex	رَسائِلُ (ج) التِّلِكْس
the reader's letters/ mail	Leserbriefe	cartas de los lectores al director, escriben los lectores	courrier des lecteurs	رَسائِلُ القُرّاءِ (ج)
message, letter	Botschaft, Brief	mensaje, carta	message, lettre	رِسالَةٌ رَسائِلُ
official letter	offizieller Brief	carta oficial	lettre officielle	رِسالَةٌ رَسْمِيَّةٌ رَسائِلُ ـ
personal letter	persönlicher Brief	carta personal	lettre personnelle	رِسالَةٌ شَخْصِيَّةٌ رَسائِلُ ـ
painter	Kunstmaler	pintor de cuadros	artiste peintre	رَسّامٌ
painting	Malerei	pintura	peinture	رَسْمٌ
picture, photo, drawing	Zeichnung, Abbildung	dibujo, imagen	dessin, image	رَسْمٌ رُسومٌ
caricature (n.)	Karikatur	caricatura	caricature	رَسْمٌ مُضْحِكٌ رُسومٌ مُضْحِكَةٌ

draw, paint	zeichnen, malen	dibujar, pintar	dessiner, peindre	رَسَمَ يَرْسُمُ
official (adj.)	offiziell	oficial	officiel	رَسْمِيٌّ
messenger, prophet	gesandter, Prophet	mensajero, profeta	messager, prophète	رَسولٌ رُسُلٌ
pictures, illustrations	Zeichnungen, Abbildungen	dibujos, ilustraciones	dessins, illustrations	رُسوماتٌ (ج)
sprinkle (v.)	bespritzen, begießen	regar	arroser	رَشَّ يَرُشُّ
fineness, elegance	Grazie, Eleganz	elegancia	finesse	رَشاقَةٌ
observation	Beobachtung, Lauer	observación, acecho	observation, guet	رَصْدٌ
pavement	Bürgersteig	acera	trottoir	رَصيفٌ أَرْصِفَةٌ
to be content/ satisfied with	zufrieden sein mit	estar satisfecho de	être content/ satisfait de	رَضِيَ عَنْ يَرْضى عَنْ
accept, approve	akzeptieren, gutheißen	aceptar, aprobar	accepter, approuver	رَضِيَ\ بِـ يَرْضى\ بِـ
humidity	Feuchtigkeit	humedad	humidité	رُطوبَةٌ
thunder (n.)	Donner	trueno	tonnerre	رَعْدٌ رُعودٌ
tend a flock of sheep	Schafe weiden	guardar el ganado ovino	garder les moutons	رَعى الغَنَمَ يَرْعى –
take care of, look after	Sorge tragen für, betreuen	cuidar	prendre soin de	رَعى يَرْعى
desire (v.), wish	begehren, wünschen	desear	désirer	رَغِبَ في يَرْغَبُ في

desire (n.), wish	Wunsch, Lust	deseo, anhelo	désir, envie	رَغْبَةٌ
in order to	mit dem Wunsch nach	a fin de	afin de	رَغْبَةً في
refusal	Ablehnung	rechazo	refus	رَفْضٌ
refuse (v.)	ablehnen	rechazar, rehusar	refuser	رَفَضَ يَرْفُضُ
raise (n.)	Erhebung, Erhöhung,	elevación	élévation	رَفْعٌ
level improvement/ raising	Hebung des Niveaus	elevación del nivel	élévation du niveau	رَفْعُ الـمُسْتَوى
raise s.o.'s prestige, enhance the importance	bedeutsamer machen, sein Ansehen stärken	realzar, ensalzar	rehausser son prestige	رَفَعَ مِنْ شَأْنِهِ يَرْفَعُ مِنْ ـ
raise (v.), lift	heben	levantar, alzar	lever	رَفَعَ يَرْفَعُ
kindness	Milde, Schonung	benevolencia	bienveillance	رِفْقٌ
be kind to	behutsam behandelnd	sea benévolo con	soyez bienveillant avec	رِفْقًا بِـ
companion, friend	Gefährte, Freund	compañero, amigo	compagnon, ami	رَفِيقٌ رُفَقاءُ، رِفاقٌ
become milder	sanft sein	ser tierno	s'adoucir	رَقَّ يَرِقُّ
neck (n.)	Hals	cuello	cou	رَقَبَةٌ رِقابٌ
dance (n.)	Tanz	danza	danse	رَقْصٌ
folk dance	traditioneller Tanz, Volkstanz	danza tradicional/ folclórica	danse traditionnelle/ folklorique	رَقْصٌ تَقْليدِيٌّ

oriental dance	orientalischer Tanz	danza oriental	danse orientale	رَقْصٌ شَرْقِيٌّ
western dance	abendländischer Tanz	danza occidental	danse occidentale	رَقْصٌ غَرْبِيٌّ
patch, parchment	Pergament	pergamino	parchemin	رُقْعَةٌ رِقاعٌ، رُقَعٌ
number, figure, digit	Nummer, Zahl, Ziffer	número, cifra	numéro, nombre, chiffre	رَقْمٌ أَرْقامٌ
passport number	Reisepassnummer	número del pasaporte	numéro du passeport	رَقْمُ جَوازِ السَّفَرِ
progress, development	Fortschritt	progreso	progrès	رُقِيٌّ
procession	Zug, Geleit	comitiva, cortejo, séquito	cortège	رَكْبٌ
course of civilisation	Lauf der Zivilisation	curso de la civilización	cours de la civilisation	رَكْبُ الحَضارَةِ
mount (v.), ride	einsteigen, reiten	subir a, montar	monter	رَكِبَ يَرْكَبُ
knee (n.)	Knie	rodilla	genou	رُكْبَةٌ رُكَبٌ
corner, column	Ecke, Rubrik	rincón, rúbrica, sección	coin, rubrique	رُكْنٌ أَرْكانٌ
horoscope	Horoskop	el horóscopo	l'horoscope	رُكْنُ الحَظِّ
mounting, riding, travelling, boarding	das Einsteigen, das An-Bord-Gehen	el hecho de subir/embarcar	l'acte de monter sur, d'embarquer	رُكوبٌ
symbolise, represent	symbolisieren, darstellen	simbolizar, representar	symboliser, représenter	رَمَزَ إِلى يَرْمُزُ إِلى
Ramadan (9th Hegira month)	Ramadan (9. Hidschra-Monat)	ramadán (9° mes del año musulmán)	ramadan (9ème mois de l'année musulmane)	رَمَضانُ
throw (v.)	werfen	echar	jeter	رَمى يَرْمي

dreadful	schrecklich	espantoso	effrayant	رَهيبٌ
novel (n.)	Roman	novela	roman	رِوايَةٌ
routine	Routine	rutina	routine	روتينٌ
daily/ everyday routine	Alltagstrott	rutina del trabajo cotidiano	routine du travail quotidien	روتِينُ العَمَلِ اليَوْمِيِّ
spirit	Geist	espíritu	esprit	روحٌ أَرْواحٌ
spiritual	geistig, geistlich	espiritual	spirituel	روحِيٌّ
kindergarten	Kindergarten	Parvulario	jardin d'enfants	رَوْضَةُ الأَطْفالِ (ـ ج) رِياضُ.
garden (n.)	Garten	jardín	jardin	رَوْضَةٌ رِياضٌ
tell, relate, narrate	erzählen	relatar, narrar	raconter, narrer	رَوى يَرْوي
irrigation	Bewässerung	irrigación, riego	irrigation	رَيٌّ
dripping irrigation	Tropfenweise-bewässerung	irrigación gota a gota	irrigation goutte à goutte	رَيٌّ بالتَّنْقيطِ
spray irrigation	Bewässerung durch Bespritzung	irrigación por aspersión	irrigation par aspersion	رَيٌّ بالرَّشِّ
sport (n.)	Sport	deporte	sport	رِياضَةٌ
riyal, rial	Rial	real (moneda)	real	رِيالٌ
countryside	ländliche Gegend	campiña, campo	campagne	ريفٌ أَرْيافٌ
rural	ländlich	rural	rural	ريفِيٌّ

انجليزيّة	ألمانيّة	إسبانيّة	فرنسيّة	عربيّة
exceeding, in excess of	über, höher als	en exceso	en excédent	زائِدٌ عَلى\ عَنْ
visitor	Besucher	visitante	visiteur	زائِرٌ زُوّارٌ، زائِرونَ
exceed	übersteigen	pasar de, exceder	dépasser	زادَ عَلى\ عَنْ يَزيدُ عَلى\ عَنْ
increase (v.)	steigen, steigern	aumentar	augmenter	زادَ يَزيدُ
visit (n.)	besuchen	visitar	rendre visite, visiter	زارَ يَزورُ
farmer	Landwirt	cultivador	cultivateur	زارِعٌ زُرّاعٌ
disappear	verschwinden	desaparecer	disparaître	زالَ يَزولُ
bright, cheerful	heitere, lebhafte (Farbe)	alegre, vivo (color)	gaie, vive (couleur)	زاهٍ (الزّاهي)
acute angle	spitzer Winkel	ángulo agudo	angle aigu	زاوِيَةٌ حادَّةٌ زَوايا ـ
roar (n.)	Gebrüll	rugido	rugissement	زَئيرٌ

curdled milk, yoghurt	Joghurt	yogur	yaourt	زَبادي
butter (n.)	Butter	mantequilla	beurre	زُبْدٌ
butter (n.)	Butter	mantequilla	beurre	زُبْدَةٌ
customer	Kunde, Gast	cliente	client	زَبونٌ زَبائِنُ
raisins	Rosinen	pasas	raisins secs	زَبيبٌ
glass (substance), window pane	Glas, Glasscheibe	vidrio, cristal	verre, vitre	زُجاجٌ
bottle (n.)	Flasche	botella	bouteille	زُجاجَةٌ
glass-	gläsern	de cristal, de vidrio	en verre	زُجاجِيٌّ
crowd, heavy traffic	Andrang, Gedränge	afluencia, concurrencia	affluence, encombrement	زِحامٌ
arabesque	Arabesken	arabescos	arabesques	زَخارِفُ عَرَبِيَّةٌ (ج)
ornament, decoration	Verzierung, Dekoration	ornamento, ornato	ornement, motif décoratif	زُخْرُفٌ زَخارِفُ
ornamentation, ornament	Ausschmückung, Ornament	ornamentación, ornato	ornementation, ornement	زَخْرَفَةٌ
decorative, ornamental	dekorativ, ornamental	decorativo, ornamental	décoratif, ornemental	زُخْرُفِيٌّ
button (n.)	Knopf	botón	bouton	زِرٌّ أَزْرارٌ، زُرورٌ
agriculture, farming	Landwirtschaft	agricultura	agriculture	زِراعَةٌ
agricultural	landwirtschaftlich	agrícola	agricole	زِراعِيٌّ

giraffe	Giraffe	jirafa	girafe	زَرافَةٌ زَرافِيُّ، زَرافى
plantation, cereals	Pflanzung, Anbau, Getreide	plantío, cultivo, cereales	plantation, culture, céréales	زَرْعٌ زُروعٌ
sow, plant, cultivate, grow	anbauen, bestellen	sembrar, cultivar	semer, cultiver	زَرَعَ يَزْرَعُ
saffron	Safran	azafrán	safran	زَعْفَرانُ
sparrow twitter/ chirp	das Zwitschern des Vogels	gorjeo del pájaro	gazouillement de l'oiseau	زَقْزَقَةُ العُصْفورِ
earthquake	Erdbeben	terremoto	tremblement de terre	زِلْزالٌ زَلازِلُ
friendship	Kameradschaft	camaradería	camaraderie	زَمالَةٌ
time, period	Zeit, Zeitabschnitt	tiempo, época	temps, époque	زَمَنٌ أَزْمانٌ
travel companion	Mitreisender	compañero de viaje	compagnon de voyage	زَمِيلُ السَّفَرِ زُمَلاءُ ـ
friend, classmate, colleague	Kamerad, Kollege, Amtskollege	camarada, colega, compañero	camarade, collègue, confrère	زَميلٌ زُمَلاءُ
flowers	Blumen	flores	fleurs	زَهْرٌ زُهورٌ، أَزْهارٌ، أَزاهيرُ
flower (n.)	Blume	flor	fleur	زَهْرَةٌ أَزْهارٌ
marriage, wedding	Heirat, Ehe	matrimonio	mariage	زَواجٌ
disappearance	das Verschwinden	desaparición	disparition	زَوالٌ
husband (n.)	Ehemann	marido	mari	زَوْجٌ أَزْواجٌ

wife	Ehefrau	mujer, esposa	femme, épouse	زَوْجَةٌ (مؤ)
stupid wife	dumme Ehefrau	esposa estúpida	épouse stupide	زَوْجَةٌ خَرْقاءُ
honourable wife	ehrenhafte Ehefrau	esposa honorable	honorable épouse	زَوْجَةٌ كَرِيمَةٌ
supply, increase, enrich	ausstatten, versorgen, versehen	aprovisionar, abastecer, proveer	approvisionner, augmenter, enrichir	زَوَّدَ
clothing, dress	Kleidung	traje	costume	زِيٌّ أَزْياءٌ
increase (n.)	Zunahme, Steigerung	aumento, incremento, intensificación	augmentation, intensification, accroissement	زِيادَةٌ
production increase	Steigerung der Produktion	aumento de la producción	augmentation de la production	زِيادَةُ الإِنْتاجِ
visit (n.)	Besuch	visita	visite	زِيارَةٌ
olive oil	Olivenöl	aceite de oliva / aceituna	huile d'olive	زَيْتُ الزَّيْتونِ
palm tree oil	Palmöl	aceite de palmas	huile de palme	زَيْتُ النَّخْلِ
oil (n.)	Öl	aceite	huile	زَيْتٌ زُيوتٌ
olive trees, olives	Olivenbäume, Oliven	olivos, aceitunas/ olivas	oliviers, olives	زَيْتونٌ
olive tree, olive	Olivenbaum, Olive	olivo, aceituna/ oliva	olivier, olive	زَيْتونَةٌ زَيْتونٌ
adorn	schmücken	adornar, ornar	orner	زَيَّنَ
ornament	Schmuck, Zierde	adorno, aderezo	parure	زِينَةٌ

انجليزيّة	ألمانيّة	إسبانيّة	فرنسيّة	عربيّة
tourist	Tourist	turista	touriste	سائِحٌ سُيّاحٌ، سائِحونَ
all others, other, rest	alle anderen	el resto	les autres	سائِرُ ــ
driver	Fahrer	conductor	conducteur	سائِقٌ سُوّاقٌ، سائِقونَ
liquid	Flüssigkeit	líquido	liquide	سائِلٌ سَوائِلُ
question (n.)	Frage	pregunta	question	سُؤالٌ أَسْئِلَةٌ
previous, ancient	früher, ehemalig	precedente, antiguo	précédent, ancien	سابِقٌ
coast	Küste	litoral, costa	littoral, côte	ساحِلٌ سَواحِلُ
hot	heiβ	caliente	chaud	ساخِنٌ
sixth (m.)	sechster	sexto	sixième (m.)	سَادِسٌ

delightful, happy, cheering	erfreulich	divertido	réjouissant	سارٌّ
follow, adopt	verfolgen, verfahren nach	seguir, adoptar	suivre, adopter	سارَ عَلى يَسيرُ عَلى
walk (v.), move	gehen, laufen, fahren	andar, desplazarse, rodar	marcher, se déplacer, rouler	سارَ يَسيرُ
time, hour	Uhr, Stunde	hora	heure	ساعَةٌ
just as, at the same time as, when	wenn, als, während	en el momento de / que	au moment où	ساعَةَ ـ
rush hour	Hauptverkehrszeit	horas punta	heure de pointe	ساعَةُ الذِّرْوَةِ
clock (n.)	Wanduhr	péndulo, reloj (de pared)	pendule, horloge	ساعَةُ حَائِطٍ
help, assist	helfen	ayudar a	aider	ساعَدَ
travel (v.)	reisen	viajar	voyager	سافَرَ
stem, trunk, leg	Stengel, Stamm, Bein	tallo, tronco, pierna	tige, tronc, jambe	ساقٌ سوقٌ، سيقانٌ
drive (v.)	fahren, führen	conducir	conduire	ساقَ يَسوقُ
immobile	unbeweglich, ruhig	inmóvil	immobile	ساكِنٌ
inhabitant	Bewohner, Einwohner	habitante	habitant	ساكِنٌ سُكّانٌ
ask/ inquire about	sich erkundigen nach	preguntar por	s'informer/ s'enquérir de	سَأَلَ عَنْ يَسْأَلُ عنْ
ask	fragen	interrogar, preguntar	interroger	سَأَلَ يَسْأَلُ
run (v.), flow	fließen	fluir, correr, manar	couler	سالَ يَسيلُ

contribute to	beitragen zu	participar en	participer à	ساهَمَ في
swimming	das Schwimmen	natación	natation	سِباحَةٌ
cause (v.)	verursachen	causar	causer	سَبَّبَ
reason (n.), cause	Grund, Ursache	causa	cause	سَبَبٌ أَسْبابٌ
purpose of visit	Grund des Besuches	motivo de la visita	motif de la visite	سَبَبُ الزِّيارَةِ أَسْبابُ ـ
main reason	Hauptursache	causa principal	cause principale	سَبَبٌ رَئيسِيٌّ أَسْبابٌ رَئيسِيَّةٌ
Saturday	Samstag	sábado	samedi	سَبْتٌ سُبوتٌ، أَسْبُتٌ
September	September	septiembre	septembre	سِبْتَمْبَر
swim	schwimmen	nadar	nager	سَبَحَ يَسْبَحُ
God be praised !	allmächtiger Gott!	¡ alabado sea Dios !	Dieu soit loué !	سُبْحانَهُ وتَعالى
seven	sieben	siete	sept	سَبْعَةٌ
seventeen	siebzehn	diecisiete	dix-sept	سَبْعَةَ عَشَرَ
seventy	siebzig	setenta	soixante-dix	سَبْعونَ
precede	vorausgehen	preceder	précéder	سَبَقَ يَسْبِقُ
blackboard	Wandtafel	pizarra	tableau	سَبّورَةٌ سَبابيرُ، سَبّوراتٌ

six	sechs	seis	six	سِتَّةٌ
sixteen	sechzehn	dieciseis	seize	سِتَّةَ عَشَرَ
sixty	sechzig	sesenta	soixante	سِتُّونَ
cigarettes	Zigaretten	cigarrillos	cigarettes	سَجائِرُ (ج)
carpets, rugs	Teppiche	tapices de plegaria, alfombras	tapis	سَجّادٌ (ج)
carpet, rug	Teppich	tapiz de plegaria, alfombra, estera	tapis	سَجّادَةٌ سَجّادٌ، سَجاجِدُ
prostrate (v.)	sich niederwerfen	prosternarse	se prosterner	سَجَدَ يَسْجُدُ
record (v.), register, score	registrieren, erzielen	registrar, certificar, marcar	enregistrer, marquer	سَجَّلَ
prisoner	Häftling	prisionero	prisonnier	سَجينٌ سُجَناءُ
clouds	Wolken	nubes	nuages	سَحابٌ سُحُبٌ
cloud (n.)	Wolke	nube	nuage	سَحابَةٌ سَحائِبُ سُحُبٌ
dawn (n.)	Morgendämmerung	alba, aurora	aube	سَحَرٌ أَسْحارٌ
magic	Verzauberung, Zauber	magia	magie	سِحْرٌ أَسْحارٌ، سُحورٌ
geyser, boiler	Boiler	calentador de agua	chauffe-eau	سَخّانٌ
exasperation, anger, indignation	Erbitterung, Empörung	exasperación, enojo, ira	exaspération, colère	سُخْطٌ

God's wrath	Zorn Gottes	cólera de Dios	colère de Dieu	سُخْطُ اللَّهِ
heat (v.)	warmmachen	calentar	chauffer	سَخَّنَ
dam (n.)	Staudamm	embalse	barrage	سَدٌّ سُدودٌ
block up, obstruct	verstopfen, versperren	interceptar, cerrar	boucher, barrer	سَدَّ يَسُدُّ
delight (v.), please	erfreuen	contentar	contenter	سَرَّ يَسُرُّ
cancer	Krebs	cáncer	cancer	سَرَطانٌ
Cancer	Krebs	cáncer	cancer	سَرَطانٌ (بُرْجُ الـ-)
crab (n.)	Krebstier	cangrejo de mar	crabe	سَرَطانٌ سَراطينُ
soon	alsbald	no tardar en	ne pas tarder à	سُرْعانَ ما
speed (n.)	Schnelligkeit	velocidad	vitesse, rapidité	سُرْعَةٌ
steal	stehlen	robar	voler	سَرَقَ يَسْرِقُ
theft	Diebstahl	robo	vol	سَرِقَةٌ
joy, happiness	Freude	alegría	joie	سُرورٌ
secret (adj.)	geheim	secreto	secret	سِرِّيٌّ
bed (n.)	Bett	cama	lit	سَريرٌ أَسِرَّةٌ
double bed	Doppelbett	cama de matrimonio	lit double	سَريرٌ مُزْدَوِجٌ أَسِرَّةٌ مُزْدَوِجَةٌ

single bed	Einzelbett	cama para una persona	lit simple, (individuel)	سَرِيرٌ مُفْرَدٌ أَسِرَّةٌ مُفْرَدَةٌ
fast (adj.)	schnell	rápido	rapide	سَرِيعٌ سِراعٌ
quickly, fast	schnell	rápidamente	rapidement	سَرِيعًا
surface (n.)	Fläche	superficie	surface	سَطْحٌ سُطوحٌ
line (n.)	Linie	línea	ligne	سَطْرٌ سُطورٌ أَسْطُرٌ أَسْطارٌ
happiness	Glück	felicidad	bonheur	سَعادَةٌ
His Excellency	Exzellenz	excelentísimo sr	son excellence	سعادَةُ ـ
price (n.)	Preis	precio	prix	سِعْرٌ أَسْعارٌ
oil price	Erdölpreis	precio del petróleo	prix du pétrole	سِعْرُ البِتْرولِ أَسْعارُ ـ
rate of interest	Zinssatz	tipo de interés	taux d'intérêt	سِعْرُ الفائِدَةِ أَسْعارُ ـ
official price	offizieller Preis	precio oficial	prix officiel	سِعْرٌ رَسْمِيٌّ أَسْعارٌ رَسْمِيَّةٌ
endeavour (v.)	sich bemühen um, streben nach	esforzarse por, empeñarse en	s'efforcer de, s'employer à	سَعى لِـ/ إِلى يَسْعى لِـ/ إِلى
happy	glücklich	feliz	heureux	سَعيدٌ سُعَداءُ
embassy	Botschaft	embajada	ambassade	سِفارَةٌ

versant, foot	Abhang	vertiente, pie de un monte	versant	سَفْحٌ سُفوحٌ
travel (n.)	Reise	viaje	voyage	سَفَرٌ أَسْفارٌ
ambassador	Botschafter	embajador	ambassadeur	سَفيرٌ سُفَراءُ
ship (n.)	Schiff	barco	bateau	سَفينَةٌ سُفُنٌ، سَفائِنُ
fall (v.)	fallen	caer	tomber	سَقَطَ يَسْقُطُ
palate	Gaumen	paladar	palais (de la bouche)	سَقْفُ الفَمِ
roof, ceiling	Dach, Zimmerdecke	techo, tejado	toit, plafond	سَقْفٌ سُقوفٌ أَسْقُفٌ سُقُفٌ
falling in, collapse	das Fallen, Zusammenbruch	derrumbamiento	effondrement	سُقوطٌ
rainfall	Regenfall	el llover	chute de pluie	سُقوطُ المَطَرِ
inhabitants, population	die Einwohner, Bevölkerung	habitantes, población	habitants, population	سُكّانٌ (ج)
demographic	demographisch	demográfico	démographique	سُكّانِيٌّ
pour out	gieβen	verter	verser	سَكَبَ يَسْكُبُ
sugar (n.)	Zucker	azúcar	sucre	سُكَّرٌ
secretary (f.)	Sekretärin	secretaria	secrétaire (f.)	سِكْرِتيرَةٌ
habitation, housing	Wohnung, Wohnungsbauwesen	vivienda, hábitat	habitation, habitat	سَكَنٌ

live (v.)	wohnen	vivir en	habiter	سَكَنَ يَسْكُنُ
knife	Messer	cuchillo	couteau	سِكّينٌ سَكاكينُ
console oneself	sich trösten mit	consolarse	se consoler de	سَلا يَسْلو
weapon, arms	Waffe	arma	arme	سِلاحٌ أَسْلِحَةٌ
regards, greeting, salute, peace	Gruß, Wohl, Frieden	paz, salvación, saludo	salutation, salut, paix	سَلامٌ
lasting/ eternal peace	dauerhafter Frieden	paz duradera	paix durable	سَلامٌ دائِمٌ
rope, hawser	Tau, Hanftau	cordajes, fibras de que se hacen cuerdas	cordage, cordage en chanvre	سَلَبٌ أَسْلابٌ
bread basket	Brotkorb	cesto del pan	panier de pain	سَلَّةُ الخُبْزِ
basket	Korb	cesto	panier	سَلَّةٌ سِلالٌ
sultan	Sultan	sultán	sultan	سُلْطانٌ سَلاطِينُ
salad	Salat	ensalada	salade	سَلَطَةٌ
power, authority	Macht, Herrschaft	poder, autoridad	pouvoir, autorité	سُلْطَةٌ
the legislature	die Legislative	poder legislativo	pouvoir législatif	سُلْطَةٌ تَشْرِيعِيَّةٌ
the executive	die Exekutive	poder ejecutivo	pouvoir exécutif	سُلْطَةٌ تَنْفِيذِيَّةٌ
the judicial	die Judikative	poder judicial	pouvoir judiciaire	سُلْطَةٌ قَضائِيَّةٌ
sultanate	Sultanat	sultanato	sultanat	سَلْطَنَةٌ

merchandise, goods, commodity	Ware	mercancía	marchandise	سِلْعَةٌ سِلَعٌ
salute, greet, deliver	grüβen, übergeben	saludar, entregar	saluer, livrer	سَلَّمَ
educational ladder/ scale	Stufen der Schulbildung	ciclos/ escala de enseñanza	cycles/ échelle de l'enseignement	سُلَّمٌ تَعْلِيمِيٌّ
ladder, stairs	die Leiter, Treppe	escala, escalera	échelle, escalier	سُلَّمٌ سَلالِمُ، سَلالِيمُ
to be safe	wohlbehalten sein	estar / salir sano y salvo	être sain et sauf	سَلِمَ يَسْلَمُ
behaviour	das Benehmen	comportamiento	comportement	سُلوكٌ
everyday behaviour	alltägliches Benehmen	comportamiento cotidiano	comportement quotidien	سُلوكٌ يَوْمِيٌّ
fine , healthy	gesund, wohlbehalten	sano, indemne	sain, indemne	سَلِيمٌ
transcend	erhaben sein	trascender	transcender	سَما يَسْمو
sky (n.)	Himmel	cielo	ciel	سَماءٌ
permission for	Erlaubnis	permiso	permission	سَماحٌ بِـ
listening, hearing	das Hören	escucha	écoute	سَماعٌ
stethoscope	Stethoskop	estetoscopio	stéthoscope	سَمّاعَةٌ
telephone receiver	Telefonhörer	auricular	récepteur du téléphone	سَمّاعَةُ الهاتِفِ
distinctive feature	Merkmal, Kennzeichen	rasgo distintivo	signe distinctif	سِمَةٌ
permit, allow	erlauben, gestatten	permitir, autorizar	permettre, autoriser	سَمَحَ بِـ \ يَسْمَحُ بِـ

brownness	Bräune	color moreno o oscuro	brun (n.)	سُمْرَةٌ
hearing	Gehör	oído	ouïe	سَمْعٌ
hear, listen to	hören, zuhören	oír, escuchar	entendre, écouter	سَمِعَ يَسْمَعُ
reputation	Ruf	fama	réputation	سُمْعَةٌ
bad reputation, ill fame	schlechter Ruf	mala fama	mauvaise réputation	سُمْعَةٌ سَيِّئَةٌ
fish (n.)	Fisch	pescado	poisson	سَمَكَةٌ سَمَكٌ، سَمَكَاتٌ
cooking butter	Butterschmalz	manteca	beurre salé	سَمْنٌ
margarine	Margarine	manteca industrial, margarina	beurre industriel, margarine	سَمْنٌ صِناعِيٌّ
call (v.), name	nennen, benennen	llamar, nombrar	appeler, nommer	سَمّى يُسَمّي
thick	dick, stark	espeso	épais	سَميكٌ
fat, corpulent	dick, fett	gordo, obeso	gros, obèse	سَمينٌ سِمانٌ
age (n.)	Lebensalter	edad	âge	سِنٌّ
tooth	Zahn	diente	dent	سِنٌّ أَسْنانٌ
working age	Beschäftigungsalter	edad de trabajo	âge de travail, d'emploi	سِنُّ العَمَلِ
early age	frühe Jugend	primera edad / infancia	prime jeunesse	سِنٌّ مُبَكِّرَةٌ

cent	Cent	centavo	centime	سِنْتٌ
year	Jahr	año	an, année	سَنَةٌ سِنون، سَنَواتٌ
back (v.), support	stützen	sostener	soutenir	سَنَدَ يَسْنُدُ
annual	jährlich	anual	annuel	سَنَوِيٌّ
annually	jährlich	por año	par an, annuellement	سَنَوِيًّا
stay up at night	aufbleiben	velar	veiller	سَهِرَ يَسْهَرُ
evening gathering/ party	Abendveranstaltung	velada, fiesta de noche	veillée, soirée	سَهْرَةٌ
easy (adj.)	leicht	fácil	facile	سَهْلٌ
facilitate	erleichtern	facilitar	faciliter	سَهَّلَ
arrow	Pfeil	flecha	flèche	سَهْمٌ سِهامٌ، أَسْهُمٌ
facility, ease	Leichtigkeit	facilidad	facilité	سُهولَةٌ
evil (n.), harm	Böses	mal, maldad	mal (n.)	سوءٌ أَسْواءٌ
blackness	Schwärze	negrura	noirceur	سَوادٌ
wall (n.), fence	Mauer, Zaun	muralla, cerca	rempart, clôture	سورٌ أَسْوارٌ
consumer market	Konsumgütermarkt	mercado de consumo	marché de consommation	سوقٌ اسْتِهْلاكِيَّةٌ أَسْواقٌ ـ

Islamic market	islamischer Markt	zoco islámico	souk islamique	سوقٌ إِسْلامِيٌّ أَسْواقٌ ـ
suq, market	Suk, Markt	zoco, mercado	souk, marché	سوقٌ أَسْواقٌ
dagger market	Dolchmarkt	mercado de puñales	souk des poignards	سوقُ الجَنابي (ـ ج) أَسْواقُ ـ
cereal market	Getreidemarkt	mercado de cereales	souk des céréales	سوقُ الحَبِّ أَسْواقُ ـ
rope market	Tauwerkmarkt	mercado de cordajes	souk des cordages	سوقُ السَّلَبِ أَسْواقُ ـ
exchange market	Geldwechselmarkt	mercado de cambio	marché des changes	سوقُ الصَّيارِفَةِ (ـ ج) أَسْواقُ ـ
international food market	Weltlebensmittel markt	mercado mundial de alimentación	marché mondial de l'alimentation	سوقُ الغِذاءِ العالَمِيُّ
silver market	Silberwarenmarkt	mercado de platería	souk de l'argenterie	سوقُ الفِضَّةِ أَسْواقُ ـ
clothing and textile market	Stoffmarkt	mercado de vestidos y tejidos	souk des vêtements et des tissus	سوقُ المَلابِسِ والأَقْمِشَةِ (ـ ج) أَسْواقُ ـ
common market	gemeinsamer Markt	mercado común	marché commun	سوقٌ أورُبِيَّةٌ مُشْتَرَكَةٌ
brisk market	lebhafter Markt	mercado animado	marché animé	سوقٌ رائِجَةٌ أَسْواقٌ ـ

international/ world market	Weltmarkt	mercado mundial	marché mondial	سوقٌ عالَمِيَّةٌ أَسْواقٌ ـ
traditional suq	traditioneller Suk	zoco tradicional	souk traditionnel	سوقٌ قَديمٌ أَسْواقٌ قَديمَةٌ
financial market	Finanzmarkt	mercado financiero	marché financier	سُوقٌ مالِيَّةٌ أَسْواقٌ ـ
except	außer	excepto	excepté	سِوى
bad (adj.)	schlecht	malo	mauvais	سَيِّئٌ
touristic	touristisch	turistico	touristique	سِياحَةٌ
tourism	Tourismus	turísmo	tourisme	سِياحِيٌّ
sovereignty	Souveränität	soberanía	souveraineté	سِيادَةٌ
dear brother/ friend	lieber Bruder/ Freund	querido hermano	cher frère	سِيادَةَ الأَخِ ـ
people's sovereignty	Volkssouveränität	soberanía del pueblo	souveraineté du peuple	سِيادَةُ الشَّعْبِ
car	Fahrzeug	coche	voiture	سَيّارَةٌ
taxi	Taxi	taxi	taxi	سَيّارَةُ أُجْرَةٍ
private car	Privatauto	coche particular	voiture privée	سَيّارَةٌ خاصَّةٌ
politics, policy	Politik	política	politique	سِياسَةٌ
foreign policy	Außenpolitik	política exterior / extranjera	politique extérieure	سِياسَةٌ خارِجِيَّةٌ

international policy	Weltpolitik	política mundial	politique mondiale	سِياسَةٌ عالَمِيَّةٌ
general policy	allgemeine Politik	política general	politique générale	سِياسَةٌ عامَّةٌ
food policy	Ernährungspolitik	política alimenticia	politique alimentaire	سِياسَةٌ غِذائِيَّةٌ
political, politician	politisch, Politiker	político (adj. y s.)	politique, homme politique	سِياسِيٌّ
bar (n.), skewer	Eisenstab, Spieβ	barra	tige, brochette	سيخٌ أَسْياخٌ
the master	der Gebieter	el amo	le maître	سَيِّدُ القَوْمِ سادَةُ ـ
sir, gentlemen, master	Herr	señor, amo	monsieur, maître	سَيِّدٌ سادَةٌ، أَسْيادٌ
lady	Dame	señora	dame	سَيِّدَةٌ (مؤ)
walk (n.)	das Gehen, Gang, Lauf	marcha	marche	سَيْرٌ
sword	Schwert, Säbel	espada, sable	épée, sabre	سَيْفٌ سُيوفٌ
cinema	Kino	cine	cinéma	سينِما

انجليزيّة	ألمانيّة	إسبانيّة	فرنسيّة	عربيّة
want (v.)	wollen	querer	vouloir	شاءَ يَشاءُ
young man	Jüngling	joven	jeune homme	شَابٌّ شُبّانٌ
resemble	so aussehen wie, ähneln	semejar	ressembler à	شابَهَ
pale (adj.)	blass	pálido	pâle	شاحِبٌ
singing, chanting	singender	cantante, melodioso	chantant	شادٍ (الشّادي) شُداةٌ
drinker	Trinkender, Trinker	el que bebe, bebedor	qui boit, buveur	شارِبٌ شُرّابٌ، شارِبونَ
moustache	Schnurrbart	bigote	moustache	شارِبٌ شَوارِبُ
street, avenue	Straβe, Allee	calle, avenida	rue, avenue	شارِعٌ شَوارِعُ
paved street	asphaltierte Straβe	calle asfaltada	rue goudronnée	شارِعٌ مُسَفْلَتٌ شَوارِعُ مُسَفْلَتَةٌ

contribute to, participate/ associate in	beitragen zu, teilnehmen, mitwirken an	contribuir a, participar en, asociarse/ adherirse a	contribuer/ participer/ s'associer à	شارَكَ في
wide, vast	weit	amplio, ancho	vaste	شاسِعٌ
beach	Strand	playa	plage	شاطِئُ البَحْرِ شَواطِئُ ــ
the Nile bank	Nilufer	orillas del nilo	berge du Nil	شاطِئُ النّيلِ
beach, coast, bank	Strand, Küste, Ufer	playa, orilla	plage, berge	شاطِئٌ شَواطِئُ
poet	Dichter	poeta	poète	شاعِرٌ شُعَراءُ
hard, tedious	hart, mühevoll	penoso	pénible	شاقٌّ
esteem, status, importance, prestige	Wert, Bedeutung, ansehen	valor, importancia, prestigio	valeur, importance, prestige	شَأْنٌ
affair, matter	Angelegenheit, Sache	asunto	affaire, chose	شَأْنٌ شُؤونٌ
see, look at, watch, visit	sehen, anschauen, besichtigen, besuchen	ver, mirar, visitar	voir, regarder, visiter	شاهَدَ
proof, evidence	Beweis, Indiz	evidencia, testigo	preuve	شاهِدٌ شَواهِدُ
social affairs	soziale Angelegenheiten	asuntos sociales	affaires sociales	شُؤونٌ اجْتِماعِيَّةٌ (ج)
tea	Tee	té	thé	شايٌ
youth	Jugend	juventud	jeunesse	شَبابٌ
telegram counter	Telegrammschalter	ventanilla de telégrafos	guichet du télégraphe	شُبّاكُ البَرْقِ شَبابيكُ ــ

stamp counter	Briefmarkenschalter	ventanilla de los sellos	guichet de timbres	شُبّاكُ الطَّوابِعِ (ـ ج) شَبابيكُ ـ
telephone counter	Telefonschalter	ventanilla de teléfono	guichet du téléphone	شُبّاكُ الهاتِفِ شَبابيكُ ـ
window	Fenster	ventana	fenêtre	شُبّاكٌ شَبابيكُ
communication network	Kommunikations - netz	red de comunicaciones	réseau de communications	شَبَكَةُ اتِّصالاتٍ (ـ ج)
external communication network	Auslandskommuni-kationsnetz	red de comunicaciones exteriores	réseau de communications extérieures	شَبَكَةُ اتِّصالاتٍ خارِجِيَّةٍ (ـ ج)
sewage pipes, sanitation network	Kanalisationsnetz	red de drenaje/ alcantarillas	réseau d'assainissement	شَبَكَةُ الصَّرْفِ الصِّحِّيِّ
net(work)	Netz	red	réseau	شَبَكَةٌ شَبَكٌ شِباكٌ شَبَكاتٌ
sewage pipes	Kanalisationsnetz	red de drenaje/ alcantarillas	réseau d'assainissement, d'égouts	شَبَكَةُ مَجارٍ (ـ المَجاري) (ـ ج)
resemblance	Ähnlichkeit	semejanza	ressemblance	شَبَهٌ أَشْباهٌ
similar, alike	ähnlich, gleich	semejante	semblable	شَبيهٌ شِباهٌ، أَشْباهٌ
winter (n.)	Winter	invierno	hiver	شِتاءٌ أَشْتِيَةٌ
courage	Mut	valentía	courage	شَجاعَةٌ

trees	Bäume	árboles	arbres	شَجَرٌ (ج)
tree (n.)	Baum	árbol	arbre	شَجَرَةٌ أَشْجارٌ، شَجَرٌ، شَجَراتٌ
apple tree	Apfelbaum	manzano	pommier	شَجَرَةُ التُّفّاحِ
lemon tree	Zitronenbaum	limonero	citronnier	شَجَرَةُ اللَّيْمونِ
banana tree	Bananenbaum	banano, plátano tropical	bananier	شَجَرَةُ المَوْزِ
fruit tree	Obstbaum	árbol frutal	arbre fruitier	شَجَرَةُ فاكِهَةٍ أَشْجارُ\ شَجَرُ ـ
encourage/ to	ermutigen/ zu	alentar, incitar/ a	encourager/ à	شَجَّعَ\ عَلى
cargo, freight	Ladung, Fracht	cargamento	cargaison	شِحْنَةٌ شِحَنٌ، شِحْناتٌ
person	Person	persona	personne	شَخْصٌ أَشْخاصٌ
personal	persönlich	personal	personnel	شَخْصِيٌّ
personality, character (of a play)	Persönlichkeit	personalidad, personaje	personnalité, personnage	شَخْصِيَّةٌ
remarkable/ outstanding personality	hervorragende Persönlichkeit	personaje notable, persona de marca	personnalité remarquable, personnage de marque	شَخْصِيَّةٌ بارِزَةٌ
distinguished personality	vornehme Persönlichkeit	personalidad distinguida	personnalité distinguée	شَخْصِيَّةٌ مُتَمَيِّزَةٌ
holding, tightening	das Festhalten, das Festziehen	acto de asir	l'action de tenir, serrer	شَدٌّ

arrest/ draw attention	die Aufmerksamkeit erregen	llamar la atención	retenir l'attention	شَدَّ الانْتِبَاهَ يَشُدُّ ـ
hold, fasten	festhalten, festziehen	asir, prender, apretar	tenir, serrer	شَدَّ يَشُدُّ
adversities, hardships	Missgeschick, Schwierigkeiten	adversidad, dificultades	adversité, difficultés	شَدائِدُ (ج)
intensity	Intensität	intensidad	intensité	شِدَّةٌ
very	sehr, äuβerst	muy, extremadamente	très, extrêmement	شَديدُ ـ
very hot	sehr heiβ	muy caliente	très chaud	شَديدُ الحَرارَةِ
evil (n.)	übel	mal	mal	شَرٌّ شُرورٌ
buying, purchasing	Kauf	compra	achat	شِراءٌ
syrup (n.)	Getränk	jarabe	sirop	شَرابٌ أَشْرِبَةٌ
drink (v.)	trinken	beber	boire	شَرِبَ يَشْرَبُ
explanation	Erklärung	explicación	explication	شَرْحٌ شُروحٌ
explain	erklären	explicar	expliquer	شَرَحَ يَشْرَحُ
condition (n.)	Bedingung	condición	condition	شَرْطٌ شُروطٌ
prerequisite (n.)	zu erfüllende Bedingung	requisito	condition requise	شَرْطٌ مَطْلوبٌ شُروطٌ مَطْلوبَةٌ
police (n.)	Polizei	policía	police	شُرْطَةٌ (ج)

riot/ rescue police	Bereitschaftspolizei	servicio urgente de policía	police de secours	شُرْطَةُ (ج) النَّجْدَةِ
guard (n.)	Wachmann	guardia	agent de garde	شُرْطِيُّ الحِراسَةِ شُرْطَةُ ـ
policeman	Polizist	agente de policía	agent de police	شُرْطِيٌّ شُرْطَةٌ
honour (n.)	Ehre	honor	honneur	شَرَفٌ
east (n.)	Osten, Orient	este, oriente	est , orient	شَرْقٌ
the far east	Fernost	extremo oriente	l'Extrême -Orient	شَرْقٌ أَقْصى (الـ)
the middle east	Nahost	oriente medio	le Moyen -Orient	شَرْقٌ أَوْسَطُ (الـ)
oriental	östlich, orientalisch	oriental	oriental	شَرْقِيٌّ
east of	östlich von	en el este de	à l'Est de	شَرْقِيَّ ـ
enterprise, firm, company	Gesellschaft, Firma	compañía, empresa, sociedad	compagnie, société	شَرِكَةٌ
insurance company	Versicherungs-gesellschaft	compañía de seguro	compagnie d'assurances	شَرِكَةُ تَأْمِينٍ
airliner company	Fluggesellschaft	compañía aérea	compagnie aérienne	شَرِكَةُ طَيَرانٍ
hotel chain	Hotelunternehmen, Hotelkette	sociedad/ cadena hotelera	société/ chaîne hôtelière	شَرِكَةُ فَنادِقَ (ج)
reasonable conditions	vernünftige Bedingungen	condiciones razonables	conditions raisonnables	شُرُوطٌ مَعْقولَةٌ (ج)
Shuruq (sunrise)	Schuruk (Sonnenaufgang)	churuq (el amanecer)	Chourouq, (lever du soleil)	شُروقٌ

sunrise	Sonneaufgang	salida del sol	lever du soleil	شُروقُ الشَّمْسِ
wicked, vicious, malicious	böse, böser, Bösewicht	malo, malhechor	mauvais, méchant, malfaiteur	شِرّيرٌ أَشْرارٌ
honourable	ehrenhaft	honorable	honorable	شَريفٌ شُرَفاءُ، أَشْرافٌ
hot pepper	scharfe Paprikaschoten	tipo de pimiento oriental	piment fort	شَطَّةٌ
motto	Motto	divisa, lema	devise	شِعارٌ
beam, ray	Strahl	rayo	rayon	شُعاعٌ أَشِعَّةٌ
people, nation	Volk	pueblo	peuple	شَعْبٌ شُعوبٌ
the Palestinian people	das palästinensische Volk	el pueblo palestino	le peuple palestinien	شَعْبٌ فِلِسْطينِيٌّ (الـ-)
Cha`bane (8th Hegira month)	Schaaban (8.Hidschra-Monat)	cha`bane (8° mes del año musulmán)	cha'bane (8ème mois de l'année musulmane)	شَعْبانُ
popular	Volks-	popular	populaire	شَعْبِيٌّ
poetry	Dichtung	poesía	poésie	شِعْرٌ أَشْعارٌ
feel (v.)	fühlen, empfinden	sentir	sentir, ressentir	شَعَرَ بِـ يَشْعُرُ بِـ
lose hope, despair	verzweifelt sein	estar desesperado	être désespéré	شَعَرَ بالیَأْسِ يَشْعُرُ ـ
Arabic poetry	arabische Dichtung	poesía árabe	poésie arabe	شِعْرٌ عَرَبِيٌّ
ancient poetry	klassische Dichtung	poesía clásica	poésie classique	شِعْرٌ قَديمٌ

well - combed hair	gekämmtes Haar	pelo bien peinado	cheveux bien peignés	شَعْرٌ مُرَجَّلٌ شُعورٌ\أَشْعارٌ مُرَجَّلَةٌ
exile poets	die Exildichter	poetas del exilio	poètes de l'exil	شُعَراءُ (ج) المَهْجَرِ
poetic	dichterisch	poético	poétique	شِعْرِيٌّ
sense of responsibility	Verantwortungs-bewusstsein	sentimiento de responsabilidad	sentiment de responsabilité	شُعورٌ بِالمَسْؤولِيَّةِ
national feeling	Nationalgefühl	sentimiento nacional	sentiment national	شُعورٌ قَوْمِيٌّ
feeling	Gefühl, Empfindung	sentimiento	sentiment	شُعورٌ مَشاعِرُ
shared feeling	gemeinsames Gefühl	sentimiento común	sentiment commun	شُعورٌ مُشْتَرَكٌ
barley	Gerste	cebada	orge	شَعيرٌ
fill a post/ function	ein Amt bekleiden, einen Posten innehaben	ocupar	occuper un emploi, exercer une fonction	شَغَلَ وَظيفَةً يَشْغَلُ ـ
labial, oral	labial, mündlich	labial, oral	labial, oral	شَفَوِيٌّ
flat (n.)	Wohnung	piso, apartamento	appartement	شَقَّةٌ شِقَقٌ
furnished flat	möblierte Wohnung	piso amueblado	appartement meublé	شَقَّةٌ مَفْروشَةٌ شِقَقٌ ـ
brother	Bruder	hermano	frère	شَقيقٌ أَشِقّاءُ
twin brother	Zwillingsbruder	hermano gemelo	frère jumeau	شَقيقٌ تَوْأَمٌ أَشِقّاءُ تَوائِمُ
doubt (n.)	Zweifel	duda	doute	شَكٌّ شُكوكٌ

complain	klagen, sich beschweren	quejarse	se plaindre	شَكا يَشْكو
thank (v.)	danken	agradecer	remercier	شَكَرَ يَشْكُرُ
thank you !	danke !	gracias	merci	شُكْرًا
form (n.), shape, way, design	Form, Art und Weise	forma, manera, configuración	forme, façon, configuration	شَكْلٌ أَشْكالٌ
oval shape	ovale Form	forma oval, ovoide	forme ovale	شَكْلٌ بَيْضاوِيٌّ أَشْكالٌ بَيْضاوِيَّةٌ
architectural design/ style	architektonische(r) Form/ Stil	forma/estilo arquitectural	forme/style architectural(e)	شَكْلٌ مِعْمارِيٌّ أَشْكالٌ مِعْمارِيَّةٌ
complaint	Klage, Beschwerde	queja	plainte	شَكْوى شَكاوى
shilling	Schilling	chelin	schilling	شِلِّن
smell (n.)	Geruchssinn	olfato	odorat	شَمٌّ
smell (v.)	riechen	oler	sentir	شَمَّ يَشُمُّ
clothes rack	Kleiderständer	percha, perchero	porte vêtements	شَمّاعَةٌ
left (n.)	linke Seite	izquierdo	gauche	شِمالٌ
north (n.)	Norden	norte	nord	شَمالٌ
to the left of	links von	a la izquierda de	à gauche de	شِمالَ –
(to the) north of	nördlich	en el norte de	au nord de	شَمالِيَّ –

melon	Melone	melón	melon	شَمّامٌ
honey melon	Honigmelone	melón meloso	melon mielleux	شَمّامٌ عَسَلِيٌّ
melon (a —)	Melone (eine —)	melón (un —)	melon (un —)	شَمّامَةٌ شَمّامٌ
sun	Sonne	sol	soleil	شَمْسٌ شُموسٌ
shining sun	strahlende Sonne	sol radiante	soleil brillant	شَمْسٌ مُشْرِقَةٌ
solar	solar	solar	solaire	شَمْسِيٌّ
include	umfassen, einschlieβen	abarcar, incluir	englober, inclure	شَمَلَ يَشْمُلُ
university degree	Hochschuldiplom	diploma universitario	diplôme universitaire	شَهادَةٌ جامِعِيَّةٌ
certificate, diploma, degree	Schulzeugnis, Zertifikat, Diplom	diploma escolar	brevet, certificat, diplôme	شَهادَةٌ دِراسِيَّةٌ
current month	der laufende Monat	mes corriente / en curso	mois courant	شَهْرٌ جارٍ (ـ الجاري)
month	Monat	mes	mois	شَهْرٌ شُهورٌ، أَشْهُرٌ
lunar month	Hidschra-Monat	mes de la hégira/lunar	mois lunaire/ hégirien	شَهْرٌ عَرَبِيٌّ شُهورٌ\ أَشْهُرٌ عَرَبِيَّةٌ
Gregorian month	Monat der christlichen Zeitrechnung	mes solar/del año gregoriano	mois solaire/ de l'année grégorienne	شَهْرٌ ميلادِيٌّ شُهورٌ\ أَشْهُرٌ ميلادِيَّةٌ
a month of the hegira year	Hidschra-Monat	mes de la hégira/lunar	mois hégirien/ lunaire	شَهْرٌ هِجْرِيٌّ شُهورٌ\ أَشْهُرٌ هِجْرِيَّةٌ

monthly	monatlich	mensual	mensuel	شَهْرِيٌّ
magnanimous	edelmütig	digno, caballeroso	magnanime	شَهْمٌ شِهامٌ
martyr	Märtyrer	mártir	martyr	شَهيدٌ شُهَداءُ
famous	berühmt	célebre	célèbre	شَهيرٌ
Chawwal (10th Hegira month)	Schaual (10. Hidschra-Monat)	chaual (10° mes del año musulmán)	Chawwal (10ème mois de l'année musulmane)	شَوّالُ
half-time	Halbzeit	tiempo (dep.)	mi-temps	شَوْطٌ أَشْواطٌ
first half	erste Halbzeit	primer tiempo	première mi-temps	شَوْطٌ أَوّلُ
second half	zweite Halbzeit	segundo tiempo	deuxième mi-temps	شَوْطٌ ثانٍ (ـ الثّاني)
passion, longing	Begierde, Sehnsucht	ansia, deseo ardiente, pasión	passion, désir ardent	شَوْقٌ أَشْواقٌ
fork (n.)	Gabel	tenedor	fourchette	شَوْكَةٌ شُوَكٌ، شَوْكاتٌ
something	Ding, Sache	cosa	chose	شَيْءٌ أَشْياءُ
something, a little/some of	etwas, ein bisschen	algo, un poco de	un peu de	شَيْءٌ مِنْ
sheikh, forefather	Scheich, Greis, Doyen	jeque, anciano, viejo	cheikh, doyen	شَيْخٌ شُيوخٌ، أَشْياخٌ
cheque	Scheck	cheque	chèque	شيكٌ

انجليزيّة	ألمانيّة	إسبانيّة	فرنسيّة	عربيّة
soap (n.)	Seife	jabón	savon	صابونٌ
shout (v.)	schreien	gritar	crier	صاحَ يَصيحُ
owner, who has	Besitzer von, Inhaber von	dueño/propietario de, el de	propriétaire de, celui qui a	صاحِبُ ـ أَصْحابُ ـ
His Majesty	seine Majestät	su majestad	sa Majesté	صاحِبُ الجَلالَةِ أَصْحابُ ـ
His Highness	seine Hoheit	su alteza	son Altesse	صاحِبُ السُّمُوِّ أَصْحابُ ـ
His Excellency	seine Exzellenz	su excelencia,	son Excellence	صاحِبُ الفَخامَةِ أَصْحابُ ـ
His Excellency	seine Exzellenz	su excelencia	son Excellence	صاحِبُ المَعالِي (ـ ج) أَصْحابُ ـ

beneficiary, owner	Anspruchsberechtigter	a quien corresponda	ayant droit	صاحِبُ حَقٍّ أَصْحابُ ـ
awake (f.)	wach (f.)	despierta	réveillée	صاحِيَةٌ (مؤ)
exports	Exporte	exportaciones	exportations	صادِراتٌ (ج)
become	werden	volverse, tornarse, hacerse	devenir (v.)	صارَ يَصيرُ
shouting	schreiend	que grita	criant	صارِخٌ
rocket (n.)	Rakete	cohete	fusée	صاروخٌ صَواريخُ
spend the summer	den Sommer verbringen	veranear	passer l'été	صافَ يَصيفُ
arrival hall	Ankunftshalle	salón de llegada	salle d'arrivée	صالَةُ الوُصولِ
valid	gültig	válido	valable	صالِحٌ
hairdressing- saloon	Frisiersalon	peluquería	salon de coiffure	صالونُ حِلاقَةٍ
silent	schweigend, still	silencioso	silencieux	صامِتٌ صُموتٌ، صَوامِتُ، صامِتونَ
pour out	gieβen	verter	verser	صَبَّ يَصُبُّ
morning	Morgen	mañana	matin	صَباحٌ
good morning !	guten Morgen!	¡ buenos días !	bonjour !	صَباحَ الخَيْرِ
in the morning, a. m	am Morgen, morgens	por la mañana, de la mañana	le matin, du matin	صَباحًا

patience	Geduld	paciencia	patience	صَبْرٌ
child, boy	Junge, Knabe	niño, muchacho	enfant, garçon	صَبِيٌّ صِبْيانٌ، صِبْيَةٌ
wake up	aufwachen	despertarse	se réveiller	صَحا يَصْحو
press (n.)	Presse	prensa	presse	صِحافَةٌ
accompany	begleiten	acompañar	accompagner	صَحِبَ يَصْحَبُ
authenticity, reality, validity, health	Richtigkeit, Gesundheit	autenticidad, salud	authenticité, santé	صِحَّةٌ
good health	gute Gesundheit	buena salud	bonne santé	صِحَّةٌ جَيِّدَةٌ
public health	öffentliche Gesundheit	sanidad pública	santé publique	صِحَّةٌ عامَّةٌ
desert-, waste (adj.)	Wüsten-, Sahara-	desértico, sahárico	désertique, saharien	صَحْراوِيٌّ
journalist, journalistic	Journalist, Presse-	periodista, periodístico	journaliste, journalistique	صَحَفِيٌّ
courtyard, patio	Patio	patio	patio	صَحْنُ الدّارِ صُحونُ الدّورِ\الدِّيارِ
ceramic plate	Porzellanteller	plato de porcelena	assiette en porcelaine	صَحْنٌ خَزَفِيٌّ صُحونٌ خَزَفِيَّةٌ
plate (n.)	Teller	plato	assiette	صَحْنٌ صُحونٌ
sanitary, hygienic	sanitär, hygienisch	higiénico, sanitario	sanitaire, hygiénique	صِحِّيٌّ
yes, that's right	richtig, es stimmt	es verdad, es cierto	c'est vrai, c'est exact	صَحيحٌ

healthy	gesund	en buena salud	en bonne santé	صَحيحٌ أَصِحَّاءُ
it's true that	es stimmt, dass	es verdad que	il est vrai que	صَحيحٌ أَنَّ
true, correct	richtig, genau, korrekt	verdadero, cierto, correcto	vrai, exact, correct	صَحيحٌ صِحاحٌ
headache	Kopfweh	dolor de cabeza, cefalea	mal de tête	صُداعٌ
friendship	Freundschaft	amistad	amitié	صَداقَةٌ
export (v.)	exportieren	exportar	exporter	صَدَّرَ
front page (of newspaper)	erste Zeitungsseite	primera página de un periódico	la une du journal	صَدْرُ الصَّحيفَةِ
chest	Brust	pecho	poitrine	صَدْرٌ صُدورٌ
issued by, come from	hervorkommen, herrühren von	proceder/ dimanar/ originarse de	émaner/ provenir de	صَدَرَ عَنْ يَصْدُرُ عَنْ
issue, to be issued, publish	erscheinen	publicarse	paraître	صَدَرَ يَصْدُرُ
coincidence	Zufall	casualidad, coincidencia	hasard, coïncidence	صُدْفَةٌ صُدَفٌ
truth, veracity	Wahrhaftigkeit, Wahrheit	veracidad, sinceridad	véracité, vérité	صِدْقٌ
believe	glauben	creer	croire (tr.)	صَدَّقَ
truth and lying	Wahrheit und Lüge	verdad y mentira	vérité et mensonge	صِدْقٌ و كَذِبٌ
shock (n.)	Schock	choque	choc	صَدْمَةٌ
strictly veracious	sehr wahrhaftig	amante de la verdad, justo	très véridique, juste	صِدّيقٌ

friend	Freund	amigo	ami	صَدِيقٌ أَصْدِقاءُ
struggle (n.), conflict	Kampf, Konflikt	lucha, conflicto	lutte, conflit	صِراعٌ
shout (v.), scream	schreien	gritar, dar gritos	hurler	صَرَخَ يَصْرُخُ
sewage, drainage	Entwässerung	drenaje	drainage	صَرْفٌ
sanitary drainage	Abwässerableitung	saneamiento	assainissement	صَرْفٌ صِحِّيٌّ
turn away, distract/ from	abwenden/ ablenken von	rechazar, apartar, alejar	éloigner de, détourner	صَرَفَ عَنْ يَصْرِفُ عَنْ
thrown down/ to the floor	niedergestreckt sein	abatido, tumbado	abattu, terrassé	صَرِيعٌ صَرْعى
difficult, hard, tough	schwer, schwierig	difícil, arduo, penoso	difficile	صَعْبٌ صِعابٌ
go up, ascend	hinaufgehen	subir, escalar	monter	صَعِدَ يَصْعَدُ
difficulty	Schwierigkeit	dificultad	difficulté	صُعوبَةٌ
climbing, ascent	Aufstieg, das Aufsteigen	ascenso, subida	escalade, ascension	صُعودٌ
childhood, youthfulness	Kindheit, Jugend	infancia, niñez, edad juvenil	enfance, jeunesse	صِغَرٌ
become small(er)	kleiner werden	ser pequeño, disminuir	devenir petit	صَغُرَ يَصْغُرُ
small (adj.)	klein	pequeño	petit	صَغيرٌ
young, child	Kleiner, Kind, Junge	niño, joven	jeune, enfant	صَغيرٌ صِغارٌ

class, classroom, row, queue	Klasse, Schulklasse, Reihe, Schlange	clase, aula, fila, cola	classe, salle de classe, rangée, queue	صَفٌ صُفوفٌ
limpidity, clarity	Reinheit, Klarheit	limpidez, nitidez, claror	limpidité, clarté	صَفاءٌ
character, characteristic, aspect	Charakter Eigenschaft, Art, Weise	carácter, índole, rasgo, aspecto	(trait de) caractère, caractéristique, aspect	صِفَةٌ
page (n.)	Seite	página	page	صَفْحَةٌ
reader's opinion page	Seite der Leserbriefe	página de opinión	page de l'opinion	صَفْحَةُ الرَّأْيِ
social events page	Seite der sozialen Angelegenheiten	página de sociedad	page sociale	صَفْحَةُ المُجْتَمَعِ
face (n.)	Vorderseite, Gesicht	cara	face	صَفْحَةُ الوَجْهِ
death/ obituary notices	Seite der Todesanzeigen	página de difunciones	page nécrologique	صَفْحَةُ الوَفَياتِ (- ج)
special page	Sonderseite	página especial	page spéciale	صَفْحَةٌ خاصَّةٌ
Safar (2nd Hegira month)	Safar (2. Hidschra-Monat)	safar (2° mes del año lunar)	Safar (2ème mois de l'année musulmane)	صَفَرٌ
become/ turn yellow	gelb werden	amarillear	jaunir	صُفِرَ يُصْفَرُ
yellowness, paleness	gelbe Farbe	color amarillo	couleur jaune	صُفْرَةٌ
applaud	applaudieren	aplaudir	applaudir	صَفَّقَ
transaction, deal	Transaktion, Geschäftsabschluss	transacción, trato, negocio	transaction, marché	صَفْقَةٌ
smooth, polished	geschliffen, poliert	liso, pulido	lisse, poli	صَقيلٌ صِقالٌ

prayer	Gebet	oración	prière	صَلاةٌ
Dhuhr (midday prayer)	Dhor (Mittagsgebet)	dhohr (oración del mediodia)	Dhohr (prière du midi)	صَلاةُ الظُّهْرِ
Maghrib (sunset prayer)	Maghrib (Sonnenunter-gangsgebet)	maghrib (oración vespertina)	Maghrib (prière du couchant)	صَلاةُ المَغْرِبِ
link, relationship	Verbindung, Zusammenhang	lazo, relación	lien, relation	صِلَةٌ
good relationship	gute Beziehung	buena relación	bonne relation	صِلَةٌ طَيِّبَةٌ
serve/ to be appropriate for	taugen, geeignet sein	servir a	servir/ convenir à	صَلُحَ لِـ\يَصْلُحُ لِـ
pray	beten	rezar	faire sa prière, prier (Dieu)	صَلَّى
glue (n.)	Leim	goma	colle	صَمْغٌ صُموغٌ
industry	Industrie	industria	industrie	صِناعَةٌ
basic industry	Basisindustrie, Hauptindustrie	industria básica	industrie de base	صِناعَةٌ أساسِيَّةٌ
space industry	Weltraumindustrie	industria espacial	industrie spatiale	صِناعَةٌ فَضائِيَّةٌ
local industry	lokale Industrie	industria local	industrie locale	صِناعَةٌ مَحَلِّيَّةٌ
intermediate industry	Halbfertigungs-industrie	industria intermediaria	industrie intermédiaire	صِناعَةٌ وَسيطَةٌ
new industry	junge Industrie	industria naciente	industrie naissante	صِناعَةٌ وَليدَةٌ
industrial	industriell	industrial	industriel	صِناعِيٌّ
case (n.), box, fund	Kiste, Kasse, Fonds	caja, fondos	caisse, fonds	صُنْدوقٌ صَناديقُ

silver box	Silberkasten	caja de plata	caisse en argent	صُنْدوقٌ فِضِّيٌّ صَناديقُ فِضِّيَّةٌ
make (v.), manufacture	anfertigen, herstellen	confeccionar, fabricar	façonner, fabriquer	صَنَعَ يَصْنَعُ
craft (n.)	Gewerbe	oficio	métier	صَنْعَةٌ صَنائِعُ
pine (nut)	Pinie	piñón	pignon	صَنَوْبَرٌ
neigh (n.)	das Wiehern	relincho	hennissement	صَهيلٌ
right, rightness	Richtigkeit, Vernunft	buen sentido, rectitud	bon sens, droiture	صَوابٌ
voice (n.)	Stimme	voz	voix	صَوْتٌ أَصْواتٌ
loud voice	laute Stimme	voz alta	voix haute	صَوْتٌ مُرْتَفِعٌ أَصْواتٌ مُرْتَفِعَةٌ
living/ real picture	lebendiges Bild	imagen viva	image vivante	صورَةٌ حَيَّةٌ صُوَرٌ حَيَّةٌ
picture, photo, way, form, aspect, description	Bild, Foto, Form, Art und Weise	imagen, foto, forma, manera	image, photo, façon, forme	صورَةٌ صُوَرٌ
contract form	Vertragsformular	modelo de contrato	modèle de contrat	صورَةُ عَقْدٍ صُوَرُ ـ
revealing description/ picture	enthüllendes Bild	imagen reveladora	image révélatrice	صورَةٌ كاشِفَةٌ صُوَرٌ ـ
expressive picture	ausdrucksvolles Bild	imagen elocuente	image éloquente	صورَةٌ ناطِقَةٌ صُوَرٌ ـ
wool	Wolle	lana	laine	صوفٌ أَصْوافٌ

woolen	Woll-	de lana	en laine	صوفِيٌّ
hunter	Jäger	cazador	chasseur	صَيّادٌ
formulation	Formulierung	formulación	formulation	صِياغَةٌ
pharmacy, chemist	Apotheke	farmacia, botica	pharmacie	صَيْدَلِيَّةٌ
night pharmacy	Nachtapotheke	farmacia abierta de noche	pharmacie de nuit	صَيْدَلِيَّةٌ مَفْتوحَةٌ لَيْلاً
pharmacy on duty	dienstbereite Apotheke	farmacia de turno / servicio / guardia	pharmacie de service	صَيْدَلِيَّةٌ مُناوِبَةٌ
form (n.)	Form, Formel	forma	forme	صيغَةٌ صِيَغٌ
summer	Sommer	verano, estío	été	صَيْفٌ أَصْيافٌ، صُيوفٌ
summer-, summery	sommerlich	estival	estival	صَيْفِيٌّ
tray	Tablett	bandeja	plateau	صينِيَّةٌ صَوانٍ (الصَّواني)
copper tray	Kupfertablett	bandeja de cobre	plateau en cuivre	صينِيَّةٌ نُحاسِيَّةٌ صَوانٍ (الصَّواني) -

انجليزيّة	ألمانيّة	إسبانيّة	فرنسيّة	عربيّة
lost	verloren	perdido	perdu	ضائِعٌ
information officer	Auskunftsbeamter	oficial de informaciones	officier de renseignements	ضابِطُ استِعْلاماتٍ (- ج) ضُبَّاطُ -
officer, policeman	Offizier, Polizist	oficial, policía	officier, policier	ضابِطٌ ضُبّاطٌ
officer on duty	Offizier vom Dienst	oficial de servicio	officier de service	ضابِطٌ مُناوِبٌ ضُبّاطٌ مُناوِبونَ
laughing	lachend	risueño	riant	ضاحِكٌ
tend to (colour), -ish	in (Farbe) übergehend	tendiente a (color)	qui vire vers (couleur)	ضارِبٌ إلى
yellowish	gelblich	amarillento	jaunâtre	ضارِبٌ إلى الصُّفْرَةِ
to be lost	verlorengehen	perderse	se perdre	ضاعَ يَضيعُ
goal, aim	Zweck	designio	dessein	ضالَّةٌ ضَوالُّ

mutton	Hammelfleisch	carne de carnero	viande de mouton	ضَأْنِيٌّ
seize	ergreifen, beschlagnahmen	embargar, confiscar, incautarse de	saisir, confisquer	ضَبَطَ يَضْبِطُ
laughter	das Lachen, Gelächter	risa	rire (n.)	ضَحِكٌ
laugh	lachen	reír	rire (v.)	ضَحِكَ يَضْحَكُ
sacrifice (v.)	opfern	sacrifiar	sacrifier	ضَحَّى
against	gegen, wider	contra	contre	ضِدَّ ـ
harm (v.), spoil	schaden	perjudicar a	nuire à	ضَرَّ يَضُرُّ
ferocity	Härte, Erbitterung	ferocidad	férocité, acharnement	ضَراوَةٌ
give an exemple	ein Beispiel geben	dar un ejemplo	donner un exemple	ضَرَبَ مَثَلاً يَضْرِبُ ـ
beat (v.), hit, strike	schlagen	golpear, pegar	frapper	ضَرَبَ يَضرِبُ
necessity	Notwendigkeit	alejar de	nécessité	ضَرورَةٌ
necessary	notwendig	necesidad	nécessaire	ضَرورِيٌّ
commodities	notwendige Güter	comodidades	commodités	ضَرورِيّاتٌ (ج)
double (n.)	Doppeltes	doble	double	ضِعْفٌ أَضْعافٌ
blood pressure	Blutdruck	tensión arterial, presión sanguínea	tension artérielle	ضَغْطُ الدَّمِ
pressure	Druck, Spannung	tensión, presión	tension, pression	ضَغْطٌ ضُغوطٌ

exert/ put pressure on, press	Druck ausüben auf	ejercer presión sobre	faire pression sur	ضَغَطَ عَلى يَضْغَطُ عَلى
frog	Kröte, Frosch	sapo, rana	crapaud, grenouille	ضِفْدَعٌ ضَفادِعُ
include, consist of, comprise	enthalten, umfassen, einfügen	componerse de, constar de, incluir	se composer de, comprendre, inclure	ضَمَّ يَضُمُّ
guarantee (n.)	Garantie	garantía	garantie	ضَمانٌ
social security	Sozialversicherung	seguridad social	sécurité sociale	ضَمانٌ اجْتِماعِيٌّ
within, away	innerhalb, darunter	dentro de, entre	à intérieur de, parmi	ضِمْنَ –
guarantee, ensure	garantieren	garantizar	garantir	ضَمِنَ يَضْمَنُ
greed, jealousy	Geiz, Eifersucht	avaricia, celos	avarice, jalousie	ضَنٌّ
loss	Verlust	pérdida	perte	ضَياعٌ
guest (n.)	Gast	huésped	hôte	ضَيْفٌ ضُيوفٌ
anguish, distress	Beklommenheit	angustia	angoisse	ضيقٌ
narrow (adj.)	eng, schmal	estrecho	étroit	ضَيِّقٌ

انجليزيّة	ألمانيّة	إسبانيّة	فرنسيّة	عربيّة
bird	Vogel	pájaro	oiseau	طائِرٌ طَيْرٌ، أَطْيارٌ، طُيورٌ
(flight) arrival	Ankunft (Flugzeuge)	llegadas (de aviones)	arrivées (avions)	طائِراتٌ قادِمَةٌ (ج)
(flight) departure	Abflug	salidas (de aviones)	départs (avions)	طائِراتٌ مُغادِرَةٌ (ج)
plane (n.)	Flugzeug	avión	avion	طائِرَةٌ
stamp (n.)	Briefmarke	sello postal	timbre-poste	طابَعُ البَريدِ طَوابِعُ ـ
air mail stamp	Luftpostbriefmarke	sello postal aéreo	timbre-poste aérien	طابَعُ بَريدٍ جَوِّيٍّ طَوابِعُ ـ
stamp (n.), style, design	Stempel, Gepräge	sello, estilo	cachet, style	طابَعٌ طَوابِعُ
western design/ style	abendländische Prägung	estilo occidental	cachet/ style occidental	طابَعٌ غَرْبِيٌّ

architectural design/ style	architektonisches Gepräge	estilo arquitectónico	style/ cachet architectural	طابَعٌ مِعْمارِيٌّ
fly (v.)	abfliegen	levantar el vuelo	s'envoler	طارَ يَطِيرُ
fresh	frisch	fresco	frais	طازَجٌ
obedience	Gehorsam	obediencia	obéissance	طاعَةٌ
capacity, energy, power	Fähigkeit, Energie, Stärke	capacidad, energía, fuerza	capacité, énergie, force	طاقَةٌ
solar energy	Sonnenenergie	energía solar	énergie solaire	طاقَةٌ شَمْسِيَّةٌ
creativity	Kreativität	creatividad	créativité	طاقَةُ الإِبْداعِ
claimant	Antragsteller	solicitante	demandeur	طالِبٌ
claim (v.)	fordern	reivindicar	revendiquer	طالَبَ بِـ
student, pupil	Student, Schüler	estudiante	étudiant, élève	طالِبٌ طُلاّبٌ، طَلَبَةٌ
read (v.)	lesen	leer	lire	طالَعَ
table (n.)	Tisch	mesa	table	طاوِلَةٌ
medicine	Medizin	medicina	médecine	طِبٌّ
cook (m.)	Koch	cocinero	cuisinier	طَبّاخٌ
(art of) printing	Druck, Druckerei	imprenta	imprimerie	طِباعَةٌ
cooking	das Kochen	cocción	cuisson	طَبْخٌ

cook (v.)	kochen	cocer, cocinar	cuire	طَبَخَ يَطْبُخُ
printing	das Drucken, Druck	impresión	impression	طَبْعٌ
temper, character	Charakter	carácter	caractère	طَبْعٌ طِباعٌ
certainly, of course	natürlich, selbstverständlich	naturalmente	bien sûr	طَبْعًا
edition	Auflage	edición, tirada	édition	طَبْعَةٌ
international edition	internationale Auflage	edición internacional	édition internationale	طَبْعَةٌ دُوَلِيَّةٌ
plate (n.)	Teller	plato	assiette, plat (n.)	طَبَقٌ أَطْباقٌ
saucer	Untertasse	platillo	soucoupe	طَبَقٌ صَغِيرٌ أَطْباقٌ صَغيرَةٌ
western/ occidental dish	westliche Speise	plato occidental	plat occidental	طَبَقٌ غَرْبِيٌّ أَطْباقٌ غَرْبِيَّةٌ
according to	entsprechend, gemäβ	según, conforme a	selon, conformément à	طِبْقًا لِـ
class (n.)	Klasse, Schicht	clase	classe	طَبَقَةٌ
social class	soziale Schicht	clase social	classe sociale	طَبَقَةٌ اجْتِماعِيَّةٌ
doctor, physician	Arzt	médico	médecin	طَبِيبٌ أَطِبّاءُ
doctor on duty/ call	Notarzt	médico de guardia	médecin de garde	طَبِيبٌ مُناوِبٌ أَطِبَّاءُ مُناوِبونَ

nature, character	Natur, Charakter	naturaleza, índole	nature, caractère	طَبيعَةٌ طَبائِعُ
natural, normal	natürlich, normal	natural, normal	naturel, normal	طَبيعِيٌّ
flour (n.)	Mehl	harina	farine	طَحينٌ
happen, occur	vorfallen, sich ereignen	ocurrir, suceder	survenir	طَرَأَ يَطْرَأُ
style (n.)	Stil	estilo	style	طِرازٌ طُرُزٌ
to be delighted / entertained	begeistert/ entzückt sein	dejarse arrebatar de emoción	s'extasier, être ravi	طَرِبَ يَطْرَبُ
ask a question	eine Frage stellen	plantear una pregunta	poser une question	طَرَحَ سُؤالاً يَطْرَحُ ـ
parcel	Paket	paquete	colis	طَرْدٌ طُرودٌ
drive (away), dismiss, expel	vertreiben, fortjagen	echar, expulsar	chasser, renvoyer	طَرَدَ يَطْرُدُ
party	Seite	parte	partie	طَرَفٌ أَطْرافٌ
desert road/track	Wüstenstraβe	camino sahárico	route saharienne	طَريقٌ صَحْراوِيٌّ طُرُقٌ\ طُرُقاتٌ صَحْراوِيَّةٌ
road, way	Straβe, Weg	camino, vía, ruta	route, chemin	طَريقٌ طُرُقٌ طُرُقاتٌ
dual carriage way	zweispurige Straβe	carretera de doble sentido	route à double sens	طَريقٌ مُزْدَوِجٌ طُرُقٌ\ طُرُقاتٌ مُزْدَوِجَةٌ
way of preparing/ cooking, recipe	Zubereitungs-anleitung, Kochrezept	método de preparación, receta	mode de préparation, recette	طَريقَةُ التَّحْضيرِ طَرائِقُ ـ

way of/ social behaviour	Umgangsform	manera de portarse	façon de se comporter	طريقَةُ التَّعامُلِ طَرائِقُ ـ
special way	besondere Weise	manera particular	façon particulière	طَريقَةٌ خاصَّةٌ طَرائِقُ ـ
agricultural method	Agrarverfahren	método agrícola	méthode agricole	طَريقَةٌ زِراعِيَّةٌ طَرائِقُ ـ
way, manner, mode, method	Verfahren, Methode	manera, modo, método	façon, mode, procédé, méthode	طَريقَةٌ طَرائِقُ
way of preparing/ cooking, recipe	Zubereitungs-anleitung, Kochrezept	modo de preparación, receta	mode de préparation, recette	طَريقَةُ عَمَلِ طَبَقٍ طَرائِقُ ـ
staple food	Hauptnahrung, Grundnahrungs-mittel	alimento básico	nourriture/ aliment de base	طَعَامٌ أَساسِيٌّ أَطْعِمَةٌ ـ
food, meal	Essen, Speise	alimento, comida	nourriture, repas	طَعَامٌ أَطْعِمَةٌ
dinner, supper	Abendessen	cena	dîner	طَعامُ العَشاءِ
lunch (n.)	Mittagessen	almuerzo	déjeuner	طَعامُ الغَداءِ
breakfast (n.)	Frühstück	desayuno	petit déjeuner	طَعامُ الفَطورِ
taste (n.)	Geschmack	gusto	goût	طَعْمٌ طُعومٌ
taste (v.)	kosten	probar, catar	goûter	طَعِمَ يَطْعَمُ
child	Kind	niño	enfant	طِفْلٌ أَطْفالٌ

little girl	kleines Mädchen	niña	fillette	طِفْلَةٌ (مؤ)
childhood	Kindheit	niñez	enfance	طُفولَةٌ
paint (n.)	das Anstreichen, Anstrich	pintura	peinture	طِلاءٌ
application, request	Bitte, Antrag	petición, solicitud	demande	طَلَبٌ
ask for a girl's hand	um die Hand (eines Mädchens) anhalten	pedir la mano de	demander (à qqn) la main (d'une femme)	طَلَبَ مِنْهُ يَدَها يَطْلُبُ ـ
ask, call for, request	bitten, beantragen	pedir, solicitar	demander	طَلَبَ يَطْلُبُ
tomato	Tomate	tomate	tomate	طَماطِمُ
covet	trachten nach	envidiar	envier	طَمِعَ يَطْمَعُ
ton	Tonne	tonelada	tonne	طُنٌّ أَطْنانٌ
cook (v.)	kochen	cocer, cocinar	cuire	طَها يَطْهو
cooking	das Kochen	cocción	cuisson	طَهْوٌ
cooking	das Kochen	cocción	cuisson	طَهْيٌ
(all) along, during, throughout	während, … lang	durante	durant	طِوالَ ـ
long (adj.)	lang, groβ	largo	long	طَويلٌ طِوالٌ
for a long time	lange	durante largo tiempo	longtemps	طَويلاً

good, friendly, nice, mild	gut, angenehm	bondadoso, agradable	bon, doux, agréable	طَيِّبٌ
flight, aviation	Flug, Luftfahrt	vuelo, aviación	vol, aviation	طَيَرانٌ
airforce	Luftwaffe	fuerzas aéreas	forces aériennes	طَيَرانٌ الـ
clay	Lehm	arcilla	argile	طينٌ أَطْيانٌ
poultry, chicken	Geflügel	aves, pollos	volaille, poulet	طُيورٌ (ج)

ظ

انجليزيّة	ألمانيّة	إسبانيّة	فرنسيّة	عربيّة
oppressor, unfair	ungerecht, Tyrann	opresor, injusto	oppresseur, injuste	ظالِمٌ ظُلاّمٌ، ظَلَمَةٌ ظالِمونَ
phenomenon	Phänomen	fenómeno	phénomène	ظاهِرَةٌ ظَواهِرُ
international phenomenon	Weltphänomen	fenómeno mundial	phénomène mondial	ظاهِرَةٌ عالَمِيَّةٌ ظَواهِرُ ـ
adverb of time	Zeitadverb	adverbio de tiempo	adverbe de temps	ظَرْفُ زَمانٍ ظُروفُ ـ
circumstance, envelope, adverb	Umstand, Umschlag, Adverb	circunstancia, sobre, adverbio	circonstance, enveloppe, adverbe	ظَرْفٌ ظُروفٌ
adverb of place	Lokaladverb	adverbio de lugar	adverbe de lieu	ظَرْفُ مَكانٍ ظُروفُ ـ
charming, elegant	charmant, fein, elegant	gracioso, elegante	charmant, raffiné	ظَريفٌ ظُرَفاءُ
nail (n.)	Fingernagel, Zehennagel	uña	ongle	ظُفْرٌ أَظْفارٌ، أَظافِرُ

shade (n.)	Schatten	sombra	ombre	ظِلٌّ ظِلالٌ
remain, stay, continue	bleiben, nicht aufhören	seguir, quedarse	rester, demeurer, continuer à	ظَلَّ يَظَلُّ
dark (n.)	Dunkelheit	oscuridad	obscurité	ظَلامٌ
treat unjustly, oppress	ungerecht behandeln	cometer una injusticia, ser injusto, oprimir	être injuste, opprimer	ظَلَمَ يَظْلِمُ
darkness, dark	Finsternis	oscuridad, tinieblas	obscurité, ténèbres	ظُلْمَةٌ ظُلَمٌ، ظُلُماتٌ
think	glauben, annehmen	creer, opinar	croire	ظَنَّ يَظُنُّ
noon, midday, Dhohr (midday prayer)	Mittag, Dhohr (Mittagsgebet)	mediodía, dhohr (oración del mediodía)	midi, Dhohr (prière de midi)	ظُهْرٌ
back (n.)	Rücken	espalda	dos	ظَهْرٌ ظُهورٌ، أَظْهُرٌ، ظُهْرانٌ
appear, emerge	erscheinen, auftauchen	parecer	paraître	ظَهَرَ يَظْهَرُ
appearence, publication	das Erscheinen, das Auftauchen	aparición	apparition, parution	ظُهورٌ
the advent of Islam	Erscheinung des Islam	aparición del Islam	apparition/ avènement de l'Islam	ظُهورُ الإِسْلامِ

انجليزيّة	ألمانيّة	إسبانيّة	فرنسيّة	عربيّة
obstacle	Hindernis, Hürde	obstáculo	obstacle	عائِقٌ عَوائِقُ
family	Familie	familia	famille	عائِلَةٌ
incapable	unfähig	incapaz	incapable	عاجِزٌ عَجَزٌ ، عَجَزَةٌ، عاجِزونَ
come back, return	zurückkehren	volver	revenir	عادَ يَعودُ
customs and traditions	Sitten und Gebräuche	usos y costumbres	us et coutumes	عاداتٌ وتَقاليدُ (ج)
usually, as a rule	gewöhnlich, in der Regel	de ordinario, habitualmente, generalmente	d'habitude, généralement	عادَةً
habit	Gewohnheit	costumbre	habitude	عادَةٌ عَوائِدُ، عاداتٌ
constant habit	feste Gewohnheit	costumbre inmutable	habitude fixe	عادَةٌ لا تَتَخَلَّفُ
fair (adj.), just	gerecht	equitativo, justo	équitable, juste	عادِلٌ
common, ordinary	normal, gewöhnlich	corriente, ordinario	courant, ordinaire	عَادِيٌّ

live (v.)	leben	vivir	vivre	عاشَ يَعيشُ
live/ associate with	verkehren mit	frecuentar a	fréquenter	عاشَرَ
capital (n.)	Hauptstadt	capital	capitale	عاصِمَةٌ عَواصِمُ
sentiment, feeling	Gefühl, Empfindung	sentimiento	sentiment	عاطِفَةٌ عَواطِفُ
good health	das Wohlbefinden	buena salud	bonne santé	عافِيَةٌ
hinder (v.)	behindern, erschweren	estorbar	entraver	عاقَ يَعوقُ
wise	vernünftig	razonable	raisonnable	عاقِلٌ عُقَلاءُ، عُقّالٌ
high (adj.)	hoch	alto, elevado	haut, élevé	عالٍ (العالي)
cure (v.)	behandeln	curar	traiter	عالَجَ
sociologist	Soziologe	sociólogo	sociologue	عالِمُ اجْتِماعٍ عُلَماءُ ــ
nutritionist, nutrition scholar	Ernährungs-wissenschaftler	especialista de la nutrición	nutritionniste, savant en nutrition	عالِمُ تَغْذِيَةٍ عُلَماءُ ــ
the third world	die Dritte Welt	el tercer mundo	le tiers-monde	عالَمٌ ثالِثٌ (الـ ـ)
geographer	Geograph	geógrafo	géographe	عَالِمُ جُغْرَافِيا عُلَماءُ ــ
medical scholar/ doctor	Mediziner	médico	médecin, savant en médecine	عَالِمُ طِبٍّ عُلَماءُ ــ
the Arab World	die arabische Welt	el mundo árabe	le monde arabe	عالَمٌ عَرَبِيٌّ (الـ ـ)

scholar, scientist	Wissenschaftler	sabio	savant	عالِمٌ عُلَماءُ
world	Welt	mundo	monde	عالَمٌ عَوالِمُ
contemporary world	zeitgenössische Welt	mundo contemporáneo	monde contemporain	عالَمٌ مُعاصِرٌ
developing world/ countries	Entwicklungswelt	mundo en desarrollo	monde en développement	عالَمٌ نامٍ (ـ النّامي)
international, worldwide	international, Welt-	mundial	mondial	عالَمِيٌّ
well mannered	wohlerzogen	muy cortés	d'une très grande politesse	عالي التَّهْذيبِ
year	Jahr	año	année, an	عامٌ أَعْوامٌ
common people the masses	die Allgemeinheit, die breite Masse	la masa, el pueblo	la masse, le public	عامَّةُ النّاسِ
inhabited, animated	bevölkert, belebt	poblado, animado	peuple, animé	عامِرٌ
worker, employee	Arbeiter, Beschäftigter	trabajador, obrero, empleado	travailleur, ouvrier, employé	عامِلٌ عُمّالٌ ، عَمَلَةٌ
waiter	Kellner	camarero	serveur	عامِلُ مَطْعَمٍ عُمّالُ\ عَمَلَةُ ـ
colloquial language, dialect	Umgangssprache	dialecto	dialectal (n.)	عامِّيَّةٌ
suffer, undergo	leiden, ertragen	sufrir, padecer	souffrir, endurer	عانى
help (v.)	helfen	ayudar	aider	عاوَنَ
burden (n.)	Last, Belastung	carga	fardeau	عِبْءٌ أَعْباءٌ

heavy burden	schwere Last	carga pesada	lourd fardeau	عِبْءٌ ثَقِيلٌ أَعْبَاءٌ ثَقِيلَةٌ
pack (v.), fill	einpacken, verpacken, füllen	cargar, llenar	emballer, remplir	عَبَّأَ
servants of God, mankind	Gottes Geschöpfe	siervos de Dios	serviteurs de Dieu	عِبادُ (ج) اللّٰهِ
expression	Ausdruck	expresión	expression	عِبارَةٌ
meaning, consisting in, kind of	es handelt sich um, es besteht in	consiste en, se trata de, venir a ser, una especie de	il s'agit de, consiste en, sorte de	عِبارَةٌ عَنْ
play/ tamper with	scherzen, spielen, Unfug treiben	estropear	jouer avec, abîmer	عَبِثَ بِـ\يَعْبَثُ بِـ
through, across	durch, über	a través de, por	à travers	عَبْرَ ـ
in space	durch den Weltraum	a través del espacio	à travers l'espace	عَبْرَ الفَضاءِ
express (v.)	ausdrücken	expresar	exprimer	عَبَّرَ عَنْ
doorstep, threshold	Schwelle	umbral	seuil	عَتَبَةٌ عَتَبٌ ، عَتَباتٌ
discovering, finding	das Finden	descubrimiento, hallazgo	action de trouver	عُثورٌ
oldwoman	alte Frau	vieja, anciana	vieille	عَجوزٌ (مؤ) عُجُزٌ، عَجائِزُ
oldman	alter Mann	viejo, anciano	vieillard, vieux	عَجوزٌ عُجُزٌ
posterior, bottom	Gesäß	trasero, nalgas	derrière, fesses	عَجيزَةٌ عَجائِزُ
count, consider	zählen, rechnen, betrachten	contar, considerar	compter, considérer	عَدَّ يَعُدُّ

hostility	Feindschaft	hostilidad	hostilité	عَداوَةٌ
number (n.)	Zahl	número	nombre	عَدَدٌ أَعْدادٌ
lentil	Linsen	lentejas	lentille	عَدَسٌ
justice	Gerechtigkeit	justicia	justice	عَدْلٌ
to be just, act justly	gerecht sein	ser justo/ equitativo	être juste/ équitable	عَدَلَ يَعْدِلُ
non-existence/ absence of	das Nichtvorhandensein von	inexistencia de	non-existence/ absence de	عَدَمُ وُجودِ –
enemy	Feind	enemigo	ennemi	عَدُوٌّ أَعْداءٌ
aggression	Aggression	agresión	agression	عُدْوانٌ
fresh, pleasant	süß	dulce	doux	عَذْبٌ عِذابٌ
excuse (n.)	Entschuldigung	excusa	excuse	عُذْرٌ أَعْذارٌ
Virgo	Jungfrau	virgo	vierge	عَذْراءُ (بُرْجُ الـ-)
Arabs	die Araber	árabes	arabes	عَرَبٌ (ج)
car, cart, vehicle	Wagen	coche, vehículo	voiture, véhicule	عَرَبَةٌ
lorry, truck	Lastkraftwagen	camión	camion	عَرَبَةُ نَقْلٍ
Arab sat	Arabsat	arabsat	Arabsat	عَرَبْسات
Arab	Araber	árabe	arabe	عَرَبِيٌّ عَرَبٌ

colloquial/ dialectal Arabic	arabische Umgangssprache	árabe dialectal	arabe dialectal	عَرَبِيَّةٌ عامِيَّةٌ
classical Arabic	Hocharabisch	árabe clásico	arabe littéraire	عَرَبِيَّةٌ فُصْحى
honour (n.)	Menschenwürde	honor	honneur	عِرْضٌ أَعْراضٌ
presentation, show	Darstellung, Aufführung, Bericht	exposición, representación	présentation, exposé, représentation	عَرْضٌ عُروضٌ
theatrical show, play	Theateraufführung	representación teatral	représentation théâtrale	عَرْضٌ مَسْرَحِيٌّ عُروضٌ مَسْرَحِيَّةٌ
present (v.), show	aufführen, ausstellen	presentar, exponer	présent, exposer	عَرَضَ يَعْرِضُ
know, recognise	wissen, kennen, erkennen	saber, conocer, reconocer	savoir, connaître, reconnaître	عَرَفَ يَعْرِفُ
ethnic, racial	ethnisch, rassistisch	étnico, racial	ethnique, racial	عِرْقِيٌّ
broad	breit	amplio, ancho	large	عَريضٌ عِراضٌ
old, ancient	uralt	antiguo	ancien	عَريقٌ عِراقٌ
dear (adj.)	lieb	querido	cher	عَزيزٌ أَعِزَّةٌ، أَعِزّاءُ
military	militärisch	militar	militaire	عَسْكَرِيٌّ
honey	Honig	miel	miel	عَسَلٌ أَبْيَضُ
honey	Honig	miel	miel	عَسَلٌ أعسالٌ،عُسْلانٌ، عُسولٌ
hoping/ it might be that	möge…, vielleicht	tal vez, quizás	il faut espérer que, il se peut que	عَسى أَنْ

nest (n.)	Nest	nido	nid	عُشٌّ أَعْشاشٌ
dinner	Abendessen	cena	dîner	عَشاءٌ
`Ichaa (evening prayer)	`Ischaa (Abendgebet)	`ichaa (oración vespertina)	`Ichaa (prière du soir)	عِشاءٌ
tens, dozens	Dutzende von	decenas	dizaines	عَشَراتٌ (ج)
ten	zehn	diez	dix	عَشَرَةٌ
twenty	zwanzig	veinte	vingt	عِشْرونَ
evening	Abend	el anochecer	tombée de la nuit, soir	عَشِيَّةٌ عَشايا
stick (n.)	Stock	palo	bâton	عَصًا عِصِيٌّ
nerve (n.)	Nerv	nervio	nerf	عَصَبٌ أَعْصابٌ
`Asr (afternoon prayer)	`Asr (Nachmittagsgebet)	`asr (oración de la tarde)	`Asr (prière de l'après-midi)	عَصْرٌ
machine age	Maschinenzeitalter	la era de la máquina	l'ère de la machine	عَصْرُ الآلَةِ
pre-Islamic era/ times	vorislamische Zeit	era preislámica	ère préislamique	عَصْرٌ جاهِلِيٌّ
the present (time)	heutzutage, gegenwärtig	época actual, hoy en dia	époque actuelle, de nos jours	عَصْرٌ حاضِرٌ
modern times/ age	moderne Zeit	época moderna	époque moderne	عَصْرٌ حَديثٌ
golden age	goldenes Zeitalter	edad de oro	âge d'or	عَصْرٌ ذَهَبِيٌّ عُصورٌ، أَعْصُرٌ ذَهَبِيَّةٌ
era, age, time, period	Epoche, Ära, Zeitalter	época, era, edad, período	époque, ère, âge, période	عَصْرٌ عُصورٌ، أَعْصُرٌ

the middle ages	das Mittelalter	edad media	Moyen Âge	عَصْرٌ وَسيطٌ عُصورٌ وُسْطى\ وَسيطَةٌ
press (v.), squeeze	auspressen	exprimir	presser	عَصَرَ يَعْصِرُ
bird	Vogel	pájaro	oiseau	عُصْفورٌ عَصافيرُ
Islamic periods	islamische Zeiten	épocas islámicas	époques islamiques	عُصورٌ إِسْلامِيَّةٌ (ج)
Islamic middle periods	islamisches Mittelalter	medievo muslmán	Moyen âge musulman	عُصورٌ إِسْلامِيَّةٌ وُسْطى (ج)
the middle ages	das Mittelalter	edad media	Moyen âge	عُصورٌ وُسْطى (ج)
juice	Saft	jugo, zumo	jus	عَصيرٌ
fruit-juice	Fruchtsaft	jugo de frutas	jus de fruit	عَصيرُ فاكِهَةٍ
lemon juice	Zitronensaft	jugo de limón	jus de citron	عَصيرُ لَيْمونٍ
member	Mitglied	miembro	membre	عُضْوٌ أَعْضاءٌ
giving	das Geben	el hecho de dar	action de donner	عَطاءٌ
perfumed, scented	duftend, aromatisch	perfumado	parfumé	عَطِرٌ
perfume (n.)	Parfüm	perfume	parfum	عِطْرٌ عُطورٌ
bone (n.)	Knochen	hueso	os	عَظْمٌ عِظامٌ، أَعْظُمٌ
very good !, excellent !	groβartig! prima !	¡ excelente !, ¡ perfecto !	excellent! parfait!	عَظيمٌ !

great, prodigious	groβ, mächtig	grande, importante, prodigioso	grand, important, prodigieux	عَظيمٌ عُظَماءُ، عِظامٌ
pardon !, not at all !	Verzeihung!	¡ perdón !, ¡ de nada !	je m'excuse, je vous en prie	عَفْوًا
mouldiness, decay	Schimmel	moho	moisissure	عُفونَةٌ
punishment	Bestrafung, Strafe	castigo	punition	عِقابٌ
estate—	Grundstücks-, Immobilien-	inmobiliario	foncier, immobilier	عَقارِيٌّ
follow	folgen	seguir	suivre	عَقَبَ يَعْقُبُ
obstacle	Hindernis	obstáculo	obstacle	عَقَبَةٌ عِقابٌ، عَقَباتٌ
hold a meeting	eine Versammlung abhalten	celebrar una reunión	tenir une réunion	عَقَدَ اجْتماعًا يَعْقِدُ ـ
concluding deals/ transactions	Geschäftsabschluss	conclusión de negocios	conclusion des marchés	عَقْدُ الصَّفَقاتِ (ـ ج)
to be determined/ resolved to	den Entschluss fassen zu	resolverse a	être déterminé à	عَقَدَ العَزْمَ على يَعْقِدُ ـ
rent contract	Mietvertrag	contrato de alquiler	contrat de location	عَقْدُ إيجارٍ عُقودُ ـ
contract (n.)	Vertrag	contrato	contrat	عَقْدٌ عُقودٌ
Scorpio	Skorpion	Escorpio	scorpion	عَقْرَبٌ (بُرْجُ الـ ـ)
mind (n.), reason	Verstand, Geist, Vernunft	espíritu, razón	esprit, raison	عَقْلٌ عُقولٌ
faith, creed	Glaube	creencia	croyance	عَقيدَةٌ عَقائِدُ

opposite, contrary, antonym	Gegenteil, Gegensatz	contrario, antónimo	contraire, antonyme	عَكْسٌ
reflect	widerspiegeln	reflejar	refléter	عَكَسَ يَعْكِسُ
opposite, contrary	gegenteilig, gegensätzlich	contrario, opuesto	contraire, opposé	عَكْسِيٌّ
rise (v.)	hoch sein, übersteigen	elevarse	s'élever	عَلا يَعْلو
(medical) treatment	ärztliche Behandlung	tratamiento, cura	traitement (médical)	عِلاجٌ
human relations	menschliche Beziehungen	relaciones humanas	relations humaines	عَلاقاتٌ إِنْسانِيَّةٌ (ج)
foreign/external relations	Auslandsbeziehungen	relaciones exteriores	relations extérieures	عَلاقاتٌ خارِجِيَّةٌ (ج)
international relations	internationale Beziehungen	relaciones internacionales	relations internationales	عَلاقاتٌ دُوَلِيَّةٌ (ج)
balanced international relations	ausgewogene, internationale Beziehungen	relaciones internacionales equilibradas	relations internationales équilibrées	عَلاقاتٌ دُوَلِيَّةٌ مُتَوازِنَةٌ (ج)
official relations	offizielle Beziehungen	relaciones oficiales	relations officielles	عَلاقاتٌ رَسْمِيَّةٌ (ج)
personal relation	persönliche Beziehung	relación personal	relation personnelle	عَلاقَةٌ شَخْصِيَّةٌ
relation, relationship	Beziehung	relación	relation	عَلاقَةٌ عَلائِقُ، عَلاقاتٌ
mark (n.), sign	Zeichen	marca, señal, signo	signe	عَلامَةٌ عَلائِمُ، عَلاماتٌ
wooden box	Holzschachtel	caja de madera	boîte en bois	عُلْبَةٌ خَشَبِيَّةٌ عُلَبٌ ـ

box (n.)	Schachtel	caja	boîte	عُلْبَةٌ عُلَبٌ
box of matches	Streichholzschachtel	caja de cerillas	boîte d'allumettes	عُلْبَةُ كِبْرِيتٍ عُلَبُ ـ
pretext	Vorwand	pretexto, subterfugio	prétexte	عِلَّةٌ عِلَلٌ ، عِلاَّتٌ
feed (n.), forage	Futtermittel	forraje	fourrage	عَلَفٌ أَعْلافٌ
hang up	hängen (tr.)	colgar, suspender	accrocher	عَلَّقَ
comment on	kommentieren	comentar	commenter	عَلَّقَ عَلى
instruct, teach	lehren, unterrichten	instruir, enseñar	instruire, enseigner	عَلَّمَ
flag (n.)	Fahne	bandera	drapeau	عَلَمٌ أَعْلامٌ
sociology	Soziologie	sociología	sociologie	عِلْمُ الاجْتِماعِ
optics	Optik	óptica	optique	عِلْمُ البَصَرِيّاتِ
morphology	Formenlehre	morfología	morphologie	عِلْمُ الصَّرْفِ
physical science	Naturwissenschaft	ciencia de la naturaleza	science de la nature	عِلْمُ الطَّبيعَةِ عُلومُ ـ
botany	Botanik	botánica	botanique	عِلْمُ النَّباتِ
modern science	moderne Wissenschaft	ciencia moderna	science moderne	عِلْمٌ حَدِيثٌ عُلومٌ حَديثَةٌ
science, knowledge	Wissenschaft, das Wissen	ciencia, saber	science, savoir	عِلْمٌ عُلومٌ

know	wissen	saber (v.)	savoir (v.)	عَلِم يَعْلَمُ
scientific	wissenschaftlich	científico	scientifique	عِلْمِيٌّ
religious sciences	Religionswissenschaft	ciencias de la religión	sciences de la religion	عُلومٌ دينِيَّةٌ (ج)
political science	Politologie	ciencias políticas	sciences politiques	عُلومٌ سِياسِيَّةٌ (ج)
natural/ physical science	Naturwissenschaften	ciencias naturales	sciences naturelles	عُلومٌ طَبيعِيَّةٌ (ج)
Arab sciences	arabische Wissenschaften	ciencias árabes	sciences arabes	عُلومٌ عَرَبِيَّةٌ (ج)
on	auf	sobre	sur	عَلى
on the basis of	auf der Basis von	teniendo como base	sur la base de	عَلى أساسِ
at least	mindestens	al menos, por lo menos	au moins	عَلى الأَقَلِّ
at most	höchstens	a lo más , a lo sumo	au plus	عَلى الأَكْثَرِ
successively, respectively	hintereinander, aufeinanderfolgend	sucesivamente	successivement	عَلى التَّوالي
especially, in particular	insbesondere	en particular	en particulier	عَلى الخُصوصِ
despite, in spite of	trotz	pese a, a pesar de	malgré, en dépit de	عَلى الرَّغْمِ مِنْ
immediately	sofort, umgehend	inmediatamente	immédiatement	عَلى الفَوْرِ
in the long run	langfristig	a largo plazo	à longue échéance	عَلى المَدى البَعيدِ
publicly	öffentlich	en público	en public	عَلى المَلإِ

worldwide	weltweit	a escala mundial	à l'échelle mondiale	عَلى النِّطاقِ العالَمِيِّ
over a distance	längs, entlang, von... Länge	a lo largo de	sur une distance de	عَلى امْتِدادِ ـ
at the hand(s) of, by	durch, dank	gracias a	grâce à	عَلى أَيْدي ـ
unchanged, just as it is	so wie es ist, unverändert	tal cual, intacto	comme il est, tel quel	عَلى حالِهِ
at the expense of	auf Kosten von	a expensas de, a costa de	aux frais de	عَلى حِسابِ ـ
according to	je nach	según	selon	عَلى حَسَبِ ـ
be right	im Recht sein	tener razón	avoir raison	عَلى حَقٍّ
in the shape of	in Form von	en forma de	sous la forme de	عَلى شَكْلِ ـ
on the same footing, equally	gleichgestellt sein	en un pie de igualdad	sur le même pied d'égalité	عَلى قَدَمِ المُساواةِ
reluctantly, unwillingly	widerwillig	de mal grado, a disgusto	malgré soi, à contrecœur	عَلى كُرْهٍ مِنْ
in any case, anyhow	auf jeden Fall	en todo caso	en tout cas, de toute façon	عَلى كُلِّ حالٍ
as it is	so wie es ist	tal cual	tel quel	عَلى ما هُوَ عَلَيْهِ
on low fire	auf kleiner Flamme	a fuego lento	à feu doux	عَلى نارٍ هادِئَةٍ
according to/ in this order	der Reihe nach	según el orden siguiente	selon cet ordre	عَلى هَذا التَّرتيبِ
on the surface of the earth	auf der Erdoberfläche	en la superficie de la tierra	à la surface de la terre	عَلى وَجْهِ الأَرْضِ

hello ! (as a reply)	hallo !	¡ salud !, ¡ salve !	salut !	عَلَيْكُمُ السَّلامُ
May God bless him and grant him salvation	Gott segne ihn und sei ihm gnädig!	sobre él sean la bendición y la paz de Dios	que la bénédiction et le salut de Dieu soient sur lui	عَلَيْهِ الصَّلاةُ والسَّلامُ
(paternal) uncle	Onkel (väterlicherseits)	tío (paterno)	oncle (paternel)	عَمٌّ أَعْمامٌ، عُمومَةٌ
architecture	Baukunst	arquitectura	architecture	عِمارَةٌ
Islamic architecture	islamische Baukunst	arquitectura islámica	architecture islamique	عِمارَةٌ إِسْلامِيَّةٌ
building	Gebäude	inmueble (n.)	immeuble	عِمارَةٌ عَمائِرُ، عِماراتٌ
manpower	Arbeiterschaft	mano de obra	main-d'œuvre	عَمالَةٌ
(paternal) aunt	Tante (väterlicherseits)	tía (paterna)	tante (paternelle)	عَمَّةٌ (مؤ)
age (n.)	Lebensalter	edad	âge	عُمُرٌ أَعْمارٌ
depth	Tiefe	profundidad	profondeur	عُمْقٌ أَعْماقٌ
water depth	Wassertiefe	profundidad del agua	profondeur des eaux	عُمْقُ المِياهِ أَعْماقٌ .(ـ ج)
literary work	literarisches Werk	obra literaria	oeuvre littéraire	عَمَلٌ أَدَبِيٌّ أَعْمالٌ أَدَبِيَّةٌ
work, act, action	Arbeit, Tätigkeit	trabajo, labor, acción	travail, action	عَمَلٌ أَعْمالٌ
women's labour/ work	Frauenarbeit	trabajo de la mujer	travail de la femme	عَمَلُ المَرْأَةِ

do, practise, make use of	sich (einer Sache) bedienen	valerse de	se servir de	عَمِلَ بِـ\يَعْمَلُ بِـ
hard work	mühsame Arbeit	trabajo arduo / penoso	travail pénible	عَمَلٌ شاقٌّ أَعْمالٌ شاقَّةٌ
take pains, endeavour, try to	hinarbeiten, hinwirken auf	empeñarse en, esforzarse por	oeuvrer pour, s'employer à	عَمِلَ عَلى يَعْمَلُ عَلى
do (v.), work	tun, arbeiten	hacer, trabajar	faire, travailler	عَمِلَ يَعْمَلُ
daily work	tägliche Arbeit	trabajo cotidiano	travail quotidien	عَمَلٌ يَوْمِيٌّ أَعْمالٌ يَوْمِيَّةٌ
currency	Währung	divisa	devise (monnaie)	عُمْلَةٌ
practical	praktisch	práctico	pratique	عَمَلِيٌّ
operation, process	Operation, Prozess	operación, proceso	opération, processus	عَمَلِيَّةٌ
column	Säule, Pfeiler	columna	colonne	عَمودٌ أَعْمِدَةٌ
generally, in general	im allgemeinen	en general	généralement, en général	عُمومًا
dean	Oberhaupt, Dekan	decano	doyen	عَميدٌ عُمَداءُ
deep (adj.)	tief	profundo	profond	عَميقٌ عُمُقٌ
completely, entirely	völlig, gänzlich	hasta el último, por entero	jusqu'au bout, entièrement	عَنْ آخِرِهِ
by means of	über, durch	por vía / conducto / medio de	par la voie de	عَنْ طَرِيقِ ـ

closely, from a short distance	aus der Nähe	de cerca	de près	عَنْ قُرْبٍ
suspects	verdächtige Elemente	elementos sospechosos	éléments suspects	عَناصِرُ مَشْبوهَةٌ (ج)
care (n.)	Sorgsamkeit, Fürsorge	asistencia, cuidado	soin	عِنايَةٌ
health care	gesundheitliche Fürsorge	cuidado médico	soin médical	عِنايَةٌ صِحِّيَّةٌ
grapes	Trauben	uvas	raisin	عِنَبٌ أَعْنابٌ
Banaty grape (seedless grapes)	Banati-Trauben (ohne Kerne)	uvas banati (sin pepitas)	raisin banati (raisin sans pépins)	عِنَبٌ بَناتِيٌّ
at, by, with, in the opinion of	bei, um, als, nach der Meinung von	en, a, según	à, au, chez, au moment où, aux yeux de, de l'avis de	عِنْدَ ـ
when	wenn, als	cuando	lorsque	عِنْدَما
goat	Ziege	cabra	chèvre	عَنْزٌ أَعْنُزٌ عُنوزٌ
moral factor	moralischer Faktor	factor moral	facteur moral	عُنْصُرٌ أَخْلاقِيٌّ عَناصِرُ أَخْلاقِيَّةٌ
factor, element	Faktor, Element	factor	facteur, élément	عُنْصُرٌ عَناصِرُ
violence	Gewalt	violencia	violence	عُنْفٌ
neck	Hals	cuello	cou	عُنُقٌ أَعْناقٌ
symbol/ sign of	als Symbol/ zum Zeichen von	símbolo/ en señal de	symbole/ en signe de	عُنْوانٌ عَلى
title, address, headline	Titel, Adresse	título, dirección	titre, adresse	عُنْوانٌ عَناوينُ

mean (v.)	bedeuten, meinen	significar, querer decir	signifier, vouloir dire	عَنى يَعْنِي
agreement, pact	Pakt	pacto	pacte	عَهْدٌ عُهودٌ
tariff obstacles/ barriers	tarifliche Hindernisse	obstáculos arancelarios	obstacles de tarification	عَوائِقُ تَعْرِيفِيَّةٌ (ج)
doctor's office/ clinic/ surgery	Arztpraxis	consulta, consultorio,	cabinet de consultation	عِيادَةٌ
defect (n.)	Mangel, Defekt	defecto	défaut	عَيْبٌ عُيوبٌ
feast (n.), holiday	Fest, Festtag	fiesta	fête	عيدٌ أَعْيادٌ
birthday	Geburtstag	cumpleaños	anniversaire	عيدُ ميلادٍ أَعْيادُ ـ
life, living	Leben, Existenz	vida, existencia	vie, existence	عَيْشٌ
eye (n.)	Auge	ojo	oeil	عَيْنٌ أَعْيُنٌ، عُيونٌ
glinting/ shining eye	funkelndes Auge	ojo brillante, vivo	oeil pétillant	عَيْنٌ بَرّاقَةٌ أَعْيُنٌ\ عُيونٌ ـ
burning eye, fiery glare	flammendes Auge	mirada fulminante	regard enflamme	عَيْنٌ مُتَوَقِّدَةٌ أَعْيُنٌ\ عُيونٌ ـ
sample, example	Kostprobe, Stichprobe	muestra	échantillon	عَيِّنَةٌ

انجليزيّة	ألمانيّة	إسبانيّة	فرنسيّة	عربيّة
hollow (adj.)	tief	hundido	profond	غائِرٌ
forest	Wald	selva	forêt	غابَةٌ
leave (v.)	verlassen	dejar	quitter	غادَرَ
drowning, sinking	ertrunken, versunken	hundido, inundado	noyé, englouti	غارِقٌ
gas (n.)	Gas	gas	gaz	غازٌ
natural gas	Erdgas	gas natural	gaz naturel	غازٌ طَبيعِيٌّ
tear gas	Tränengas	gas lacrimógeno	gaz lacrymogène	غازٌ مُسيلٌ لِلدُّموعِ
angry	zornig	furioso, encolerizado	en colère	غاضِبٌ
winner, victorious person	Sieger	vencedor	vainqueur	غالِبٌ
mostly	meistens	generalmente	la plupart du temps	غالِبًا

become blurred	sich umwölken, sich bedecken	encapotarse, nublarse	se voiler, se couvrir	غامَ يَغيمُ
objective (n.), aim	Ziel, Zweck	meta, objetivo	but, objectif	غايَةٌ
dust (n.)	Staub	polvo	poussière	غُبارٌ
atomic fallout	Atomarstaub	polvo atómico	poussière atomique	غُبارٌ ذَرِّيٌّ
stupid	dumm	tonto, estúpido	sot, bête	غَبِيٌّ أَغْبِياءُ
tomorrow	morgen	mañana	demain	غَدًا
lunch (n.)	Mittagessen	almuerzo	déjeuner	غَداءٌ أَغْدِيَةٌ
betrayal, treachery	Untreue, Verrat	perfidia, traición	perfidie, traîtrise	غَدْرٌ
food	Nahrungsmittel	alimento	nourriture	غِذاءٌ أَغْذِيَةٌ
alimental, alimentary, food-	Nahrungs-	alimenticio	alimentaire	غِذائِيٌّ
strangeness, oddness	Seltsamkeit	extrañeza	étrangeté	غَرابَةٌ
west (n.)	Westen	oeste	ouest	غَرْبٌ
in the west of	im Westen von	en el oeste de	à l'ouest de	غَرْبَ ـ
the west	der Okzident	el occidente	l'occident	غَرْبٌ (الـ)
western, west	westlich	occidental	occidental	غَرْبِيٌّ
purpose, objective, goal, aim	Zweck, Ziel, Grund, Interesse	objetivo, meta, tema, motivo	objectif, but, sujet, dessein	غَرَضٌ أَغْراضٌ

educational purpose	Erziehungsziel	objetivo pedagógico	fin pédagogique	غَرَضٌ تَرْبَوِيٌّ أَغْراضٌ تَرْبَوِيّةٌ
cultural purpose	kultureller Zweck	objetivo cultural	objectif culturel	غَرَضٌ ثَقافِيٌّ أَغْراضٌ ثَقافِيَّةٌ
military purpose	militärischer Zweck	objetivo militar	objectif militaire	غَرَضٌ عَسْكَرِيٌّ أَغْراضٌ عَسْكَرِيَّةٌ
information office, inquiries	Auskunftsbüro	sala de informaciones	salle de renseignements	غُرْفَةُ الاسْتِعْلاماتِ ـ (ج) غُرَفُ ـ
sitting room	Wohnzimmer	cuarto de estar	salle de séjour	غُرْفَةُ الجُلوسِ غُرَفُ ـ
bathroom	Badezimmer	cuarto de baño	salle de bains	غُرْفَةُ الحَمّامِ غُرَفُ ـ
dining room	Esszimmer	comedor	salle à manger	غُرْفَةُ الطَّعامِ غُرَفُ ـ
bedroom	Schlafzimmer	dormitorio	chambre à coucher	غُرْفَةُ النَّوْمِ غُرَفُ ـ
chamber of commerce	Handelskammer	cámara de comercio	chambre de commerce	غُرْفَةٌ تِجارِيَّةٌ غُرَفُ ـ
room (n.)	Zimmer	cuarto	chambre	غُرْفَةٌ غُرَفٌ
peculiar, strange	merkwürdig, seltsam	extraño, raro	bizarre, étrange	غَريبٌ
drowned	ertrunken	ahogado	noyé	غَريقٌ غَرْقى
gazelle	Gazelle	gacela	gazelle	غَزالٌ غِزْلانٌ

abundant	reichlich	abundante	abondant	غَزيرٌ غِزارٌ
washing- machine	Waschmaschine	lavadora	machine à laver le linge	غَسَّالةُ مَلابِسَ (- ج)
washing	das Waschen	lavado	lavage	غَسْلٌ
washing up	das Geschirrspülen	acto de fregar los platos	action de faire la vaisselle	غَسْلُ الأَطْباقِ
wash (v.)	waschen	lavar, fregar	laver	غَسَلَ يَغْسِلُ
anger (n.)	Zorn	cólera, ira	colère	غَضَبٌ
God's wrath	Zorn Gottes	cólera de Dios	colère de Dieu	غَضَبُ اللّهِ
become angry	sich aufregen, sich empören	ponerse furioso	se mettre en colère	غَضِبَ يَغْضَبُ
snore (v.)	schnarchen	roncar	ronfler	غَطَّ في النَّوْمِ يَغِطُّ ـ
cover (v.)	bedecken	cubrir	couvrir	غَطّى
forgive	verzeihen	perdonar	pardonner à	غَفَرَ لِـ يَغْفِرُ لِـ
defeat, overcome, beat	besiegen	vencer	vaincre	غَلَبَ يَغْلِبُ
fault (n.), mistake	Fehler, Irrtum	falta, error	faute, erreur	غَلْطَةٌ
serious mistake	schwerer Irrtum	grave error	grave erreur	غَلْطَةٌ كُبْرى
cover (v.), overflow	überhäufen, überfluten	cubrir, sumergir	recouvrir, baigner	غَمَرَ يَغْمُرُ

song, singing	Gesang	canto	chant	غِناءٌ
sing	singen	cantar	chanter	غَنَّى
richness	Reichtum	riqueza	richesse	غِنًى
rich	reich	rico	riche	غَنِيٌّ أَغْنِياءُ
absence	Abwesenheit	ausencia	absence	غِيابٌ
change (v.)	ändern, verändern, wechseln	cambiar	changer	غَيَّرَ
non—, other than, and others	andere, anderer, anderes, außer	otro, otro que, diferente de, no, sin	autre, autre que	غَيْرُ ـ
the others	die anderen Personen	los demás, el prójimo	les autres, autrui	غَيْرُ (الـ)
illegal	illegal	ilegal	illégal	غَيْرُ قانونِيٍّ
unsuitable	ungünstig	desfavorable	défavorable	غَيْرُ مُلائِمٍ
not totally clear	nicht ganz klar	no está completamente claro	pas tout à fait clair	غَيْرُ واضِحٍ تَمامًا
clouds	Wolken	nubes	nuages	غُيومٌ (ج)

انجليزيّة	ألمانيّة	إسبانيّة	فرنسيّة	عربيّة
social categories	Bevölkerungs-schichten	categorías sociales/ poblacionales	catégories de la population/ sociales	فِئاتُ (ج) الشَّعْبِ
heart	Herz	corazón	cœur	فُؤادٌ أَفْئِدَةٌ
benefit (n.), interest	Nutzen, Zins	utilidad, interés	utilité, intérêt	فائِدَةٌ فَوائِدُ
excess, surplus	Überschuss	excedente	excédent	فائِضٌ فَوائِضُ
great respect	vorzügliche Hochachtung	gran estima/ consideración	haute estime/ considération	فائِقُ الاحْتِرامِ
category	Schicht, Kategorie	categoría	catégorie	فِئَةٌ فِئاتٌ
bill (n.)	Rechnung	cuenta	facture, addition	فاتورَةُ الْحِسابِ
bill (n.)	Rechnung	factura	facture	فاتورَةٌ فَواتيرُ
surprise (v.)	überraschen	sorprender	surprendre	فاجَأَ
spread (v.), diffuse (smell)	ausströmen (Geruch)	desprenderse (olor), oler a	dégager une odeur	فاحَ يَفوحُ

Persian	persisch	persa	perse	فارِسِيٌّ
empty (adj.)	leer	vacío	vide	فارِغٌ
difference	Unterschied	diferencia	différence	فارِقٌ فَوارِقُ
win the championship	die Meisterschaft gewinnen	ganar el compeonato	remporter le championnat	فازَ بِالبُطولَةِ يَفوزُ ـ
win (v.)	gewinnen	ganar	gagner	فازَ يفوزُ
rotten, spoiled	verdorben	podrido	pourri	فاسِدٌ
bean	Bohnen	judía, alubia	haricot	فاصوليا
green beans	grüne Bohnen	habichuelas verdes	haricots verts	فاصوليا خَضْراءُ
honourable	ehrenvoll, untadelig	honorable, virtuoso	honorable, vertueux	فاضِلٌ فُضَلاءُ
surpass, exceed	übertreffen, übersteigen	superar	dépasser	فاقَ يَفوقُ
fruit (n.)	Obst	fruta	fruit	فاكِهَةٌ فَواكِهُ
greengrocer	Obsthändler	frutero	marchand de fruits	فاكِهِيٌّ
vanilla	Vanille	vainilla	vanille	فانيليا
February	Februar, Feber	febrero	février	فَبْرايَر
girl	Mädchen	joven (f.)	jeune fille	فَتاةٌ
university student (f.)	Hochschulmädchen, Studentin	joven universitaria	(jeune fille) universitaire	فَتاةٌ جامِعِيَّةٌ

start writing down/ draw up a report	ein Protokoll aufnehmen	abrir un expediente	entamer/ ouvrir un procès-verbal	فَتَحَ مَحْضَرًا يَفْتَحُ ـ
open (v.)	öffnen, eröffnen	abrir	ouvrir	فَتَحَ يَفْتَحُ
period, a short time, some time	Periode, Zeitabschnitt	período, lapso de tiempo	période, laps de temps	فَتْرَةٌ
evening	Abend	por la noche	soirée	فَتْرَةٌ مَسائِيَّةٌ
search, look for	suchen, durchsuchen	buscar	chercher	فَتَّشَ
devastation, ravage	Verwüstung	devastación	ravage	فَتْكٌ
young man, youth	junger Mann	joven (m.)	jeune homme	فَتًى فِتْيانٌ فِتْيَةٌ
suddenly	plötzlich	de repente	brusquement	فَجْأَةً
dawn, Fajr (morning prayer)	Tagesanbruch, Faschr (Morgengebet)	alba, fajr (oración del alba)	aube, Fajr (prière de l'aube)	فَجْرٌ
(medical) examination, checkup	Untersuchung	auscultación	auscultation	فَحْصٌ فُحوصٌ
examine, check up	untersuchen	examinar	examiner	فَحَصَ يَفْحَصُ
coal (n.)	Kohle	carbón	charbon	فَحْمٌ فِحامٌ، فُحومٌ
snake hiss	das Zischen	silbido de la víbora	sifflement de la vipère	فَحيحُ الأَفْعى
thigh	Oberschenkel	muslo	cuisse	فَخِذٌ أَفْخاذٌ
feddan	Feddan	fanega	feddan	فَدّانٌ فَدادينُ أَفْدِنَةٌ

run away, escape	fliehen, flüchten	escaparse, huir	s'échapper, s'enfuir	فَرَّيَفِرُّ
bed (n.)	Bett	cama	lit	فِراشٌ فُرُشٌ أَفْرِشَةٌ
vacuum, emptiness, blank	Leere, Lücke	vacío, blanco	vide, blanc	فَراغٌ
joy, wedding ceremony, feast	Freude, Festlichkeit	alegría, fiesta	joie, cérémonie de mariage, fête	فَرَحٌ أَفْراحٌ
to be happy/ pleased	froh sein	alegrarse, regocijarse	être joyeux	فَرِحَ يَفْرَحُ
joyful, happy	froh	alegre	joyeux	فَرْحانُ فَرْحى، فَراحى
individual, person	Individuum	individuo	individu	فَرْدٌ أَفْرادٌ
individual (adj.)	individuell	individual	individuel	فَرْدِيٌّ
horse, mare,	Pferd, Stute	caballo, yegua	cheval, jument	فَرَسٌ أَفْراسٌ
nice to meet you !	sehr erfreut!	¡ encantado de conocerle !	enchanté ! très heureux !	فُرْصَةٌ طَيِّبَةٌ !
opportunity, chance	Gelegenheit	oportunidad	occasion	فُرْصَةٌ فُرَصٌ
imposing an idea/ opinion	seine Meinung durchsetzen	el hecho de imponer su opinión	le fait d'imposer son opinion	فَرْضُ الرَّأْيِ
impose	vorschreiben	imponer	imposer	فَرَضَ يَفْرِضُ
branch (n.), discipline	Ast, Zweig, Teilgebiet	rama, ramo, disciplina	branche, rameau, discipline	فَرْعٌ فُروعٌ
pharonic	pharaonisch	faraónico	pharaonique	فِرْعَوْنِيٌّ

separate (v.)	trennen	separar	séparer	فَرَّقَ
difference	Unterschied	diferencia	différence	فَرْقٌ فُروقٌ
disunion, separation	Teilung, Trennung	división, separación	division, séparation	فُرْقَةٌ
team	Mannschaft	equipo	équipe	فِرْقَةٌ فِرَقٌ
rub (v.)	reiben, zerreiben	frotar	frotter	فَرَكَ يَفْرُكُ
stove, oven	Ofen	horno	four	فُرْنٌ أَفْرانٌ
gas oven	Gasofen	horno de gas	four à gaz	فُرْنُ بوتاجاز أَفْرانُ ـ
French (adj.)	französisch	francés	français (adj.)	فِرَنْسِيٌّ
French (n.)	Französisch	el francés	le français	فَرَنْسِيَّةٌ (الـ ـ)
franc	Franc	franco (moneda)	franc (n.)	فَرَنْكٌ
horsemanship, horse riding	Reitsport	equitación	équitation	فُروسِيَّةٌ
unique	einzigartig	único	unique	فَريدٌ
team	Mannschaft	equipo	équipe	فَريقٌ أَفْرِقَةٌ
pistachio	Pistazie	pistacho de alepo	pistache	فُسْتُقٌ حَلَبِيٌّ
fail (n.)	das Scheitern	fracaso	échec	فَشَلٌ

fail (v.)	scheitern	fracasar	échouer	فَشِلَ يَفْشَلُ
Classical Arabic	Hocharabisch	el árabe clásico	l'arabe littéral/ classique	فُصْحى (الـ)
separating, separation, settling	Trennung, Entscheidung	separación, acto de cortar en seco	séparation, action de trancher	فَصْلٌ
class (n.)	Klasse	clase	classe	فَصْلٌ دِراسِيٌّ فُصولٌ دِراسِيَّةٌ
season, class, classroom, act	Jahreszeit, Schulklasse, Klassenzimmer, Akt	estación, clase, aula, acto	saison, classe d'école, salle de classe, acte	فَصْلٌ فُصولٌ
separate (v.)	trennen	separar	séparer	فَصَلَ يَفْصِلُ
quarterly, seasonal	jahreszeitlich	estacional	saisonnier	فَصْلِيٌّ
space (n.)	Raum, Weltraum	espacio	espace	فَضاءٌ
space —	räumlich, Weltraum-	espacial	spatial	فَضائِيٌّ
silver (n.)	Silber	plata	argent	فِضَّةٌ
prefer	bevorzugen	preferir	préférer	فَضَّلَ
merit (n.)	das Verdient	mérito	mérite	فَضْلٌ فُضولٌ
to be better than	überlegen sein	ser mejor que, sobrepasar/ aventajar en mérito	être meilleur (que)	فَضَلَ يَفْضُلُ
silver (adj.)	silbern	de plata	en argent	فِضِّيٌّ
breakfast (n.)	Frühstück	desayuno	petit déjeuner	فَطورٌ

effective	wirksam	eficaz	efficace	فَعّالٌ
activity	Aktivität	actividad	activité	فَعّالِيَّةٌ
verb	Verb	verbo	verbe	فِعْلٌ أَفْعالٌ
do (v.), make	tun, machen	hacer	faire	فَعَلَ يَفْعَلُ
indeed, in effect	tatsächlich	efectivamente, en efecto	en effet	فِعْلاً
lose	verlieren	perder	perdre	فَقَدَ يَفْقِدُ
loss	Verlust	pérdida	perte	فِقْدانٌ
mistrust (n.), distrust	Vertrauensbruch	desconfianza, recelo	perte de confiance	فِقْدانُ الثِّقَةِ
poverty	Armut	pobreza	pauvreté	فَقْرٌ
paragraph	Absatz	párrafo	paragraphe	فِقْرَةٌ فِقَرٌ، فِقْراتٌ
only	nur	sólo, únicamente	seulement, pas plus	فَقَطْ
poor	arm	pobre	pauvre	فَقيرٌ فُقَراءُ
jurisprudent (theologian), expert in fiqh	Rechtsgelehrter, Fikh-Fachmann	jurisconsulto, alfaquí	jurisconsulte (théologien), spécialiste du fiqh	فَقيهٌ فُقَهاءُ
jaw (n.)	Kiefer	mandíbula	mâchoire	فَكٌّ فُكوكٌ
humour (n.), joke	Humor, Witz	humor, broma	humour, plaisanterie	فُكاهَةٌ
today's joke	Witz des Tages	chiste del día	plaisanterie du jour	فُكاهَةُ اليَوْمِ

think (v.)	denken, überlegen	pensar, reflexionar	penser, réfléchir	فَكَّرَ
Islamic thought	islamische Anschauung	pensamiento islámico	pensée islamique	فِكْرٌ إِسْلامِيٌّ
thought	das Denken, Gedanke	pensamiento	pensée	فِكْرٌ أَفْكارٌ
main idea	Hauptidee	idea principal	idée principale	فِكْرَةٌ رَئِيسِيَّةٌ فِكَرٌ ـ
general idea	allgemeine Idee	idea general	idée générale	فِكْرَةٌ عامَّةٌ فِكَرٌ ـ
idea	Idee	idea	idée	فِكْرَةٌ فِكَرٌ
intellectual	geistig	intelectual	intellectuel	فِكْرِيٌّ
farmer, peasant	Bauer	labrador, campesino	cultivateur, paysan	فَلّاحٌ
philosophy	Philosophie	filosofía	philosophie	فَلْسَفَةٌ
green pepper	Gemüsepaprika	pimiento verde	piment vert	فُلْفُلٌ أَخْضَرُ
pepper	schwarzer Pfeffer	pimienta	poivre	فُلْفُلٌ أَسْوَدُ
astronomy	Astronomie	astronomía	astronomie	فَلَكٌ
orbit (n.)	Umlaufbahn	órbita	orbite	فَلَكٌ أَفْلاكٌ
astronomer	Astronom	astrónomo	astronome	فَلَكِيٌّ
mouth (n.)	Mund	boca	bouche	فَمٌ أَفْمامٌ
architecture	Architektur	arquitectura	architecture	فَنُّ العِمارَةِ

art, profession	Kunst, Beruf	arte, oficio	art, métier	فَنٌّ فُنونٌ
artist	Künstler	artista	artiste	فَنّانٌ
cup of tea	Tasse Tee	taza de té	tasse de thé	فِنْجالُ شايٍ فَناجيلُ ـ
cup, coffe cup	Tasse	taza	tasse	فِنْجالٌ فَناجيلُ
cup, coffe cup	Tasse	taza	tasse	فِنْجانٌ فَناجينُ
hotel	Hotel	hotel	hôtel	فُنْدُقٌ فَنادِقٌ
fine arts	bildende Künste	bellas artes	beaux-arts	فُنونٌ جَميلَةٌ (ج)
artistic, technical	künstlerisch, technisch	artístico, técnico	artistique, technique	فَنّيٌّ
comprehension, understanding	das Verstehen, Verständnis	comprensión	compréhension	فَهْمٌ أَفْهامٌ، فُهومٌ
comprehend, understand	verstehen	comprender	comprendre	فَهِمَ يَفْهَمُ
victory	Sieg	victoria	victoire	فَوْزٌ
phosphate	Phosphat	fosfato	phosphate	فوسفاتٌ
napkin	Handtuch, Serviette	toalla	serviette	فُوطَةٌ فُوَطٌ
on, upon, over, above	auf, über	sobre (adv.), encima de	sur, dessus	فَوْقَ
broad bean	Bohne	haba	fève	فولٌ

soya bean	Sojabohne	soja	soja	فولُ الصّويا
mouth (n.)	Mund	boca	bouche	فوهٌ أَفْواهٌ
in	in, bei	en	dans	في
at its/ ones best	in sehr gutem Zustand	en la mejor situación	en très bon état	في أَحْسَنِ حالٍ
within the framework, within	im Rahmen von	en el marco de	dans le cadre de	في إِطارِ ـ
immediately after	infolge, im Anschluss an	tras, a continuación de	à la suite de	في أَعْقابِ ـ
outside	auβen	en el exterior	à l'extérieur	في الخارِجِ
inside	innen	en el interior	à l'intérieur	في الدّاخِلِ
usually	gewöhnlich, im allgemeinen	de ordinario, habitualmente	d'habitude, généralement	في العادَةِ
in the near past, recently	in jüngster Vergangenheit	recientemente	récemment	في الماضي القَريبِ
on time	termingerecht	ser puntual, no faltar a la cita	à l'heure prévue	في المَوْعِدِ
in the end, finally	am Ende	al fin y al cabo	en fin de compte	في النّهايَةِ
in reality, indeed	in der Tat, eigentlich	en realidad	en réalité, en fait	في الواقِعِ
at present, now	gegenwärtig, heutzutage	actualmente, en la actualidad	actuellement, à l'heure actuelle	في الوَقْتِ الحاضِرِ
at present, now	gegenwärtig, im Moment	actualmente, en la actualidad	actuellement, à l'heure actuelle	في الوَقْتِ الحالي
at first	von vornherein	al primer momento, a primera vista	de prime abord	في الوَهْلَةِ الأولى

throughout the world, all over the world	in der ganzen Welt, überall in der Welt	en el mundo entero, por doquier en el mundo	à travers le monde, partout dans le monde	في أَنْحاءِ العالَمِ
at the climax of	am Höhepunkt	estar en todo su apogeo	à l'apogée de	في أَوْجِ –
occasionally, in some cases	in einigen Fällen	en ciertos casos	dans certains cas	في بَعْضِ الحالاتِ
in itself, as such	an sich	en sí mismo	en soi-même	في حَدِّ ذاتِهِ
around, almost	etwa	dentro de los limites de	aux environs de	في حُدودِ –
in reality, actually	in Wirklichkeit, eigentlich	en realidad, a decir verdad	en réalité, à vrai dire	في حَقيقَةِ الأَمْرِ
while, whereas	während	mientras que	tandis que, pendant que	في حينِ –
simultaneously, at the same time	gleichzeitig	al mismo tiempo	en même temps	في ذاتِ الوَقْتِ
at that time	zu jener Zeit, damals	en aquel entonces	à ce moment-là, à cette époque, alors	في ذَلِكَ الوَقْتِ
within, in a (given) period of	binnen	dentro de, en el curso de	en l'espace de	في ظَرْفِ –
nowadays	in der heutigen Welt, gegenwärtig	en el mundo actual, hoy en día	dans le monde d'aujourd'hui, de nos jours	في عالَمِ اليَوْمِ
within (the framework of)	im Rahmen von	en el marco de	dans le cadre de	في نِطاقِ –
in my opinion	nach meiner Meinung	a mi parecer	à mon avis	في نَظَري
nowadays, these days	heutzutage	hoy en día	de nos jours	في يَوْمِنا هَذا
flood (n.)	Überschwemmung	inundación	inondation	فَيَضانٌ

elephant	Elefant	elefante	éléphant	فيلٌ أَفْيالٌ فِيَلَةٌ
detached house, villa	Villa	villa, chalet	villa	فيلا فِلَلٌ
philosopher	Philosoph	filósofo	philosophe	فَيْلَسوفٌ فَلاسِفَةٌ

انجليزيّة	ألمانيّة	إسبانيّة	فرنسيّة	عربيّة
chief, leader	Führer, Befehlshaber	jefe, caíd	chef, leader	قائِدٌ قادَةٌ، قُوّادٌ
existing	bestehend, in Kraft sein	existente, vigente	établi, en vigueur	قائِمٌ
based/ founded on	beruhend auf	basado en / sobre	basé/ fondé sur	قائِمٌ عَلى
price list	Preisliste	lista de precios	liste des prix	قائِمَةُ أَسْعارٍ (. ج) قَوائِمُ -
furniture list	Möbelliste	lista de los muebles	liste des meubles	قائِمَةُ الأَثاثِ (. ج) قَوائِمُ -
menu	Speisekarte	carta, menú	menu (n.)	قائِمَةُ طَعامٍ قَوائِمُ -
list (n.)	Liste	lista	liste	قائِمَةٌ قَوائِمُ
meet, encounter	treffen, begegnen	encontrar	rencontrer	قابَلَ
can be, liable to	fähig, imstande	sujeto a, susceptible de	qui se prête à, susceptible de	قابِلٌ لِـ -

fight (v.)	bekämpfen	combatir	combattre	قاتَلَ
drive (v.), lead	führen	conducir	conduire	قاد يَقودُ
capable of, able to	fähig zu	capaz de	capable de	قادِرٌ عَلى
coming, next, arrival	kommend, nächst-, Passagier	próximo, siguiente, pasajero	prochain, suivant, arrivant	قادِمٌ
coming from	aus… kommend, von … her	viniendo/ procedente de	venant/ en provenance de	قادِمٌ مِنْ
reader	Leser	lector	lecteur	قارِئٌ قُرّاءٌ
continent	Kontinent	continente	continent	قارَّةٌ
sour (adj.)	sauer	agrio	aigre	قارِصٌ
compare	vergleichen	comparar	comparer	قارَنَ
measure, take the measurements	messen	medir	mesurer	قاسَ يَقيسُ
common denominator	gemeinsamer Nenner	denominador común	dénominateur commun	قاسِمٌ مُشْتَرَكٌ قَواسِمُ مُشْتَرَكَةٌ
judge, magistrate	Richter	juez	juge	قاضٍ القاضي، قُضاةٌ
interrupt	unterbrechen	interrumpir	interrompre	قاطَعَ
room, hall	Saal	sala	salle	قاعَةٌ
rule (n.), base	Regel, Basis	regla, base	règle, base	قاعِدَةٌ قَواعِدُ

grammatical rule	Grammatikregel	regla de gramática	règle de grammaire	قاعِدَةٌ لُغَوِيَّةٌ قَواعِدُ ـ
seasonal caravan	jahreszeitliche Karawane	caravana estacional	caravane saisonnière	قافِلَةٌ فَصْلِيَّةٌ قَوافِلُ ـ
caravan	Karawane	caravana	caravane	قافِلَةٌ قَوافِلُ
say to himself	sich sagen	decirse	se dire	قالَ في نَفْسِهِ يَقولُ ـ
say (v.)	sagen	decir	dire	قالَ يَقولُ
carry out, perform, do	unternehmen, durchführen	cumplir, llevar a cabo	entreprendre, accomplir	قامَ بِـ يَقومُ بِـ
to be based on	beruhen auf	basarse en	se baser sur	قامَ عَلى يَقومُ عَلى
stand (up), rise, happen	aufstehen, geschehen	levantarse, tener lugar	se lever, avoir lieu	قامَ يَقومُ
size (n.), figure	Größe, Taille	talla, estatura	taille	قامَةٌ
take off (aeroplane)	abfliegen	despegar (avión)	décoller	قامَتِ الطّائِرَةُ تَقومُ ـ
basic dictionary	Hauptlexikon	diccionario básico	dictionnaire fondamental	قاموسٌ أَساسِيٌّ قَواميسُ أَساسِيَّةٌ
pocket dictionary	Taschenwörterbuch	diccionario de bolsillo	dictionnaire de poche	قاموسُ جَيْبٍ قَواميسُ ـ
dictionary	Wörterbuch	diccionario	dictionnaire	قاموسٌ قَواميسُ

intermediate dictionary	mittelgroβes Lexikon	diccionario medio	dictionnaire moyen	قاموسٌ وَسيطٌ قَواميسُ وَسيطَةٌ
law	Recht	derecho	droit	قانونٌ
law	Gesetz	ley	loi	قانونٌ قَوانينُ
legal	legal	legal	légal	قانونِيٌّ
dome, cupola	Kuppel	cúpula	coupole	قُبَّةٌ قِبابٌ، قُبَبٌ
grip, fist	Griff, Handgriff, Faust	presa, apretón, puño	prise, étreinte, poing	قَبْضَةٌ
hat	Hut	sombrero	chapeau	قُبَّعَةٌ
before	vorher	antes	avant	قَبْلُ
admission, acceptance	Annahme, Aufnahme	admisión, acogida	admission, accueil	قَبولٌ
tribe	Volksstamm	tribu	tribu	قَبيلَةٌ قَبائِلُ
fight (n.)	Kampf	combate	combat	قِتالٌ
murder (n.)	Tötung, Mord	homicidio, asesinato	meurtre	قَتْلٌ
sacredness, holiness	Heiligkeit	santidad, carácter sagrado	caractère sacré	قَداسَةٌ
in front of	vor, gegenüber	delante de, ante	devant, en face de	قُدّامَ ـ
estimate, appreciate	schätzen, bewerten	estimar, considerar, tener en mucho	estimer, prendre en considération	قَدَّرَ

amount of	in dem Maβe, wie	tanto como	de l'ordre de	قَدْرَ ـ
amount (n.)	Maβ, Menge	cantidad	quantité	قَدْرٌ أقْدارٌ
cooking pot	Kochtopf	marmita, puchero	marmite	قِدْرٌ قُدورٌ
to be able to	können	poder	pouvoir	قَدَرَ يَقْدِرُ
power, capacity	Fähigkeit, Leistung	capacidad, poder	capacité	قُدْرَةٌ
purchasing power	Kaufkraft	poder adquisitivo	pouvoir d'achat	قُدْرَةٌ شِرائِيَّةٌ
give, present , provide	überreichen, vorstellen, bringen	dar, presentar, prestar	donner, présenter, apporter	قَدَّمَ
antiquity, old/ ancient times	alte Zeit	antigüedad	antiquité	قِدَمٌ
foot	Fuβ	pie	pied	قَدَمٌ أَقْدامٌ
provide/ offer a service	einen Dienst erweisen	prestar un servicio	prêter un service	قَدَّمَ خِدْمَةً
flat foot	Plattfuβ	pie plano	pied plat et large	قَدَمٌ مُفَرْطَحَةٌ أَقْدامٌ ـ
old, ancient	alt, ehemalig	antiguo, viejo	vieux, ancien	قَديمٌ قُدَماءُ، قُدامى
read	lesen	leer	lire	قَرَأَ يَقْرَأُ
reading	das Lesen, Lektüre	lectura	lecture	قِراءَةٌ
decision, decree	Entscheidung, Beschluss, Erlass	decisión, decreto	décision, arrêté	قَرارٌ

official decree	offizieller Erlass	decreto oficial	arrêté officiel	قَرارٌ رَسْمِيٌّ
Koran	der Koran	Corán, Alcorán	coran	قُرْآنٌ
the Holy Koran	heiliger Koran	santo alcorán	coran, saint coran	قُرْآنٌ كَرِيمٌ
waterskin	lederner Wasserschlauch	odre	outre (n.)	قِرْبَةٌ قِرَبٌ
monkey	Affe	mono	singe	قِرْدٌ قُرودٌ، قِرَدَةٌ
decide	beschlieβen	decidir	décider	قَرَّرَ
piaster	Piaster	piastra	piastre	قِرْشٌ قُروشٌ
disc, tablet	Scheibe, Tablette	disco, píldora	disque, comprimé	قُرْصٌ أَقْراصٌ
scarlet	scharlachrot	carmesí, escarlata	écarlate	قِرْمِزِيٌّ
century	Jahrhundert	siglo	siècle	قَرْنٌ قُرونٌ
near (adj.), close	nah	cercano, próximo	proche (adj.)	قَرِيبٌ
relative (n.)	Verwandter	pariente	proche (n.)	قَرِيبٌ أَقْرِباءُ
village	Dorf	pueblo	village	قَرْيَةٌ قُرًى
part, class, department, section, ward	Teil, Klasse, Abteilung, Sektion, Stelle	parte, clase, departamento, sección, servicio	partie, classe, département, section, service	قِسْمٌ أَقْسامٌ
police station	Polizeirevier	estación de policía, comisaría	commissariat de police	قِسْمُ البوليسِ أَقْسامُ ـ

maternity/ obstetrics ward	Entbindungsstation	servicio de maternidad	service de maternité	قِسْمُ التَّوليدِ أَقْسامُ ـ
police station	Polizeirevier	puesto de policía	commissariat de police	قِسْمُ الشُّرْطَةِ أَقْسامُ ـ
face features	Gesichtszüge	facciones	traits du visage	قَسَماتُ (ج) الوَجْهِ
cruelty	Grausamkeit	crueldad	cruauté	قَسْوَةٌ
straw	Strohhalm	paja	brin	قَشَّةٌ قَشٌ، قَشّاتٌ
reed, stem, perch	Schilf, Rohr, Stange	caña, tallo, percha	roseau, tige, perchoir	قَصَبَةٌ قَصَبٌ، قَصَباتٌ
historical novel	historische Geschichte	novela histórica	roman historique	قِصَّةٌ تاريخِيَّةٌ قِصَصٌ ـ
story, tale	Erzählung, Geschichte	historia, cuento, relato	histoire, conte, récit, nouvelle	قِصَّةٌ قِصَصٌ
short story	Novelle	relato	nouvelle (n.)	قِصَّةٌ قَصيرَةٌ قِصَصٌ ـ
mean (v.)	meinen	querer decir	signifier, vouloir dire	قَصَدَ يَقْصِدُ
palace	Palast	palacio, alcázar	palais	قَصْرٌ قُصورٌ
become shorter	kurz werden	acortarse	raccourcir (intr.), devenir court	قَصُرَ يَقْصُرُ
fictional	erzählerisch, episch	novelesco	romanesque	قَصَصِيٌّ
poem	Gedicht	poema, casida	poème	قَصيدَةٌ قَصائِدُ
short (adj.)	kurz	corto, bajo	court	قَصيرٌ قِصارٌ

accomplishing, justice, the judiciary	Erledigung, Rechtsprechung, Magistratur	cumplimiento, justicia, magistratura	accomplissement, justice, magistrature	قَضاءٌ
attending to a task	Erledigung der Angelegenheiten	cumplimiento de las tareas/el hecho de ir a sus asuntos	le fait de régler ses affaires	قَضاءُ المَصالِحِ (- ج)
common/ shared issues	gemeinsame Fragen	problemas comunes	problèmes communs	قَضايا مُشْتَرَكَةٌ (ج)
require, demand	vorschreiben, verlangen	prescribir, exigir que	prescrire, exiger que	قَضى بِـ\ يَقْضي بـ
judge, pronounce a judgement	urteilen, ein Urteil fällen	fallar	juger, rendre un jugement sur	قَضى في\ يَقْضي في
spend (time)	(Zeit) verbringen	pasar (un rato)	passer (un certain temps)	قَضى يَقْضي
social issue	soziales Problem	problema social	problème social	قَضِيَّةٌ اجْتِماعِيَّةٌ قَضايا ــ
fundamental issue/ question	wesentliche Frage	problema fundamental	problème essentiel	قَضِيَّةٌ جَوْهَرِيَّةٌ قَضايا ــ
labour issue	gewerkschaftliche Frage	problema sindical	problème syndical	قَضِيَّةٌ عُمّالِيَّةٌ قَضايا ــ
the Palestinian issue/ question	Palästina-Frage	problema palestino	problème palestinien	قَضِيَّةُ فِلِسْطينَ
problem, legal affair, matter, case, cause, issue, question	Problem, Angelegenheit, Verfahren, Sache	problema, asunto, pleito, causa	problème, affaire, procès, cause	قَضِيَّةٌ قَضايا
central issue	zentrales Problem	problema esencial/ central	problème essentiel/ central	قَضِيَّةٌ مَرْكَزِيَّةٌ قَضايا ــ
cat	Kater	gato	chat	قِطٌّ قِطاطٌ، قِطَطَةٌ

train (n.)	Zug	tren	train	قِطارٌ قُطُرٌ، قِطاراتٌ
sector, category	Sektor, Kategorie	sector, categoría	secteur, catégorie	قِطاعٌ
cat (f.)	Katze	gata	chatte	قِطّة (مؤ)
country	Land	país	pays	قُطْرٌ أَقْطارٌ
cut up	zerschneiden	recortar	découper	قَطَّعَ
cover a distance	eine Wegstrecke zurücklegen	recorrer una distancia	parcourir une distance	قَطَعَ مَسافَةً يَقْطَعُ ـ
spend some time	verbringen (Zeit)	pasar un rato	passer un moment	قَطَعَ وَقْتًا يَقْطَعُ ـ
cut (v.)	schneiden	cortar	couper	قَطَعَ يَقْطَعُ
piece, extract, passage	Stück, Teil, Auszug, Abschnitt	trozo, pieza, fragmento	morceau, pièce, extrait, passage	قِطْعَةٌ قِطَعٌ
cotton	Baumwolle	algodón	coton	قُطْنٌ
cage (n.)	Käfig	jaula	cage	قَفَصٌ أَقْفاصٌ
closing, shutting	das Schlieβen	acto de cerrar	action de fermer	قَفْلٌ
decrease (v.)	abnehmen	disminuir, escasear	diminuer	قَلَّ يَقِلُّ
turn over and over	wälzen	revolver	retourner	قَلَّبَ
heart	Herz	corazón	cœur	قَلْبٌ قُلوبٌ
turn over	umdrehen	volcar	retourner	قَلَبَ يَقْلِبُ

lack, small number/ quantity, shortage	Seltenheit, geringe Zahl, geringe Menge, Mangel	poquedad, rareza, escasez	rareté, petit nombre, petite quantité, manque	قِلَّةٌ
imitate, copy	nachahmen	imitar	imiter	قَلَّدَ
citadel, fortress	Festung	fortaleza, alcalá	forteresse	قَلْعَةٌ قِلاعٌ، قُلوعٌ
reduce	verringern, vermindern	disminuir, reducir	diminuer	قَلَّلَ
cut/clip one's nails	die Fingernägel schneiden	cortarse las uñas	se couper les ongles	قَلَّمَ أَظافِرَهُ
pencil, calligraphic style	Schreibstift, kalligraphischer Stil	lápiz, estilo caligráfico	crayon, style calligraphique	قَلَمٌ أَقْلامٌ
fry (v.)	braten	freír	frire	قَلى يَقْلي
little, few	wenig, gering, selten	poco numeroso, escaso	peu, peu nombreux, rare	قَليلٌ قَلائِلُ، أَقِلاّءُ
a little/ few of	wenig, ein wenig	algo/ un poco de	peu/ un peu de	قَليلٌ مِنْ
cloth, material	Stoff	tejido	tissu, étoffe	قُماشٌ أَقْمِشَةٌ
rubbish, garbage, trash	Müll, Abfall	basuras, basuras domésticas	ordures, ordures ménagères	قُمامَةٌ قُمامٌ، قُماماتٌ
peak/ summit of the mountain	Berggipfel	cima de la montaña	sommet de la montagne	قِمَّةُ الجَبَلِ قِمَمٌ ـ
Arab - African summit	arabisch-afrikanische Gipfelkonferenz	cumbre arabo-africana	sommet Arabo-Africain	قِمَّةٌ عَرَبِيَّةٌ إِفْرِيقِيَّةٌ قِمَمٌ ـ
summit, peak, top	Gipfel	cima, cumbre	sommet	قِمَّةٌ قِمَمٌ
wheat	Weizen	trigo	blé	قَمْحٌ

communication satellite	Kommunikations-satellit	satélite de comunicaciones	satellite de communication	قَمَرُ اتِّصالاتٍ
moon	Mond	luna	lune	قَمَرٌ أَقْمارٌ
satellite	Satellit	satélite	satellite	قَمَرٌ صِناعِيٌّ أَقْمارٌ –
international satellite	Weltsatellit	satélite mundial	satellite mondial	قَمَرٌ عالمِيٌّ أَقْمارٌ –
civil satellite	Zivilsatellit	satélite civil	satellite civil	قَمَرٌ مَدَنِيٌّ أَقْمارٌ –
shirt	Hemd	camisa	chemise	قَميصٌ أَقْمِصَةٌ، قُمْصانٌ
canal	Kanal	canal	canal	قَناةٌ
television channel	Fernsehkanal	canal/cadena de televisión	canal/ chaîne de télévision	قَناةٌ تِليفِزْيونِيَّةٌ
atomic bomb	Atombombe	bomba atómica	bombe atomique	قُنْبُلَةٌ ذَرِّيَّةٌ قَنابِلُ –
bomb (n.)	Bombe	bomba	bombe	قُنْبُلَةٌ قَنابِلُ
time bomb	Zeitbombe	bomba minutada	bombe à retardement	قُنْبُلَةٌ مَوْقوتَةٌ قَنابِلُ –
lantern, lamp	Öllampe, Lampe	lámpara	lampe à huile, lampe	قِنْديلٌ قَناديلُ
coffee	Kaffee	café	café	قَهْوَةٌ
Turkish coffee	türkischer Kaffee	café turco	café turc	قَهْوَةٌ تُرْكِيَّةٌ
security forces	Sicherheitskräfte	fuerzas de seguridad	forces de l'ordre	قُوّاتُ (ج) الأَمْنِ

naval forces	Seestreitkräfte	la marina de guerra	forces navales	قُوّاتٌ بَحْرِيَّةٌ (ج)
land forces	Landstreitkräfte	ejército de tierra	armée de terre	قُوّاتٌ بَرِّيَّةٌ (ج)
air forces	Luftstreitkräfte	ejército del aire	armée de l'air	قُوّاتٌ جَوِّيَّةٌ (ج)
armed forces	Streitkräfte	fuerzas armadas	forces armées	قُوّاتٌ مُسَلَّحَةٌ (ج)
grammar rules, grammar	Grammatikregeln, Grammatik	reglas gramaticales, gramática	règles de grammaire, grammaire	قَواعِدُ (ج) اللُّغَةِ
strength, force	Kraft, Stärke	fuerza	force	قُوَّةٌ قُوًى، قُوّاتٌ
Sagittarius	Schütze	sagitario	sagittaire	قَوْسٌ (بُرْجُ الـ)
bow (n.), arc	Bogen	arco	arc	قَوْسٌ أَقْواسٌ، قِسِيٌّ
expression, saying, words	Äußerung, Worte, Aussage	máxima, sentencia, dicho	expression, parole, le dire	قَوْلٌ أَقْوالٌ
the Prophet's tradition/ saying	Wort des Propheten	dicho del profeta	parole du prophète	قَوْلُ النَّبِيِّ أَقْوالُ ـ
famous saying	berühmter Spruch	dicho famoso	dicton, expression célèbre	قَوْلٌ مَشْهورٌ أَقْوالٌ مَشْهورَةٌ
national, nationalistic	national, nationalistisch	nacional	national	قَوْمِيٌّ
strengthen	stärken, verstärken	reforzar	renforcer	قَوّى
strong, powerful	stark, kräftig	fuerte, potente	fort, puissant	قَوِيٌّ أَقْوِياءُ
vomit (n.)	das Erbrechen	vómito	vomissement	قَيْءٌ

outbreak, establishment, foundation	Entstehung, Durchführung, Gründung	comienzo, estallido, fundación	déclenchement, mise en place, fondation	قِيامٌ
carrying out	Durchführung	el hecho de emprender/ llevar a cabo	le fait d'entreprendre/ d'exécuter	قِيامٌ بِـ
important, interesting, valuable	wichtig, interessant, gültig	relevante, interesante, valioso	important, intéressant, valable	قَيِّمٌ
moral values/ principles	moralische Werte	valores morales	valeurs morales	قِيَمٌ أَخْلاقِيَّةٌ (ج)
rent (n.)	Miete	alquiler	loyer	قيمَةُ الإيجارِ
established value	Festwert	valor seguro/ constante	valeur sûre/ constante	قيمَةٌ ثابِتَةٌ قِيَمٌ ـ
value, importance, significance	Wert, Bedeutung	valor, importancia	valeur, importance	قيمَةٌ قِيَمٌ

انجليزيّة	ألمانيّة	إسبانيّة	فرنسيّة	عربيّة
cabin	Kabine	locutorio	cabine	كابينَةٌ
correspond with	korrespondieren mit	escribir a, mantener correspondencia con	écrire à, correspondre avec	كاتَبَ
revelation scribe	Schreiber der Offenbarung	el que escribió la revelación	celui qui a écrit la révélation	كاتِبُ الوَحْيِ كَتَبَةُ ـ
scribe, clerk, writer	Schreiber, Sekretär, Schriftsteller	escriba, secretario, escritor	celui qui écrit, scribe, secrétaire, écrivain	كاتِبٌ كُتّابٌ
to be about/ on the point, almost	fast wäre/ hätte, beinahe	estar a punto de/ faltar poco para/ por poco	faillir, être sur le point de, presque	كادَ يَكادُ
cartoons	Cartoon, satirische Zeichnung	cartón	cartoon, bande dessinée	كارْتون
caricature (n.)	Karikatur	caricatura	caricature	كاريكاتير
world cup	Weltpokal	copa del mundo	coupe du monde	كَأْسُ العالَمِ
revealing	aufdeckend, enthüllend	revelador	révélateur	كاشِفٌ كَواشِفُ

sufficient, enough	genügend, ausreichend	suficiente	suffisant	كافٍ الكافي
as follows	wie folgt	como sigue	comme suit	كَالتّالي
as usual	wie gewöhnlich	como de costumbre	comme d'habitude	كَالعادَةِ
total, whole, all, perfect	vollständig, vollendet, ganz, vollkommen	completo, entero, perfecto	complet, entier, tout, parfait	كامِلٌ
as if	als ob	como si	c'est comme si, il semble/ semblerait que	كَأَنَّ
to be	sein	ser / estar	être (v.)	كانَ يَكونُ
kebab	Kebab, Bouletten, Spießbraten	kebab (asado de carne troceada y adobada)	Kebab, boulettes/ brochettes de viande	كَبابٌ
adults	die Erwachsenen	adultos	adultes	كِبارٌ (ج)
Syrian kebba	syrische Bouletten	kebbas sirias (albondigas)	boulettes syriennes	كَبَّةٌ شامِيَّةٌ
liver	Leber	hígado	foie	كَبِدٌ أَكْبادٌ
old age	hohes Alter	vejez	vieillesse	كِبَرٌ
exclaim "God is great"	rufen : "Gott ist groβ"	exclamar : "Dios es el más grande"	dire: "Dieu est grand"	كَبَّرَ
grow (up)	anwachsen, gröβer werden	ser grande, crecer	grandir	كَبُرَ يَكْبُرُ
(the) biggest (f. s.)	die gröβte	mayor (f.)	la plus grande	كُبْرى (مؤ)
sulphur	Schwefel	azufre	soufre	كِبْريتٌ
match stick, match	Streichhölzchen	cerilla	allumette	كِبْريتَةٌ كِبْريتاتٌ،

كِبْريتٌ

old person	alt	anciano, entrado en años	âgé	كَبيرُ السِّنِّ كِبارُ ــ
big, old	groβ, alt	grande, viejo	grand, vieux	كَبيرٌ كِبارٌ
basic book/ manual	Grundlagenbuch	libro / manual básico	livre fondamental	كِتابٌ أَساسِيٌّ كُتُبٌ أَساسِيَّةٌ
Koranic school	Koranschule	escuela coránica	école coranique	كُتّابٌ كَتاتيبُ
book (n.)	Buch	libro	livre	كِتابٌ كُتُبٌ
writing	das Schreiben, die Schrift	escritura, redacción	écriture, rédaction	كِتابَةٌ
letter writing	das Briefe- Schreiben	redacción de las cartas	rédaction des lettres	كِتابَةُ الرَّسائِلِ (ـ ج)
official graphic style	offizielle Schrift/ Schreibweise	escritura/ grafia oficial	écriture/ graphie officielle	كِتابَةٌ رَسْمِيَّةٌ
hand writing	Handschrift	escritura manual	écriture manuelle	كِتابَةٌ يَدَوِيَّةٌ
written	schriftlich	escrito (adj.)	écrit (adj.)	كِتابِيٌّ
linen	Leinen	lino	lin	كَتّانٌ
prescribe (medicine)	verschreiben, verordnen	recetar	prescrire une ordonnance	كَتَبَ الدَّواءَ يَكْتُبُ ــ
write	schreiben	escribir	écrire	كَتَبَ يَكْتُبُ
tie up, bind	binden, zusammenbinden	atar	attacher	كَتَّفَ

shoulder (n.)	Schulter	hombro	épaule	كَتِفٌ أَكْتَافٌ
mass (n.), block	Masse, Block	masa	masse	كُتْلَةٌ كُتَلٌ
sauce thickness	Dickflüssigkeit der Sauce	espesor de la salsa	épaisseur de la sauce	كَثَافَةُ المَرَقِ
high population density	hohe Bevölkerungsdichte	fuerte densidad demográfica	forte densité démographique	كَثَافَةٌ سُكَّانِيَّةٌ عالِيَةٌ
abound	zahlreich sein, viel sein	abundar	abonder	كَثُرَ يَكْثُرُ
abundance	Vielzahl, Fülle	abundancia	abondance	كَثْرَةٌ
many, much	viel	mucho	beaucoup	كَثِيرٌ
often, frequently	oft	a menudo	souvent	كَثِيرًا مَا
dense, thick	dicht, dick	denso, espeso	dense, épais	كَثِيفٌ
alcohol	Alkohol	alcohol	alcool	كُحولٌ
liar	Lügner	mentiroso, engañador	menteur	كَذَّابٌ
lie(n.), deceit	Lüge	mentira, engaño	mensonge	كَذِبٌ
also, as well	auch, ebenso	asimismo	de même	كَذَلِكَ
copy books	Hefte	cuadernos	cahiers	كُرَّاسٌ (ج)
copy book	Heft	cuaderno	cahier	كُرَّاسَةٌ كُرَّاسٌ، كَراريسُ، كُرَّاساتٌ
globe	Erdkugel	globo terráqueo	globe terrestre	كُرَةٌ أَرْضِيَّةٌ

basketball	Basketball	baloncesto	basket-ball	كُرَةُ السَّلَّةِ
football	Fußball	fútbol	football	كُرَةُ القَدَمِ
repeat, reiterate	wiederholen, mehrfach tun	repetir, reiterar	répéter, réitérer	كَرَّرَ
chair (n.)	Stuhl	silla	chaise	كُرْسِيٌّ كَراسٍ (الكَراسي)، كَراسِيُّ
crane (n.)	Kranich	grulla	grue	كُرْكِيٌّ كَراكِيُّ
generosity	Großzügigkeit	generosidad	générosité	كَرَمٌ
cabbage	Kohl	col	chou	كُرُنْبٌ
hatred, disgust	Abscheu, Hass	odio, asco	dégoût, haine	كُرْهٌ
detest, hate, dislike	verabscheuen, hassen	aborrecer, detestar, odiar	détester, haïr	كَرِهَ يَكْرَهُ
honourable, respectable	ehrenhaft	honorable	honorable	كَرِيمٌ كِرامٌ، كُرَماءُ
earn one's living	seinen Lebensunterhalt verdienen	ganarse el pan	gagner sa vie	كَسَبَ رِزْقَهُ يَكْسِبُ ـ
earn, win, gain	gewinnen, verdienen, erwerben	ganar	gagner	كَسَبَ يَكْسِبُ
breaking	das Brechen	quiebra, rotura	action de casser	كَسْرٌ
break (v.), smash	brechen, zerbrechen	romper, quebrar	casser, briser	كَسَرَ يَكْسِرُ
examine a patient	einen Patienten untersuchen	examinar a un enfermo	examiner un malade	كَشَفَ عَلى مَرِيضٍ

يَكْشِفُ عَلى -

reveal, unveil, uncover, undress	offenbaren, enthüllen, aufdecken, offenbar werden	revelar, poner de relieve, descubrir (se)	révéler, dévoiler, découvrir, se découvrir	كَشَفَا\ عَنْ يَكْشِفُا\ عَنْ
cake	Gebäck	rosco, bizcocho	cake	كَعْكٌ
stop, refrain from	aufhören mit	dejar de	cesser de	كَفَّ عَنْ يَكُفُّ عَنْ
efficiency	Leistungsfähigkeit	eficacia	efficacité	كَفاءَةٌ
distribution efficiency	Vertriebskapazität	eficacia de la distribución	efficacité de la distribution	كَفاءَةُ التَّوْزيعِ
requirement, sufficiency	das, was genügt, ausreichende Menge	lo bastante, cantidad suficiente	ce qui suffit, quantité suffisante	كِفايَةٌ
to be enough/ sufficient	genügen, ausreichen	bastar, ser suficiente	suffire	كَفى يَكْفي
all, the whole	alle, ganz	todo(s)	tout	كُلٌّ
to be tired/ weary of	erschöpft sein	cansarse	se lasser	كَلَّ يَكِلُّ
everyday	jeden Tag	cada día	chaque jour	كُلَّ يَوْمٍ
both (of) (m.)	beide (m.)	ambos	tous les deux	كِلاَ
speech, talk	Worte, Sprache,Rede	palabras, discurso, habla	langage, discours	كَلامٌ
people's talk, gossip	das Gerede der Leute	lo que dice la gente	le dire des gens	كَلامُ النّاسِ
dog (n.)	Hund	perro	chien	كَلْبٌ كِلابٌ

both (of) (f.)	beide (f.)	ambas	toutes les deux	كِلْتا (مؤ) ـ
crosswords	Kreuzworträtsel	crucigramas, palabras cruzadas	mots croisés	كَلِماتٌ مُتَقاطِعَةٌ (ج)
word (n.)	Wort	palabra	mot, parole	كَلِمَةٌ
faculty/ college of arts	philologische Fakultät	facultad de letras	faculté des lettres	كُلِّيَّةُ الآدابِ (ـ ج)
km	km	km	km	كلم
how much/ many?	wieviel ?	¿ cuán(to) ?	combien ?	كَمْ ؟
sleeve	Ärmel	manga	(la) manche	كُمٌّ أَكْمامٌ
as, also	wie, wie auch	como, asímismo	comme, de même que	كَما
as you know	wie du weiβt	como tú sabes	comme tu sais	كَما تَعْلَمُ
as we have seen	wie wir gesehen haben	como lo hemos visto	comme nous avons vu	كَما رَأَيْنا
as it is	so wie es ist	tal cual	tel qu'il est	كَما هُوَ
computer	Computer	ordenador	ordinateur	كُمْبيوتَر
pear	Birne	pera	poire	كُمَّثْرى
complete (v.)	vervollständigen	completar	compléter	كَمَّلَ
to be completed	vollendet sein	estar acabado / completo	se terminer	كَمُلَ يَكْمُلُ
quantity, amount	Quantität	cantidad	quantité	كَمِّيَّةٌ

substantial quantity/ amount, huge quantity/ amount	riesige Menge	cantidad enorme	très grande quantité	كَمِّيَّةٌ هائِلَةٌ
sofa	Sofa	canapé, sofá	canapé	كَنَبَةٌ
electricity	Elektrizität	electricidad	électricité	كَهْرَباءٌ
electrical	elektrisch	eléctrico	électrique	كَهْرَبائِيٌّ
electrification	Elektrifizierung	electrificación	électrification	كَهْرَبَةٌ
rural electrification	Stromversorgung ländlicher Gegenden	electrificación del campo	électrification de la campagne	كَهْرَبَةُ الرِّيفِ
cave (n.)	Höhle	gruta, caverna	grotte	كَهْفٌ كُهوفٌ
glass	Trinkglas	copa, vaso	verre	كوبٌ أَكْوابٌ
al-Kawther (river in Paradise)	Al-Kauthar (Fluss im Paradies)	al-kawthar (río del paraiso)	Al-Kawthar (fleuve du paradis)	كَوْثَرٌ (الـ)
hut	Hütte	choza, cabaña	cabane, masure	كوخٌ أَكْواخٌ
courgette, zucchini	Zucchini	calabacín	courgette	كُوسَةٌ
kufic	kufisch	cúfico	coufique	كوفِيٌّ
brilliant star	funkelnder Stern	astro centelleante	étoile brillante	كَوْكَبٌ دُرِّيٌّ كَواكِبُ دُرِّيَّةٌ
star (n.)	Stern	astro, estrella	astre, étoile	كَوْكَبٌ كَواكِبُ
cholesterol	Cholesterin	colesterol	cholestérol	كولِسْترول

pile (n.), heap	Haufen	montón	tas	كومَةٌ كُوَمٌ
set up, build	bilden	constituir, formar, crear	constituer	كَوَّنَ
(in order) to	um… zu, damit	a fin de, para (que)	afin de/ que, pour	كَيْ
entity, existence	Wesenheit, Dasein	entidad, existencia	entité, existence	كِيانٌ
bag (n.)	Sack, Beutel	bolsa	sachet	كيسٌ أَكْياسٌ
how ?	wie ?	¿ cómo ?	comment ?	كَيْفَ ؟
how are you ?	wie geht es Ihnen?	¿ qué tal ?	comment allez-vous?	كَيْفَ الحالُ ؟
way, manner	Art und Weise	manera, modo	manière, façon	كَيْفِيَّةٌ
kilo	Kilo	kilo	kilo	كيلو
kilogram	Kilogramm	kilogramo	kilogramme	كيلوغْرامٌ
kilometre	Kilometer	kilómetro	kilomètre	كيلومِتْرٌ
chemistry	Chemie	química	chimie	كيمِياءُ
chemist	Chemisch, Chemiker	químico	chimiste	كيميائِيٌّ

انجليزيّة	ألمانيّة	إسبانيّة	فرنسيّة	عربيّة
no	nein	no	non	لا
no one	keiner, niemand	nadie (neg)	aucun, nul, personne (nég.)	لا أَحَدَ
I don't know	ich weiβ nicht	so sé	je ne sais pas	لا أَدْري
all right !	ganz recht! nicht schlecht!	¡ no importa !	bon ! qu'à cela ne tienne !	لا بَأْسَ
certainly	sicher, gewiss	es cierto que	il est certain que	لا بُدَّ
it is necessary/ inescapable, must	müssen	hace falta, es menester	il faut absolument que	لا بُدَّ مِنْ
especially	und zwar, besonders	especialmene, particularmente, sobre todo	notamment, surtout	لا سِيَّما
no doubt	zweifellos	sin duda	sans doute	لا شَكَّ
unparalleled	ohnegleichen	sin par	sans pareil	لا مَثيلَ لَهُ
definitely, most certainly	unvermeidlich	necesariamente, inexorablemente	sûrement, nécessairement	لا مَحالَةَ

non-negligible, not to be overlooked	nicht zu unterschätzen	no despreciable	non négligeable	لا يُسْتَهانُ بِهِ
not to neglect/ omit to do	er versäumt nicht, etw. zu tun	no deja de	il ne manque pas de	لا يَفوتُهُ أَنْ
not less than	nicht weniger als	nada menos que	pas moins... que/de	لا يَقِلُّ عَنْ
notice, observe	bemerken, feststellen	notar, observar	remarquer, constater	لاحَظَ
player	Spieler	jugador	joueur	لاعِبٌ
substitute player	Ersatzspieler	jugador suplente	joueur remplaçant	لاعِبٌ احْتِياطِيٌّ
regular player	Hauptspieler	jugador titular	joueur titulaire	لاعِبٌ أَساسِيٌّ
sign (n.)	Schild	cartel	panneau	لافِتَةٌ لَوافِتُ، لافِتاتٌ
pearl	Perle	perla	perle	لُؤْلُؤَةٌ لآلِئُ
touch, border on	berühren, streifen, grenzen an	rozar, tocar ligeramente, lindar con	effleurer, toucher, être limitrophe de	لامَسَ
because	weil	porque	parce que	لأَنَّ
for the first time	zum ersten Mal	por primera vez	pour la première fois	لأَوَّلِ مَرَّةٍ
at first sight	im ersten Moment	a primera vista	au premier abord	لأَوَّلِ وَهْلَةٍ
wearing (clothes)	das Anziehen, das Tragen	acto de vestirse	action de s'habiller	لُبْسٌ
put on, wear	sich anziehen	vestirse	s'habiller	لَبِسَ يَلْبَسُ

milk (n.)	Milch	leche	lait	لَبَنٌ أَلْبانٌ
here i am !	zu Ihren Diensten!	¡ heme aquí !, ¡ a tus órdenes !	à vos ordres !	لَبَّيْكَ
resort to	zurückgreifen auf	recurrir a	avoir recours à	لَجَأَ إِلى يَلْجَأُ إِلى
sport committee	Sportausschuss	comisión deportiva	commission sportive	لَجْنَةٌ رِياضِيّةٌ لِجانٌ ـ
committee, commission	Ausschuss, Komitee	comité, comisión	comité, commission	لَجْنَةٌ لِجانٌ
resorting to	das Zurückgreifen auf	el hecho de recurrir a	recours à	لُجوءٌ إِلى
blame, (v.), insult	schmähen, schelten	injuriar, denostar	blâmer, insulter	لَحا يَلْحو
tomb, grave	Grab	tumba	tombe, tombeau	لَحْدٌ لُحودٌ، أَلْحادٌ
to the credit of	im Auftrag/ auf Rechnung von	en beneficio de	pour le compte de	لِحِسابِ ـ
moment	Moment	instante	instant	لَحْظَةٌ
rotten meat	verfaultes Fleisch	carne podrida	viande pourrie	لَحْمٌ فاسِدٌ
flesh, meat	Fleisch	carne	chair, viande	لَحْمٌ لُحومٌ
minced meat	Hackfleisch	carne picada	viande hachée	لَحْمٌ مَفْرومٌ
tune, air	Klang, Weise	aire musical, melodía	air de musique	لَحْنٌ أَلْحانٌ، لُحونٌ
beard (n.)	Bart	barba	barbe	لِحْيَةٌ لِحًى

sum up, summarise	zusammenfassen	resumir	résumer	لَخَّصَ
by, have, with	bei, an, haben, verfügen über	ante, tener	auprès de, avoir, disposer de	لَدى
therefore, for that reason, so	deshalb, darum	por ello, por lo que	pour cela, c'est pour cela, c'est pourquoi	لِذَلِكَ
delicious	köstlich	delicioso	délicieux	لَذيذٌ لِذاذٌ
should	notwendig sein	tener que	falloir	لَزِمَ أَنْ يَلْزَمُ أَنْ
tongue, language	Zunge, Sprache	lengua	langue	لِسانٌ أَلْسِنَةٌ، أَلْسُنٌ
thief	Dieb	ladrón	voleur	لِصٌّ لُصوصٌ، لِصَصَةٌ
to the advantage/ in favour of	zugunsten	en favor de	à l'avantage/ au profit de	لِصالِحِ —
mildness, kindness	Milde, Sanftheit	suavidad	douceur	لُطْفٌ أَلْطافٌ
mild, nice, sweet	sanft, gütig, angenehm	suave, agradable	doux, agréable	لَطيفٌ لِطافٌ، لُطَفاءُ
playing, game	Spiel	juego	jeu	لَعِبٌ أَلْعابٌ
play a role	eine Rolle spielen	desempeñar un papel	jouer un rôle	لَعِبَ دَوْرًا يَلْعَبُ —
play (v.)	spielen	jugar	jouer	لَعِبَ يَلْعَبُ
toy (n.), game	Spielzeug, Spiel	juguete, jugada	jouet, jeu	لُعْبَةٌ لُعَبٌ
may be, perhaps	vielleicht	puede que, tal vez, no sea que	espérons que, il se peut que	لَعَلَّ
foreign language	Fremdsprache	lengua extranjera	langue étrangère	لُغَةٌ أَجْنَبِيَّةٌ

african language	afrikanische Sprache	lengua africana	langue africaine	لُغَةٌ إِفْرِيقِيَّةٌ
living language	lebende Sprache	lengua viva	langue vivante	لُغَةٌ حَيَّةٌ
religious language	Religionssprache	lengua religiosa	langue de religion	لُغَةُ دِينٍ
official language	offizielle Sprache	lengua oficial	langue officielle	لُغَةٌ رَسْمِيَّةٌ
world/ international language	Weltsprache	lengua mundial/ internacional	langue mondiale/ internationale	لُغَةٌ عالَمِيَّةٌ
Arabic language	arabische Sprache	lengua árabe	langue arabe	لُغَةٌ عَرَبِيَّةٌ
language	Sprache	lengua	langue	لُغَةٌ لُغًى، لُغاتٌ
linguistic	sprachlich	lingüístico (adj.)	linguistique (adj.)	لُغَوِيٌّ
envelop	einwickeln	envolver	envelopper	لَفَّ يَلُفُّ
draw attention	die Aufmerksamkeit lenken	llamar la atención	attirer l'attention	لَفَتَ النَّظَرَ يَلْفِتُ ـ
meeting, interview	Treffen, Begegnung	encuentro, entrevista	rencontre, entrevue	لِقاءٌ
call (v.), surname	benennen	apodar, dar el sobrenombre de	surnommer	لَقَّبَ
title, surname	Titel, Beiname	título, apodo	titre, surnom	لَقَبٌ أَلْقابٌ
official title	offizieller Titel	título oficial	titre officiel	لَقَبٌ رَسْمِيٌّ أَلْقابٌ رَسْمِيَّةٌ
teach lesson	eine Lektion erteilen	dar una lección	donner une leçon	لَقَّنَ دَرْسًا

find (v.), meet	finden, treffen	encontrar, encontrarse con	trouver, rencontrer	لَقِيَ يَلْقى
but	aber, jedoch	pero, sin embargo	mais, cependant	لَكِنْ
(in order) to	um… zu, damit	para (que), a fin de (que)	afin de/ que, pour	لِكَيْ
for further information/ details	für mehr Einzelheiten	para más informaciones / detalles	pour plus de détails	لِمَزِيدٍ مِنَ التَّفاصيلِ (- ج)
touch(ing)	Berührung	tacto	toucher (n.)	لَمْسٌ
touch (v.)	berühren, anfassen	tocar	toucher (v.)	لَمَسَ يَلْمِسُ
enjoy oneself	sich vergnügen	divertirse	se divertir	لَهَا يَلْهو
flame (n.)	Flamme	llama	flamme	لَهَبٌ
candle flame	Kerzenflamme	llama de la vela	flamme de la bougie	لَهَبُ الشَّمْعَةِ
pollute	verschmutzen	contaminar	polluer	لَوَّثَ
sign (shop—)	Ladenschild	letrero	enseigne	لَوْحَةٌ تِجارِيَّةٌ
advertisement panel	Werbeplakat	valla publicitaria	panneau publicitaire	لَوْحَةُ دِعايَةٍ
lively picture/ painting	schönes Gemälde	cuadro magnifico	beau tableau	لَوْحَةٌ زاهِيَةٌ
illustration (picture)	Illustration	ilustración	illustration	لَوْحَةٌ مُوَضِّحَةٌ
lord	Lord	lord	lord	لورْد

almond	Mandel	almendra	amande	لَوْزٌ
colour (n.), type	Farbe, Gattung	color, género	couleur, genre	لَوْنٌ أَلْوانٌ
if only !	würde doch! wäre doch! hätte doch !	ojalá	si seulement !	لَيْتَ
lire	Lira	lira	lire (n.)	ليرَةٌ
not to be, not	nicht sein, nicht	no ser/ estar/ haber	n'être pas, ne… pas	لَيْسَ
night-time, night	Nacht	noche	nuit	لَيْلٌ
yesterday evening, last night	gestern abend/ nacht	anteanoche	la nuit dernière	لَيْلَةَ أَمْسِ
night	Nacht	noche	nuit	لَيْلَةٌ لَيالٍ (اللَّيالي)
lemon	Zitrone	limón	citron	لَيْمونٌ
lemon (a …)	Zitrone (eine …)	limón (un …)	citron (un …)	لَيْمونَةٌ

انجليزيّة	ألمانيّة	إسبانيّة	فرنسيّة	عربيّة
a.d.	n. Chr.	d. j-c.	ap. j-c.	م (ميلادي)
what?	was ?	¿ qué?	qu'est-ce que?	ما ؟
how beautiful it is!, how handsome he is!	wie schön ist es/ er!	¡ qué hermoso es !	comme il est beau !	ما أَجْمَلَهُ !
how good he is !, how handsome he is !	wie schön ist es/ er!	¡ qué lindo es !	comme il est beau !	ما أَحْسَنَهُ !
how urgently he needs !	wie bedürftig ist er!	¡ cuánto le hace falta / necesita !	comme il a besoin de	ما أَحْوَجَهُ إِلى !
as long as, since	solange, sofern	mientras	tant que	ما دامَ
no longer	nicht mehr	dejar de	cesser de	ما عادَ لَمْ يَعُدْ
what is the matter with you ? (m.s.)	was gibt's? was ist denn los?	¿ qué tienes ?	qu'as-tu ?	ما لَكَ ؟
its/ his advantages and disavantages, its/ his right and its/ his duty	seine Vor- und Nachteile, seine Rechte und Pflichten	sus ventajas y sus inconvenientes, sus derechos y sus deberes	ses avantages et ses inconvénients, ses droits et ses devoirs	ما لَهُ وما عَلَيْهِ
what is this? (m.)	was ist das? (m.)	¿ qué es esto ?	qu'est-ce que c'est ? (m).	ما هَذا ؟

what is this? (f.)	was ist das? (f.)	¿ qué es ésta ?	qu'est-ce que c'est ? (f).	ما هَذِهِ ؟
the following	Folgendes	lo siguiente	ce qui suit	ما يَلي
water (n.)	Wasser	agua	eau	ماءٌ مِياهٌ
drinking water	Trinkwasser	agua potable	eau potable	ماءٌ صالِحٌ لِلشُّرْبِ مِياهٌ صالِحَةٌ ـ
fresh water	Süßwasser, Trinkwasser	agua dulce	eau douce	مَاءٌ عَذْبٌ مِياهٌ عَذْبَةٌ
salt water	Salzwasser	agua salada	eau salée	ماءٌ مِلْحٌ مِياهٌ ـ
hundred	hundert	ciento	cent	مِائَةٌ
hundred percent	hundert Prozent	cien por cien	cent pour cent	مِائَةٌ فِي المِائَةِ
table (n.)	Tisch	mesa	table	مائِدَةٌ مَوائِدُ
die	sterben	morir	mourir	مات يَموتُ
horoscope	Horoskop	el horóscopo	l'horoscope	ما تَقولُهُ النُّجومُ
symposium, conference	Kongress, Kolloquium, Konferenz	congreso, coloquio, conferencia	congrès, colloque, conférence	مُؤْتَمَرٌ
landlord	Vermieter	arrendatario	bailleur	مُؤَجِّرٌ
recently, lately	neulich, kürzlich	últimamente	dernièrement	مُؤَخَّرًا
material, substance subject, product	Materie, Stoff, Material	materia, producto	matière, produit	مادَّةٌ مَوادُّ

foodstuff	Lebensmittel	producto alimenticio	denrée alimentaire	مادَّةٌ تَمْوينِيَّةٌ مَوادُّ ـ
raw material	Rohstoff	materia prima, materia bruta / sin refinar	matière première, produit brut	مادَّةٌ خامٌ مَوادُّ ـ
fat substance	Fett	grasa	matière grasse	مادَّةٌ دُهْنِيَّةٌ مَوادُّ ـ
material (adj.)	materiell	material	matériel	مَادِّيٌّ
what ?	was ?	¿ qué ?	quoi ?	ماذا ؟
minaret	Minarett	alminar	minaret	مِئْذَنَةٌ مَآذِنُ
historian	Historiker	historiador	historien	مُؤَرِّخٌ
March	März	marzo	mars	مارِسُ
still	noch, noch immer	seguir	ne pas cesser d'être, être encore	مازالَ لا يَزالُ
tragedy	Tragödie	tragedia, drama	drame	مَأْساةٌ مَآسٍ (المآسي)
tragic, dramatic	tragisch	trágico, dramático	tragique, dramatique	مَأْساوِيٌّ
founder	Gründer	fundador	fondateur	مُؤَسِّسٌ
institution	Institution	institución	institution	مُؤَسَّسَةٌ
educational institution/ establishment	Schul-/ Erziehungs-einrichtung	institución educacional/ escolar	établissement scolaire, institution éducationnelle	مُؤَسَّسَةٌ تَعْليمِيَّةٌ
popular/ mass organisation	Volkseinrichtung	organzación/ organismo popular	organisation/ organisme populaire	مُؤَسَّسَةٌ شَعْبِيَّةٌ

estate agency	Immobilienfirma	agencia inmobiliaria	agence immobilière	مُؤَسَّسَةٌ عَقارِيَّةٌ
pedestrian	Fußgänger	peatón, transeúnte	piéton	ماشٍ (الماشِي) مُشاةٌ
the past, past time, past, previous	Vergangenheit, vergangen	pasado (n., adj.)	passé (n., adj.)	ماضٍ (الماضِي)
past and present	Vergangenheit und Gegenwart	pasado y presente	passé et présent	ماضٍ (الماضِي) وحاضِرٌ
money, wealth, finance	Geld, Vermögen, Finanzwesen	dinero, fortuna, finanzas	argent, fortune, finances	مالٌ أَمْوالٌ
writing, work	Schrift, Werk	obra, escrito	ouvrage, œuvre	مُؤَلَّفٌ
owner, proprietor	Besitzer, Eigentümer	propietario, dueño	propriétaire	مالِكٌ مُلّاكٌ، مالِكونَ
financial	finanziell	financiero	financier	مالِيٌّ
finance (n.)	Finanzwesen	finanzas	finances	مالِيَّةٌ
believer	Gläubiger	creyente	croyant	مُؤْمِنٌ
convinced of	überzeugt von	covencido de (que)	persuadé/ convaincu de	مُؤْمِنٌ بِـ
feminine	feminin	femenino	féminin	مُؤَنَّثٌ
mango	Mango	mango	mangue	مانْجو
Indian mango	indische Mango	mango de india	mangue indien	مانْجو هِنْدِيٌّ
skilled, skillful	geschickt	hábil, diestro	habile	ماهِرٌ مَهَرَةٌ، ماهِرونَ

qualification, degree	Qualifikation, Zeugnis	cualificación, diploma	qualification, diplôme	مُؤَهِّلٌ
advocate, supporter	Unterstützender, Anhänger	partidario	celui qui soutient, partisan	مُؤَيِّدٌ
may	Mai	mayo	mai	مايو
match (n.)	Spiel, Wettbewerb, Begegnung	partido, encuentro	match, compétition	مُباراةٌ
final match	das Finale, Endspiel	la final	la finale	مُباراةٌ نِهائِيَّةٌ
blessed	gesegnet	bendito	béni	مُبارَكٌ
direct, immediate	direkt, unmittelbar	directo, inmediato	direct, immédiat	مُباشِرٌ
beginner	Anfänger	principiante	débutant	مُبْتَدِئٌ
starting with	beginnend mit	empezando por	commençant par	مُبْتَدِئٌ بِـ
principle	Prinzip	principio	principe	مَبْدَأٌ مَبادِئُ
creator	Schöpfer	creador	créateur	مُبْدِعٌ
congratulations !	ich gratuliere!	¡ enhorabuena !	félicitations !	مَبْروك !
scattered	verstreut	esparcido	éparpillé	مُبَعْثَرٌ
early	früh	pronto, temprano	tôt	مُبَكِّرًا
sum	Betrag	importe	montant	مَبْلَغٌ مَبالِغُ
based on	basierend auf	basado en	basé sur	مَبْنِيٌّ عَلى

building	Gebäude	edificio	bâtiment	مَبْنًى مَبانٍ (المَباني)
influenced by	beeinflusst von, gekennzeichnet durch	influído/ marcado por	influencé/ marqué par	مُتَأَثِّرٌ بِـ
late (adv.)	spät, verspätet	con retraso, tardíamente	en retard, tardivement	مُتَأَخِّرًا
difficulties, hardships	viel Mühe, groβe Anstrengungen	dificultades	difficultés, fatigues	مَتاعِبُ (ج)
reciprocal, mutual	gegenseitig, beiderseitig	recíproco, mutuo	réciproque, mutuel	مُتَبادَلٌ
followed, master	gefolgt, Herr, Gebieter	acatado, obedecido, maestro	suivi, maître	مَتْبوعٌ
neighbouring	benachbart	colindante, vecino	avoisinant	مُتَجاوِرٌ مَعَ
shop (n.), store	Laden, Geschäft	tienda, almacén	boutique, magasin	مَتْجَرٌ مَتاجِرُ
interlocutor, speaker (engaged in conversation)	Gesprächspartner	interlocutor	interlocuteur	مُتَحاوِرٌ
united	vereinigt, vereint	unido	uni	مُتَّحِدٌ
moving, mobile	beweglich, mobil	móvil	mobile	مُتَحَرِّكٌ
museum	Museum	museo	musée	مَتْحَفٌ مَتاحِفُ
tense (adj.)	straff	atento	tendu	مُتَحَفِّزٌ
specialist	Fachmann	especialista	spécialiste	مُتَخَصِّصٌ
underdeveloped	unterentwickelt	subdesarrollado	sous-développé	مُتَخَلِّفٌ

(inter) mixed	ineinander greifend	interferente	entremêlé	مُتَداخِلٌ
metre (n.)	Meter	metro	mètre	مِتْرٌ أَمْتارٌ
square metre	Quadratmeter	metro cuardrado	mètre carré	مِتْرٌ مُرَبَّعٌ أَمْتارٌ مُربَّعَةٌ
married	verheiratet	casado	marié	مُتَزَوِّجٌ
adorned	geschmückt	adornado, engalanado	paré	مُتَزَيِّنٌ
equal to	gleich, gleichwertig mit	igual a	égal à	مُتَساوٍ (المُتَساوي) مَعَ ـ
entangled	ineinandergefügt, verflochten	enredado, entrelazado	entrelacé, enchevêtré	مُتَشابِكٌ
similar	einander ähnlich	semejante, similar	semblable	مُتَشابِهٌ
requirements	Anforderungen	requisitos	exigences	مُتَطَلَّباتٌ (ج)
make (s. o) enjoy, delight	genieβen lassen, erfreuen	dejar disfrutar a alguien de	réjouir, régaler	مَتَّعَ
co-operative	kooperierend	cooperante	coopérant	مُتَعاوِنٌ
pleasure, delight	Genuss, Wonne	placer, goce, gozo	plaisir, délice	مُتْعَةٌ مُتَعٌ
numerous, multiple	zahlreich, mehrfach	numeroso, múltiple	nombreux, multiples	مُتَعَدِّدٌ
attached/ related to	gebunden an, bezüglich	apegado/ relativo a	attaché/ relatif à	مُتَعَلِّقٌ بِـ
learner	Lerner	alumno, aprendiz	apprenant (n.)	مُتَعَلِّمٌ

open-minded	aufgeschlossen	de mentalidad abierta	ouvert d'esprit	مُتَفَتِّحُ الذّهْنِ
spectator	Zuschauer	espectador	spectateur	مُتَفَرِّجٌ
excellent, distinguished	überlegen sein, vorzüglich	excelente, sobresaliente	excellent, major	مُتَفَوِّقٌ
opposed	entgegengesetzt, gegensätzlich	opuesto	opposé	مُتَقابِلٌ
close together	nahestehend	cercano	proche	مُتَقارِبٌ
developed	fortgeschritten	avanzado, desarrollado	développé	مُتَقَدِّمٌ
applicant for	Kandidat für	candidato a	candidat à	مُتَقَدِّمٌ لِ
perfect, well done	vollendet, vollkommen	perfecto	perfectionne, bien fait	مُتْقَنٌ
integrative, integrated	integriert	integrado	intégré	مُتَكامِلٌ
repeated, frequent	wiederholt, häufig	repetido, frecuente	répété, fréquent	مُتَكَرِّرٌ
broken	zerbrochen	roto	brisé	مُتَكَسِّرٌ
speaker	Sprecher	locutor	celui qui parle, locuteur	مُتَكَلِّمٌ
televised	Fernseh-	televisado	télévisé	مُتَلْفَزٌ
identical, alike	gleich, ähnlich	idéntico, parecido	identique, semblable	مُتَماثِلٌ
distinguished, distinct	ausgezeichnet, deutlich	distinguido, distinto	distingué, distinct	مُتَمَيِّزٌ
harmonious	harmonisch	armonioso	harmonieux	مُتَناسِقٌ

discordant	disharmonisch, ungleichartig	discordante, disparatado	discordant, disparate	مُتَنافِرٌ
contradictory	widersprüchlich	contradictorio	contradictoire	مُتناقِضٌ
contradictions	Widersprüche	contradicciones	contradictions	مُتَناقِضاتٌ (ج)
park (n.)	Park	parque	parc	مُتَنَزَّهٌ
varied, various, diversified	verschiedenartig, vielfältig	variado, diverso	varié, divers	مُتَنَوِّعٌ
inherited	überliefert, ererbt, erblich	transmitido por herencia	transmis par hérédité	مُتَوارَثٌ
medium (adj.)	mittelmäβig	mediano	moyen (adj.)	مُتَوَسِّطٌ
expected	vorgesehen	previsto, probable	prévu	مُتَوَقَّعٌ
when ?	wann ?	¿ cuándo ?	quand ?	مَتى ؟
solid	fest	sólido, firme	solide	مَتينٌ
example	Beispiel	ejemplo	exemple	مِثالٌ أَمْثِلَةٌ
represent, act	darstellen, spielen (Rolle)	representar, interpretar un papel	représenter, interpréter (un rôle)	مَثَّلَ
such as, same as, like	wie, wie z. B., solch ein	como, parecido a, tal	comme, tel, pareil	مِثْلُ – أَمْثالُ –
proverb, example	Sprichwort, Beispiel	refrán, proverbio, ejemplo	proverbe, exemple	مَثَلٌ أَمْثالٌ
for example	zum Beispiel	por ejemplo	par exemple	مَثَلاً
triangle	Dreieck	triángulo	triangle	مُثَلَّثٌ

triangular	dreieckig	triangular	triangulaire	مُثَلَّثُ الشَّكْلِ
fruitful	fruchtbar	fructuoso	fructueux	مُثْمِرٌ
dual (n.)	dual	dual	duel [gram.]	مُثَنّى
similar, the same, equal	Gleiches	parejo, semejante, equivalente	égal, équivalent, pareil, semblable	مَثِيلٌ أَمثالٌ
drainage pipes, sewage, canals	Kanäle, Abflussrohre, Kanalisation	cloacas, canales	égouts, canaux	مَجارٍ (ج) (المَجاري)
famine, starvation	Hungersnot	hambre	famine	مَجاعَةٌ
field, domain	Bereich, Gebiet	ámbito	domaine	مَجالٌ
social field	sozialer Bereich	ámbito social	domaine social	مَجالٌ اجْتِماعِيٌّ
fields of life	Lebensbereiche	ámbitos de la vida	domaines de la vie	مَجالاتُ (ج) الحَياةِ
fight(ing)	Kampf	lucha	lutte	مُجاهَدَةٌ
society, community	Gesellschaft	sociedad	société	مُجْتَمَعٌ
gathered, meeting	versammelt	reunido	réuni	مُجْتَمِعٌ
Islamic society, Moslem community	islamische Gesellschaft	comunidad / sociedad musulmana	société musulmane	مُجْتَمَعٌ إِسْلامِيٌّ
Arab community/ society	arabische Gesellschaft	comunidad / sociedad árabe	société arabe	مُجْتَمَعٌ عَرَبِيٌّ
hard working, diligent	fleiβig	aplicado, estudioso	laborieux, studieux	مُجْتَهِدٌ

just, only	bloβ, lediglich	mero, puro, simple	rien que, seulement	مُجَرَّدُ ـ
criminal	Verbrecher	criminal	criminel	مُجْرِمٌ
stream, current, water-course	Lauf, Flussbett	curso, cauce de un río	cours, lit (du fleuve)	مَجْرًى مَجارٍ (المَجارِي)
review, magazine	Zeitschrift, Magazin	revista	revue, magasine	مَجَلَّةٌ
House of notables	Notabelnrat	asamblea de notables	conseil des notables	مَجْلِسُ الأَعْيانِ (ـ ج) مَجالِسُ ـ
Parliament	Nationalversammlung	asamblea nacional	assemblée nationale	مَجْلِسُ الأُمَّةِ مَجالِسُ ـ
the people's Council	Volksrat	asamblea del pueblo	assemblée du peuple	مَجْلِسُ الشَّعْبِ مَجالِسُ ـ
the consultative Council	Beirat	consejo consultativo	conseil consultatif	مَجْلِسُ الشّورى مَجالِسُ ـ
the Parliament, Chamber of deputies	Abgeordnetenkammer	cámara de diputados	chambre des députés	مَجْلِسُ النُّوّابِ (ج) مَجالِسُ ـ
Cabinet, Council of ministers	Ministerrat	consejo de ministros	conseil des ministres	مَجْلِسُ الوُزَراءِ (ج) مَجالِسُ ـ
Council	Rat	consejo	conseil	مَجْلِسٌ مَجالِسُ
Parliament	Parlament	parlamento	parlement	مَجْلِسٌ نِيابيٌّ مَجالِسُ نِيابِيَّةٌ

complex (n.)	komplex	complejo (n.)	complexe	مُجَمَّعٌ
Academy of the Arabic language	Akademie der arabischen Sprache	academia de la lengua árabe	académie de la langue arabe	مَجْمَعُ اللُّغَةِ العَرَبِيَّةِ مَجامِعُ ـ
residential complex	Wohnsiedlung	complejo residencial	complexe résidentiel	مُجَمَّعٌ سَكَنِيٌّ
academy	Akademie	academia	académie	مَجْمَعٌ مَجامِعُ
total (n.)	Gesamtheit	totalidad, suma, conjunto	totalité	مَجْموعٌ مَجاميعُ
African community	afrikanische Gemeinschaft	comunidad africana	communauté africaine	مَجْموعَةٌ إِفْرِيقِيَّةٌ
collection of short stories	Novellensammlung	colección de novelas	recueil de nouvelles	مَجْموعَةٌ قَصَصِيَّةٌ مَجاميعُ\ مَجْموعاتٌ ـ
group (n.)	Gruppe	grupo, comunidad	groupe	مَجْموعَةٌ مَجاميعُ، مَجْموعاتٌ
effort	Bemühung	esfuerzo	effort	مَجْهودٌ
unknown	unbekannt	desconocido	inconnu	مَجْهولٌ
hollow, hollowed out	hohl	hueco (adj.), concavo	creux (adj.)	مُجَوَّفٌ
mastering, proficient	tüchtig	que conoce a la perfección, versado en	qui excelle, excellent en	مُجيدٌ
conversation	Gespräch	conversación	conversation	مُحادَثَةٌ
talk (n.), lecture	Vortrag, Vorlesung	conferencia, curso	conférence, cours	مُحاضَرَةٌ

preservation, protection, care	Bewahrung, Erhaltung	preservación, conservación	préservation, conservation	مُحافَظَةٌ
attempt (n.), try	Versuch, Probe	tentativa, intento	tentative, essai	مُحاوَلَةٌ
lover/ fan of	Liebhaber, liebend	enamorado, aficionado a	amoureux, amateur de	مُحِبٌّ لِـ
love, affection	Zuneigung	afecto	affection	مَحَبَّةٌ
imprisoned	eingesperrt	encarcelado, preso	emprisonné	مَحْبوسٌ
in need of	brauchend	que necesita	qui a besoin de	مُحْتاجٌ إِلى
reddened by blood congestion, red/ flushed (face)	rot wegen Blutwallung	congestionado, sanguinolento	congestionné (de sang)	مُحْتَقَنٌ بِالدَّمِ
occupied	besetzt	ocupado	occupé	مُحْتَلٌّ
eye hole	Augenhöhle	órbita del ojo	cavité de l'œil	مَحْجِرٌ مَحاجِرُ
Hadith specialist, transmitter of Prophetic traditions	Überlieferer mohammedanischer Traditionen, Hadith-Wissenschaftler	el que transmite las tradiciones del profeta, especialista en hadith	transmetteur des traditions mohammediennes, spécialiste du Hadith	مُحَدِّثٌ
appointed, fixed, exact, precise	festgesetzt, bestimmt, präzise	delimitado, fijado, preciso	délimité, fixé, précis	مُحَدَّدٌ
staring at	anstarrend	mirando fijamente	fixant/ braquant les yeux sur	مُحَدِّقٌ بِعَيْنَيْهِ إِلى
limited	begrenzt, beschränkt	limitado	limité	مَحْدودٌ
hunchbacked, humpbacked	gewölbt	encorvado	courbé	مُحْدَوْدِبٌ
plough (n.)	Pflug	arado	charrue	مِحْراثٌ مَحاريثُ

writer, editor	Redakteur	redactor	rédacteur	مُحَرِّرٌ
Muharram (1st Hegira month)	Muharram (1. Hidschra-Monat)	muharram (1er mes del año musulmán)	muharram (1er mois de l'année musulmane)	مُحَرَّمُ (الـ-)
stuffed	gefüllt	relleno	farci	مَحْشُوٌّ
minutes, official report	Protokoll	acta	procès-verbal	مَحْضَرٌ مَحاضِرُ
station, stop	Station, Haltestelle	estación, parada	station, arrêt	مَحَطَّةٌ
earth (relay) station	Erdstation	estación terrestre	station terrestre	مَحَطَّةٌ أَرْضِيَّةٌ
control station	Steuerungsstation	estación de control	station de commande	مَحَطَّةُ التَّحَكُّمِ
bus station, bus - stop	Busstation, Bushaltestelle	parada de autobuses	station/ arrêt des bus	مَحَطَّةُ الحافِلاتِ (- ج)
back/ reserve station	Ersatzstation	estación de reserva	station de réserve	مَحَطَّةٌ خَلفِيَّةٌ
wallet, satchel	Brieftasche, Mappe	cartera	portefeuille, cartable	مِحْفَظَةٌ مَحافِظُ
collected, kept	gesammelt, aufbewahrt	reunido, conservado	réuni, conservé	مَحْفوظٌ
(justice) court, tribunal	Gericht, Gerichtshof	tribunal, corte	tribunal, cour	مَحْكَمَةٌ مَحاكِمُ
place of residence, home address	Aufenthaltsort	lugar de residencia	lieu de résidence	مَحَلُّ الإقامَةِ مَحالُّ -
the butcher's (shop)	Metzgerei	carnicería	boucherie (local)	مَحَلُّ الجَزّارِ مَحالُّ الجَزّارينَ

place of birth	Geburtsort	lugar de nacimiento	lieu de naissance	مَحَلُّ الميلادِ مَحالُّ ـ
store (n.), shop	Geschäft	almacén, tienda	magasin	مَحَلٌّ تِجارِيٌّ مَحالُّ تِجارِيَّةٌ
place, premises, locality	Ort, Lokal	lugar, negocio, tienda	lieu, local	مَحَلٌّ مَحالُّ، مَحَلّاتٌ
local (adj.)	lokal	local	local (adj.)	مَحَلِّيٌّ
sweetened	gezuckert	azucarado	sucré	مُحَلّى بِالسُّكَّرِ
reddish	rötlich	rojizo	rougeâtre	مُحْمَرٌّ
axis	Achse	eje	axe	مِحْوَرٌ مَحاوِرُ
ocean, circumference	Ozean, Umkreis, Umfang	océano, círculo, periferia	océan, pourtour, circonférence	مُحِيطٌ
the Atlantic Ocean	der Atlantische Ozean	el océano atlántico	l'océan atlantique	مُحيطٌ أَطْلَسِيٌّ (الـ ـ)
surrounding	umgebend	que rodea	environnant	مُحيطٌ بِـ
the Indian Ocean	der indische Ozean	el océano índico	l'océan indien	مُحيطٌ هِنْدِيٌّ (الـ ـ)
intelligence service	Nachrichtendienst	servicio de informaciones	service de renseignements	مُخابَراتٌ (ج)
talk (n.), (public) address	das Ansprechen	comunicación oral	communication orale	مُخاطَبَةٌ
chosen	ausgewählt	escogido	choisi	مُخْتارٌ

specialised	spezialisiert	especializado	spécialisé	مُخْتَصٌّ
synopsis, short cut	gekürzt, kurz gefasst	abreviado, atajo	abrégé, raccourci	مُخْتَصَرٌ
different	verschieden	diferente	différent	مُخْتَلِفٌ
pillow (n.)	Kissen	almohada	oreiller, coussin	مِخَدَّةٌ مَخادُّ
drug (n.)	Rauschgift	droga	drogue	مُخَدِّرٌ
drugs	Rauschgift, Drogen	drogas	drogues	مُخَدِّراتٌ (ج)
warehouse	Speicher, Lager	almacén, depósito	entrepôt	مَخْزَنٌ مَخازِنُ
reserved for	bestimmt für	reservado a	réservé à	مُخَصَّصٌ لِ
manuscript	handgeschrieben, Manuskript	manuscrito	manuscrit	مَخْطوطٌ
sincere, faithful, loyal, conscientious	loyal, treu, gewissenhaft	sincero, fiel, concienzudo	sincère, fidèle, consciencieux	مُخْلِصٌ
lengthening, extension	das Ausstrecken	extensión	extension	مَدٌّ
provide with	versorgen mit	proporcionar	fournir	مَدَّ بِ يَمُدّ بِ
orbit (n.)	Umlaufbahn	órbita	orbite	مَدارٌ
assault, breaking into	Ansturm	asalto	assaut	مُداهَمَةٌ
duration/ term of contract	Gültigkeitsdaur des Vertrags	duración del contrato	durée du contrat	مُدَّةُ العَقْدِ
duration, time, period	Zeitdauer	duración	durée	مُدَّةٌ مُدَدٌ

praising, eulogy, praise	Lob, Verherrlichung	elogio, apología	éloge, apologie	مَدْحٌ
praise, eulogise	loben, preisen, würdigen	elogiar, alabar	faire l'éloge de, louer qqn	مَدَحَ يَمْدَحُ
entrance, introduction	Eingang, Einführung	entrada, introducción	entrée, introduction	مَدْخَلٌ مَداخِلُ
separate entrance	separater Eingang	entrada independiente	entrée indépendante	مَدْخَلٌ مُنْفَصِلٌ مَداخِلُ مُنْفَصِلَةٌ
trainer, coach	Trainer	entrenador	entraîneur	مُدَرِّبٌ
teacher	Lehrer	profesor	enseignant	مُدَرِّسٌ
primary school	Grundschule	escuela primaria	école primaire	مَدْرَسَةٌ ابْتِدائِيَّةٌ مَدارِسُ ـ
intermediate school (first cycle of secondary school)	Mittelschule, Realschule	colegio	collège	مَدْرَسَةٌ إِعْدادِيَّةٌ مَدارِسُ ـ
secondary school	Sekundarschule, Gymnasium	instituto de segunda enseñanza	école secondaire, lycée	مَدْرَسَةٌ ثانَوِيَّةٌ مَدارِسُ ـ
school (n.)	Schule	escuela	école	مَدْرَسَةٌ مَدارِسُ
guest (n.)	eingeladen, Gast	invitado	invité	مَدْعُوٌّ
cannon, gun	Kanone	cañón	canon	مِدْفَعٌ مَدافِعُ
civil	zivil	civil	civil	مَدَنِيٌّ
surprising, astonishing	erstaunlich, verwunderlich	asombroso	étonnant	مُدْهِشٌ

round, circular	rund, kreisförmig	redondo, circular	rond, circulaire	مُدَوَّرٌ
extent	Weite, Ausmaβ	alcance, grado	étendue, degré	مَدًى
long run	(auf) lange Sicht	largo plazo	longue échéance	مَدًى بَعِيدٌ
director, manager	Direktor	director	directeur	مُدِيرٌ
modern city	moderne Stadt	ciudad moderna	ville moderne	مَدِينَةٌ حَدِيثَةٌ مُدُنٌ ـ
medical complex	Krankenhauskomplex	complejo hospitalario	complexe hospitalier	مَدِينَةٌ طِبِّيَّةٌ مُدُنٌ ـ
old city, medina	alte Stadt, Altstadt	ciudad antigua	vieille ville, médina	مَدِينَةٌ قَدِيمَةٌ مُدُنٌ ـ
integrated city	integrierte Stadt	ciudad integrada	ville intégrée	مَدِينَةٌ مُتَكامِلَةٌ مُدُنٌ ـ
city	Stadt	ciudad	ville	مَدِينَةٌ مُدُنٌ
fly whisk	Fliegenwedel	matamoscas	chasse-mouches	مِذَبَّةٌ مَذابُّ
frightened	erschreckt, erschrocken	espantado	effrayé	مَذْعورٌ
masculine	maskulin	masculino	masculin	مُذَكَّرٌ
mentioned	erwähnt	mencionado, citado	indiqué, cité, mentionné	مَذْكورٌ
gilded, gold plated	golden, vergoldet	dorado	doré	مُذَهَّبٌ
amazing, astonishing	verblüffend	pasmoso	ahurissant	مُذْهِلٌ

radio (n.)	Radio	radio	radio	مِذْياعٌ مَذاييعُ
pass, go by, elapse	vorbeigehen, durchkommen, vergehen	pasar	passer	مَرَّ يَمُرُّ
visible things	sichtbare Dinge	cosas visibles	choses visibles	مَرْئِيّاتٌ (ج)
wall mirror	Wandspiegel	espejo mural	miroir mural	مِرْآةُ حائِطٍ مَرايا ـ
mirror (n.)	Spiegel	espejo	miroir	مِرْآةٌ مَرايا
consultation, revision	Konsultation, Übersprüfung	consulta, revisión	consultation, révision	مُراجَعَةٌ
newspaper review	Zeitungseinsicht-nahme	lectura rápida del periódico	consultation du journal	مُراجَعَةُ الصَّحيفَةِ
synonym	Synonym	sinónimo	synonyme	مُرادِفٌ
correspondent	Korrespondent	corresponsal, persona con quien uno se cartea	correspondant	مُراسِلٌ
newspaper correspondent	Zeitungskorresponden t	corresponsal de prensa	correspondant de presse	مُراسِلٌ صَحَفِيٌّ
correspondences	Briefwechsel	correspondencias	correspondances	مُراسَلاتٌ (ج)
correspondence	Korrespondenz	correspondencia	correspondance	مُراسَلَةٌ
official correspondence	offizielle Korrespondenz	correspondencia oficial	correspondance officielle	مُراسَلَةٌ رَسْمِيَّةٌ
consideration	Berücksichtigung	consideración	Considération, prise en compte	مُراعاةٌ
appreciating the circumstances, taking the circumstances into consideration	Berücksichtigung der Umstände	consideración de las circunstancias	considération des circonstances	مُراعاةُ الظُّروفِ (- ج)

life commodities, conveniences	Annehmlichkeiten des Lebens	comodidades de la vida	commodités de la vie	مَرافِقُ (ج) الحَياةِ
control, surveillance	Kontrolle, Überwachung	control	contrôle, surveillance	مُراقَبَةٌ
police surveillance	Bewegungskontrolle	control de los movimientos	contrôle des déplacements/ mouvements/ agissements	مُراقَبَةُ التَّحَرُّكاتِ (-ج)
square (n, adj.)	quadratisch, Quadrat	cuadrado	carré	مُرَبَّعٌ
tied	angebunden, geknüpft	atado	noué	مَرْبوطٌ
jam (n.)	Konfitüre	mermelada	confiture	مُرَبّى
one day, once	einmal	una vez, érase una vez	une fois	مَرَّةً
again, once more	noch, noch einmal	una vez más	encore, encore une fois	مَرَّةً أُخْرى
time (n.)	Mal	una vez	fois, reprise	مَرَّةٌ مِرارٌ، مَرّاتٌ
arranged, (well) organised	geordnet, gut gestaltet	ordenado, organizado	ordonné, organisé	مُرتَّبٌ
mattress	Matratze	colchón	matelas	مَرْتَبَةٌ مَراتِبُ
high	erhöht, hoch	elevado, alto	élevé, haut	مُرْتَفِعٌ
joke, make fun	scherzen, Spaβ machen	bromear	badiner, plaisanter	مَرِحَ يَمْرَحُ
welcome !	willkommen !	¡ bienvenido !	bienvenue !	مَرْحَبًا
primary level	Grundstufe	primera enseñanza	cycle primaire	مَرْحَلَةٌ ابْتِدائِيَّةٌ

intermediate level	Mittelstufe	primer ciclo de segunda enseñanza	cycle moyen	مَرْحَلَةٌ إِعْدادِيَّةٌ
planning stage/ phase	Planungsphase	etapa de la planificación	stade de la planification	مَرْحَلَةُ التَّخْطيطِ مَراحِلُ ـ
first stage	erste Stufe/Phase	primer ciclo	premier cycle	مَرْحَلَةٌ أولى
stage (n.), level	Etappe, Stufe	etapa, ciclo	étape, cycle, stade	مَرْحَلَةٌ مَراحِلُ
deceased, late	verstorben, selig	difunto	défunt	مَرْحومٌ
sender	Absender	remitente	expéditeur	مُرْسِلٌ
addressee	Empfänger	destinatario	destinataire	مُرْسَلٌ إِلَيْهِ
decree	Erlass	decreto	décret	مَرْسومٌ مَراسيمُ
candidate	Kandidat	candidato	candidat	مُرَشَّحٌ
disease	Krankheit	enfermedad	maladie	مَرَضٌ أَمْراضٌ
become sick/ ill	erkranken	enfermar	tomber malade	مَرِضَ يَمْرَضُ
commodity, service	Einrichtung, Annehmlichkeit	comodidad, servicio	commodité, service	مَرْفِقٌ مَرافِقُ
sauce	Sauce	salsa	sauce	مَرَقٌ
boat	Boot	barca	barque	مَرْكَبٌ مَراكِبُ
centre, position	Zentrum, Sitz, Stellung	centro, sitio, rango	centre, place, rang	مَرْكَزٌ مَراكِزُ

flexible	flexibel	flexible	souple	مَرِنٌ
traffic (n.)	Verkehr	tráfico	circulation	مُرورٌ
flexibility	Flexibilität	flexibilidad	souplesse	مُرونَةٌ
suspect, suspicious	verdächtig	sospechoso	suspect	مُريبٌ
comfortable	bequem	confortable	confortable	مُريحٌ
sick person, patient	krank, Patient	enfermo	malade, patient	مَريضٌ مَرْضى، مِراضٌ
overall (n.)	Schürze	delantal	tablier	مَرْيُلَةٌ
farmer	Landwirt	agricultor	agriculteur	مُزارِعٌ
preferential advantages	Vergünstigungen	ventajas preferenciales	avantages préférentiels	مَزايا تَفْضيلِيَّةٌ (ج)
mixing	das Mischen	mezcla, combinación	action de mélanger	مَزْجٌ
joke (v.)	scherzen, spaβen	bromear	plaisanter	مَزَحَ يَمْزَحُ
crowded	überfüllt	atestado (lugar)	encombré	مُزْدَحِمٌ
double (adj.)	doppelt	doble	double	مُزْدَوِجٌ
cultivated	angebaut	cultivado	cultivé	مَزْروعٌ
plantations	Plantage	plantaciones	plantations	مَزْروعاتٌ (ج)

non-nutritional plants, non-food crops	für Ernährung ungeeignete Plantage	plantaciones no alimenticias	plantations non alimentaires	مَزْروعاتٌ غَيْرُ غِذائِيَّةٍ (ج)
mixture	Mischung	mezcla	mélange	مَزِيجٌ
more/ excess of	mehr, sehr viel, hohes Maβ an	más , complemento/ exceso de	plus/ complément/ excédent de	مَزِيدٌ مِنْ
touch (v.)	berühren	tocar	toucher	مَسَّ يَمَسُّ
responsible, officer, official	verantwortlich, zuständiger Beamter	responsable	responsable	مَسْؤولٌ
responsible for	verantwortlich für	responsable de	responsable de	مَسْؤولٌ عَنْ
responsibility	Verantwortung	responsabilidad	responsabilité	مَسْؤولِيَّةٌ
shared responsibility	gemeinsame Verantwortung	responsabilidad común	responsabilité commune	مَسْؤولِيَّةٌ مُشْتَرَكَةٌ
evening	Abend	tarde	soir	مَساءٌ أَمْسِيَةٌ
competition	Wettbewerb, Wettkampf	competición	compétition	مُسابَقَةٌ
surface (n.)	Fläche	superficie	surface, superficie	مِساحَةٌ
vast/ wide land surface	groβe Fläche	gran extensión	vaste étendue	مِساحَةٌ شاسِعَةٌ
collaborator, assistant	Mitarbeiter, Assistent	colaborador, ayudante	collaborateur, assistant	مُساعِدٌ
aid, assistance, support	Hilfe, Unterstützung	ayuda, asistencia, sostén	aide, assistance, soutien	مُساعَدَةٌ
economic assistance	Wirtschaftshilfe	asistencia económica	assistance économique	مُساعَدَةٌ اقْتِصادِيَّةٌ

foreign assistance	Auslandshilfe	asistencia extranjera	assistance étrangère	مُساعَدَةٌ خارِجِيَّةٌ
military assistance	Militärhilfe	asistencia militar	assistance militaire	مُساعَدَةٌ عَسْكَرِيَّةٌ
conditional assistance/ aid	bedingte Hilfe	ayuda condicionada	aide conditionnée	مُساعَدَةٌ مَشْروطَةٌ
moral support	moralische Unterstützung	asistencia/ sostén moral	soutien moral	مُساعَدَةٌ مَعْنَوِيَّةٌ
distance (n.)	Distanz	distancia	distance	مَسافَةٌ
traveller, passenger	Reisender, Fahrgast, Fluggast	viajero	voyageur, passager	مُسافِرٌ
issue, question	Frage, Problem	cuestión, problema	question, problème	مَسْأَلَةٌ مَسائِلُ
complicated/ complex issue	kompliziertes Problem	problema complejo	problème compliqué	مَسْأَلَةٌ مُعَقَّدَةٌ مَسائِلُ ـ
participant, contributor	Teilnehmer	participante	participant	مُساهِمٌ
contribution	Teilnahme, Beitrag	participación, aportación	participation, apport	مُساهَمَةٌ
equality	Gleichheit, Gleichberechtigung	igualdad	égalité	مُساواةٌ
preceded by	zuvor, vorausgegangen	precedido de	précédé de	مَسْبوقٌ بِ
tenant	Mieter	inquilino	locataire	مُسْتَأْجِرٌ
used, employed, employee	gebraucht, Angestellter	usado, empleado (adj., n.)	utilisé, employé (adj., n.)	مُسْتَخْدَمٌ
round, circular	rund, kreisförmig	redondo, circular	rond, circulaire	مُسْتَديرٌ

permanent, constant, sustainable	andauernd, beständig	permanente, continuo, sostenible	permanent, continuel, durable	مُسْتَدِيمٌ
debtor	verschuldet	deudor	endetté	مُسْتَدِينٌ
Mr.	Mister	señor	monsieur	مِسْتِرْ
hospital	Krankenhaus	hospital	hôpital	مُسْتَشْفًى
university hospital	Universitätsklinik	hospital universitario	hôpital universitaire	مُسْتَشْفى الجامِعَةِ
rectangle	Rechteck	rectángulo	rectangle	مُسْتَطيلٌ
rectangular	rechteckig	rectangular	rectangulaire	مُسْتَطيلُ الشَّكْلِ
ready/ willing to	bereit zu	dispuesto a/ para	prêt à	مُسْتَعِدٌّ لِـ
coloniser	Kolonisator	colonizador	colonisateur	مُسْتَعْمِرٌ
colonised	kolonisiert	colonizado	colonisé	مُسْتَعْمَرٌ
future	Zukunft	futuro	avenir	مُسْتَقْبَلٌ
in future	in Zukunft	en el futuro, en lo porvenir	dans l'avenir	مُسْتَقْبَلاً
independent	unabhängig	independiente	indépendant	مُسْتَقِلٌّ
straight (adj.)	gerade, geradlinig	derecho, recto	droit (adj.)	مُسْتَقِيمٌ
continuous, constant, permanent	ständig, permanent	continuo, constante, permanente	continu, constant, permanent	مُسْتَمِرٌّ
listener	Hörer, Zuhörer	auditor	auditeur	مُسْتَمِعٌ

swamp (n.)	Sumpf	ciénaga, pantano	marécage	مُسْتَنْقَعٌ
consumer	Verbraucher	consumidor	consommateur	مُسْتَهْلِكٌ
level (n.)	Niveau	nivel	niveau	مُسْتَوًى
the Ommiad Mosque	die omayyadische Moschee	mezquita omeya	la mosquée omeyyade	مَسْجِدٌ أُمَوِيٌّ (الـ)
great mosque	groβe Moschee	gran mezquita	grande mosquée	مَسْجِدٌ جامِعٌ مَساجِدُ جامِعَةٌ
mosque	Moschee	mezquita	mosquée	مَسْجِدٌ مَساجِدُ
registered, recorded	registriert, aufgezeichnet	grabado (adj.)	enregistré	مُسَجَّلٌ
drawn	gezogen, ausgestreckt (Finger)	afilado, delgado (dedo)	tiré, étiré (doigt)	مَسْحوبٌ
poetic drama	poetisches Theater	teatro en verso	théâtre en vers	مَسْرَحٌ شِعْرِيٌّ
drama, theatre	Theater	teatro, escenario	théâtre	مَسْرَحٌ مَسارِحُ
theatrical	theatralisch	teatral	théâtral	مَسْرَحِيٌّ
play (n.)	Theaterstück	pieza de teatro	pièce de théâtre	مَسْرَحِيَّةٌ
fast (adj.)	sich beeilend	rápido, veloz	rapide	مُسْرِعٌ
happy, pleased	zufrieden, froh	contento	content	مَسْرورٌ
stolen	gestohlen	robado	volé	مَسْروقٌ

asphalted	asphaltiert	asfaltado	goudronné	مُسَفْلَتٌ
popular dwelling/ house	Sozialwohnung	alojamiento popular	logement populaire	مَسْكَنٌ شَعْبِيٌّ مَساكِنُ شَعْبِيَّةٌ
dwelling, house	Wohnung, Haus	alojamiento, casa, vivienda	logement, maison	مَسْكَنٌ مَساكِنُ
poor, miserable	arm, bedauernswert	pobre	pauvre	مِسْكينٌ مَساكينُ
serial (n.)	Serie, Sendereihe	folletín, serial, culebrón	feuilleton	مُسَلْسَلٌ
Muslim	Moslem	musulmán	musulman	مُسْلِمٌ
Christianity	Christentum	el cristianismo	le christianisme	مَسيحِيَّةٌ (الـ)
course, march	Strecke, Marsch	recorrido, marcha	parcours, marche	مَسيرَةٌ
pedestrians	die Fußgänger	peatones, transeúntes	piétons	مُشاةٌ (ج)
participation, contribution	Teilnahme	participación	participation	مُشارَكَةٌ
feelings	Gefühle	sentimientos	sentiments	مَشاعِرُ (ج)
tender feelings	zärtliche Gefühle	sentimientos delicados	sentiments délicats	مَشاعِرُ رَقيقَةٌ (ج)
spectator	Zuschauer	espectador	spectateur	مُشاهِدٌ
joint consultation	Beratung, Konsultation	consulta	concertation	مُشاوَرَةٌ
clothes-peg	Wäscheklammer	alfiler de la ropa	pince à linge	مِشْبَكٌ مَشابِكُ

suspect (n.)	verdächtig	sospechoso	suspect	مَشْبوهٌ
buyer, purchaser	Käufer	comprador	acheteur	مُشْتَرٍ (المُشْتَري)
common, joint	gemeinsam	común	commun	مُشْتَرَكٌ
purchases	Käufe, Einkäufe	compras	achats	مُشْتَرَياتٌ (ج)
derived	abgeleitet	derivado	dérivé	مُشْتَقٌّ
supporter, fan (n.)	Anhänger, Fan	hincha, socio	supporter (n.)	مُشَجِّعٌ
brilliant, shining	strahlend	brillante, reluciente	brillant, rayonnant	مُشْرِقٌ
East Arab Countries, Mashriq	der arabische Orient, der Maschrik	el oriente árabe, el machreq	l'Orient arabe, le Machreq	مَشْرِقٌ عَرَبِيٌّ (الـ-)
east, place of sunrise, orient	Osten, Land des Sonnenaufgangs, Orient	este, levante, oriente	Est, Levant, Orient	مَشْرِقٌ مَشارِقُ
cold drinks	kalte Getränke	refrescos	boissons fraîches	مَشْروباتٌ مُثَلَّجَةٌ (ج)
conditional	bedingt	condicionado	conditionné	مَشْروطٌ
"bread basket" project	"Brotkorb" - Projekt	proyecto "cesto de pan"	projet du "panier de pain"	مَشروعُ "سَلَّةِ الخُبْزِ"
economic project	Wirtschaftsprojekt	proyecto económico	projet économique	مَشْروعٌ اقْتِصادِيٌّ مَشاريعُ\ مَشْروعاتٌ اقْتِصادِيَّةٌ
draft resolution	Beschlussentwurf	proyecto de ley	projet de loi	مُشْروعُ قَرارٍ مَشاريعُ\مَشْروعاتُ ـ

project (n.)	Projekt	proyecto	projet	مَشْروعٌ مَشاريعُ، مَشْروعاتٌ
comb (n.)	Kamm	peine	peigne	مُشْطٌ أَمْشاطٌ
busy, occupied, engaged	beschäftigt, besetzt	ocupado	occupé	مَشْغولٌ
niche (n.)	Nische	nicho	niche	مِشْكاةٌ مَشاكٍ (المَشاكي)
problem	Problem	problema	problème	مُشْكِلٌ مَشاكِلُ
economic problem	ökonomisches Problem	problema económico	problème économique	مُشْكِلَةٌ اقْتِصاديَّةٌ مَشاكِلُ\ مُشْكِلاتٌ ـ
food problem/ issue	Nahrungsmittel-Problem	problema alimenticio	problème alimentaire	مُشْكِلَةُ الغِذاءِ مَشاكِلُ\ مُشْكِلاتُ ـ
serious problem, critical issue	ernstes Problem	problema grave	problème grave	مُشْكِلَةٌ خَطيرَةٌ مَشاكِلُ\ مُشْكِلاتٌ ـ
the Palestinian issue	die Palästina-Frage	la cuestión palestina	le problème palestinien	مُشْكِلَةُ فِلِسْطينَ
existing/ unsolved problem	weiter bestehendes Problem	problema planteado	problème posé	مُشْكِلَةٌ قائِمَةٌ مَشاكِلُ\ مُشْكِلاتٌ ـ
problem	Problem	problema	problème	مُشْكِلَةٌ مَشاكِلُ، مُشْكِلاتٌ
sight, view, scene	Anblick, Szene	escena, panorama, vista	vue, scène	مَشْهَدٌ مَشاهِدُ

famous	berühmt	famoso, célebre	célèbre	مَشْهورٌ
walk (v.)	gehen, laufen	andar	marcher	مَشى يَمْشي
sources of wealth	Ressourcen	fuentes de riqueza	sources de richesse	مَصادِرُ (ج) الثَّرْوَةِ
income sources	Einkommensquellen	fuentes de ingresos	sources de revenu	مَصادِرُ (ج) الدَّخْلِ
energy sources	Energiequellen	fuentes de energía	sources énergie	مَصادِرُ (ج) الطّاقَةِ
wrestling	das Ringen	lucha, yudo	lutte, judo	مُصارَعَةٌ
Arab interests	arabische Interessen	intereses árabes	intérêts arabes	مَصالِحُ عَرَبِيَّةٌ (ج)
lamp	Lampe	lámpara	lampe	مِصْباحٌ مَصابيحُ
copy of the Koran	Koranexemplar	ejemplar coránico	exemplaire du coran	مُصْحَفٌ مَصاحِفُ
exporter	Exporteur	exportador	exportateur	مُصَدِّرٌ
source, origin, verbal noun, infinitive	Quelle, Ursprung	fuente, origen, nombre de acción	source, origine, substantif, infinitif	مَصْدَرٌ مَصادِرُ
death	Tod	muerte	mort	مَصْرَعٌ مَصارِعُ
bank (n.)	Bank	banco	banque	مَصْرِفٌ مَصارِفُ
lift, elevator	Fahrstuhl, Lift	ascensor	ascenseur	مِصْعَدٌ مَصاعِدُ
basic/ essential interest	Hauptinteresse	interés fundamental	intérêt principal	مَصْلَحَةٌ أَساسِيَّةٌ مَصالِحُ ـ

customs office	Zollbehörde	servicio de aduanas	service des douanes	مَصْلَحَةُ الجَمارِكِ (ج) مَصالِحُ ـ
vital interest	Lebensinteresse	interés vital	intérêt vital	مَصْلَحَةٌ حَيَوِيَّةٌ مَصالِحُ ـ
common interest	gemeinsames Interesse	interés común	intérêt commun	مَصْلَحَةٌ مُشْتَرَكَةٌ مَصالِحُ ـ
interest (n.)	Interesse	interés	intérêt	مَصْلَحَةٌ مَصالِحُ
factory, plant, manufacture	Fabrik, Werk	fábrica	usine	مَصْنَعٌ مَصانِعُ
calamity, misfortune	Plage, Unglück	calamidad, desdicha	calamité, malheur	مُصيبَةٌ مَصائِبُ
common destiny	gemeinsames Schicksal	destino común	devenir/ destin commun	مَصيرٌ مُشْتَرَكٌ مَصائِرُ مُشْتَرَكَةٌ
fate, destiny	das Werden, Schicksal	devenir, destino	devenir, destin	مَصيرٌ مَصائِرُ
summer resort	Sommerkurort	lugar de veraneo	station d'été	مَصيفٌ مَصايِفُ
camps	die Zeltlager	campamentos	camps	مَضارِبُ الخِيامِ (ج)
content (n.)	Inhalt, der Gehalt	contenido	contenu (n.)	مَضْمونٌ مَضامِينُ
lapse (n.)	das Verlaufen, das Vergehen	transcurso	écoulement	مُضِيٌّ
go to	gehen/ fahren nach	acercarse/ dirigirse a	partir pour, se diriger vers	مَضى إِلى يَمْضي إِلى

leave (v.), pass	verlaufen, vergehen	ir, pasar	aller, passer	مَضَى يَمْضِي
host (n.)	Gastgeber	huésped, anfitrión	hôte	مُضَيِّفٌ
strait (n.)	Engpass	estrecho, paso, desfiladero	détroit	مَضِيقٌ مَضَايِقُ
airport	Flughafen	aeropuerto	aéroport	مَطَارٌ
kitchen	Küche	cocina	cuisine	مَطْبَخٌ مَطَابِخُ
printing house	Druckerei	imprenta	imprimerie	مَطْبَعَةٌ مَطَابِعُ
cooked	gekocht	cocido (adj.)	cuit	مَطْبُوخٌ
rain (n.)	Regen	lluvia	pluie	مَطَرٌ أَمْطَارٌ
heavy rain	strömender Regen	lluvia abundante, chubasco	pluie abondante	مَطَرٌ غَزِيرٌ أَمْطَارٌ غَزِيرَةٌ
singer	Sänger	cantor	chanteur	مُطْرِبٌ
hotel restaurant	Hotelrestaurant	restaurante del hotel	restaurant d'hôtel	مَطْعَمُ الفُنْدُقِ مَطَاعِمُ –
restaurant	Restaurant	restaurante	restaurant	مَطْعَمٌ مَطَاعِمُ
daybreak	Tagesanbruch	el amanecer	point du jour	مَطْلَعُ الفَجْرِ
absolute	absolut	absoluto	absolu	مُطْلَقٌ
required, expected, wanted	erforderlich, erbeten	requisito	requis, demandé	مَطْلُوبٌ

folded	gefaltet	plegado	plié	مَطْوِيٌّ
dark (adj.)	dunkel	oscuro	obscur	مُظْلِمٌ
oppressed	ungerecht behandelt, unterdrückt	oprimido	opprimé, oppressé	مَظْلومٌ
aspect	Aussehen, Aspekt	aspecto	aspect	مَظْهَرٌ مَظاهِرُ
with	mit	con	avec	مَعَ
farewell, good bye !	auf Wiedersehen!	¡ adios! , ¡ hasta la vista !	au revoir !	مَعَ السَّلامَةِ
with the astrologist, horoscope	mit dem Astrologen, Horoskop	con el astrólogo, horóscopo	avec l'astrologue, horoscope	مَعَ الفَلَكِيِّ
yours faithfully, yours sincerely	in Liebe, mit herzlichen Grüβen	saludos cordiales	affectueusement, en toute affection	مَعَ خالِصِ المَوَدَّةِ
nevertheless, despite, however	trotzdem, jedoch	sin embago, pese a ello	malgré cela, et pourtant	مَعَ ذَلِكَ
together	zusammen	juntos	ensemble	مَعًا
opponent, opposer	Oppositioneller	opositor, oponente	opposant	مُعارِضٌ
opposition	Opposition	oposición	opposition	مُعارَضَةٌ
acquaintances	Kenntnisse	conocimientos	connaissances	مَعارِفُ (ج)
contemporary	zeitgenössisch	contemporáneo	contemporain	مُعاصِرٌ
(infliction of) punishment	Bestrafung	castigo	punition	مُعاقَبَةٌ
treatment, analysis	Behandlung, Analyse	tratamiento, análisis	traitement, analyse	مُعالَجَةٌ

face features	Gesichtszüge	rasgos del rostro	traits du visage	مَعالِمُ (ج) الوَجْهِ
behaviour, treatment	Benehmen, Umgang mit, Behandlung	trato	comportement avec autrui, traitement	مُعامَلَةٌ
treaty, pact	Vertrag, Konvention, Abkommen	tratado, pacto	traité, pacte	مُعاهَدَةٌ
international treaty/ convention	internationales Abkommen	convenio internacional	convention internationale	مُعاهَدَةٌ دُوَلِيَّةٌ
help (n.)	Hilfe, Unterstützung	ayuda	aide	مُعاوَنَةٌ
aggressor	Aggressor	agresor	agresseur	مُعْتَدٍ (المُعْتَدي)
moderate, mild	mäßig, gemäßigt	moderado, templado	modéré	مُعْتَدِلٌ
accredited	akkreditiert	acreditado	accrédité	مُعْتَمَدٌ
miracle	Wunder	milagro	miracle	مُعْجِزَةٌ
dictionary, lexicon, glossary, vocabulary	Wörterbuch, Lexikon, Glossar, Wortschatz	diccionario, léxico, glosario, vocabulario	dictionnaire, lexique, glossaire, vocabulaire	مُعْجَمٌ مَعاجِمُ، مُعْجَماتٌ
stomach	Magen	estómago	estomac	مَعِدَةٌ مَعِدٌ
average	Durchschnitt	promedio	moyenne (n.)	مُعَدَّلٌ
mineral (n.)	Mineral, Erz	mineral (n.)	minerai	مَعْدِنٌ مَعادِنُ
human knowledge	Menschenkenntnis	conocimiento humano	connaissance humaine	مَعْرِفَةٌ إِنْسانِيَّةٌ مَعارِفُ ـ
knowledge	Wissen, Kenntnis	saber, conocimiento	savoir (n.), connaissance	مَعْرِفَةٌ مَعارِفُ

exhibits, exhibited articles	Exponate, ausgestellte Produkte	artículos expuestos	articles exposés	مَعْروضاتٌ (ج)
(well) known	bekannt	conocido	connu	مَعْروفٌ
fairness, kindness, good	Freundlichkeit, Freundschaftsdienst	favor	obligeance	مَعْرُوفٌ (الـ)
most (of)	die meisten (von)	la mayor parte de	la plupart de	مُعْظَمُ ـ
most of the time	meistens	las más de las veces	la plupart du temps	مُعْظَمُ الأَحْيانِ (ـ ج)
complicated	kompliziert	complicado, intrincado	compliqué	مُعَقَّدٌ
reasonable	vernünftig	razonable	raisonnable	مَعْقولٌ
teacher	Lehrer	maestro de escuela	enseignant, instituteur	مُعَلِّمٌ
primary school teacher	Grundschullehrer	maestro de escuela	instituteur	مُعَلِّمُ المَرْحَلَةِ الابْتِدائِيَّةِ
monument	Denkmal	monumento	monument	مَعْلَمٌ مَعالِمُ
advertised, announced	angekündigt, bekanntgegeben	anunciado	annoncé, affiché	مُعْلَنٌ
known	bekannt	conocido	connu	مَعْلومٌ
information	Informationen	informaciones	informations	مَعْلوماتٌ (ج)
piece of information	Information	información, dato	information	مَعْلومَةٌ
architecture	Architektur	arquitectura	architecture	مِعْمارٌ

moral (adj.)	moralisch	moral	moral (adj.)	مَعْنَوِيٌّ
basic meaning	Grundbedeutung	sentido fundamental/ básico	sens fondamental/ premier	مَعْنًى أَساسِيٌّ مَعانٍ (المَعاني) أَساسِيَّةٌ
word meaning	Sinn des Wortes	sentido de la palabra	sens du terme	مَعْنَى الكَلِمَةِ مَعاني ـ
meaning	Sinn, Bedeutung	sentido	sens	مَعْنًى مَعانٍ (المَعاني)
Arabic language institute	Institut für arabische Sprache	instituto de lengua árabe	institut de langue arabe	مَعْهَدُ اللُّغَةِ العَرَبِيَّةِ مَعاهِدُ ـ
research institute	Forschungsinstitut	instituto de investigaciones	institut de recherches	مَعْهَدُ بُحوثٍ (ـ ج) مَعاهِدُ ـ
institute (n.)	Institut	instituto	institut	مَعْهَدٌ مَعاهِدُ
twisted, bent	gebogen, gekrümmt	torcido	tordu	مُعْوَجٌّ
aid, assistance	Hilfe, Unterstützung	ayuda, asistencia	aide, assistance	مَعونَةٌ
living, subsistence	Leben, Lebenshaltung	vida, subsistencia	vie, subsistance	مَعيشَةٌ
determined, scheduled	bestimmt	específico, determinado	déterminé	مُعَيَّنٌ
departure	Abreise, Abfahrt, Abflug	salida	départ	مُغادَرَةٌ
Maghrib (sunset prayer)	Maghrib, Sonnen-untergangsgebet	maghrib (oración vespertina)	Maghrib (prière du couchant)	مَغْرِبٌ

Maghrib	der Maghreb	el magreb	le Maghreb	مَغْرِبٌ (الـ ـ)
sunset, west	Sonnenuntergang, Okzident	ocaso, occidente	couchant, occident	مَغْرِبٌ مَغارِبُ
Maghribi (adj.)	maghrebinisch	magrebí	maghrébin	مَغْرِبِيٌّ
Maghribi (n.)	Maghrebiner	magrebí	maghrébin	مَغْرِبِيٌّ مَغارِبَةٌ
ladle (n.)	Schöpflöffel	cucharón	louche (n.)	مِغْرَفَةٌ مَغارِفُ
unconscious	ohnmächtig	desmayado	évanoui	مَغْشِيٌّ عَلَيْهِ
defeated	besiegt	vencido	vaincu	مَغْلوبٌ
sudden, unexpected	überraschend	imprevisto, inesperado	imprévu, inattendu	مُفاجِئٌ
negotiation	Verhandlung	negociación	négociation	مُفاوَضَةٌ
key (n.)	Schlüssel	llave	clé	مِفْتاحٌ مَفاتيحُ
intersection, crossroad	Straßenkreuzung	cruce, encrucijada	intersection, croisée des chemins	مُفْتَرَقُ الطُّرُقِ (ـ ج)
open (adj.)	geöffnet, offen	abierto	ouvert	مَفتوحٌ
singular	Singular	singular	singulier	مُفْرَدٌ
word, vocable	Wort, Vokabel	palabra, vocablo	mot, vocable	مُفْرَدَةٌ
table cloth	Tischtuch	mantel	nappe	مِفْرَشٌ مَفارِشُ
furnished	möbliert	amueblado	meublé	مَفْروشٌ

minced, chopped	gehackt	picado	haché	مَفْرومٌ
preferred, favourite	bevorzugt, Günstling	preferido, favorito	préféré, favori	مُفَضَّلٌ
notion, concept	Begriff	noción, concepto	notion, concept	مَفْهومٌ مَفاهيمُ
useful, interesting	nützlich, interessant	útil, interesante	utile, intéressant	مُفيدٌ
opposite, equivalent	gegensätzlich, Gegenleistung	opuesto, contrapartida	opposé, contrepartie	مُقابلٌ
against, to, in return for	gegen, als Gegenwert	contra, en pago de	contre	مُقابلَ ـ
interview, meeting	Treffen, Begegnung	entrevista, encuentro	entrevue, rencontre	مُقابَلَةٌ
fight (n.)	Kampf	combate	combat	مُقاتَلَةٌ
comparison	Vergleich	comparación	comparaison	مُقارَنَةٌ
interruption	Unterbrechung	interrupción	interruption	مُقاطَعَةٌ
article (n.)	Artikel, Aufsatz	artículo	article	مَقالٌ
article (n.), essay	Artikel, Aufsatz	artículo, ensayo	article, essai	مَقالَةٌ
insect fighting	Insektenbekämpfung	lucha contra los insectos	lutte contre les insectes	مُقاوَمَةُ الحَشَراتِ (ـ ج)
insect pest fighting	Schädlings-bekämpfung	lucha contra los insectos dañinos	lutte contre les insectes nuisibles	مُقاوَمَةُ الحَشَراتِ الَّتي تُخَرِّبُ الزَّرْعَ
next (adj.)	kommend, nächst-	próximo, que viene	prochain	مُقْبِلٌ

assailant	eindringend, erstürmend	asaltante	assaillant	مُقْتَحِمٌ
suggested, proposed, proposal	vorgeschlagen, Vorschlag	propuesto, propuesta (n.)	proposé, proposition	مُقْتَرَحٌ
quantity, sum	Maβ, Quantität	cantidad	quantité	مِقْدارٌ مَقاديرُ
holy, sacred	heilig	sagrado	sacré	مُقَدَّسٌ
programme presenter	Programmansager, Moderator	locutor (radio, t.v.)	présentateur de programmes	مُقَدِّمُ بَرامِجَ (- ج)
company head office/ headquarter	Firmensitz	sede de la compañía	siège de la société	مَقَرُّ الشَّرِكَةِ
pair of scissors	Schere	tijeras	ciseaux	مِقَصٌّ مَقاصُّ
meant, intended, meaning	beabsichtigt, gemeint	intención, propósito	voulu, sens voulu	مَقْصودٌ
cut off	abgeschnitten, abgebrochen	cortado	rompu	مَقْطوعٌ
extract from a poem	Auszug aus einem Gedicht	extracto/ fragmento de un poema	extrait d'un poème	مَقْطوعَةٌ شِعْرِيَّةٌ
seat, bench, chair	Sitz, Bank, Stuhl	asiento, banco, silla	siège, banc, chaise	مَقْعَدٌ مَقاعِدُ
closed	geschlossen	cerrado	fermé	مُقْفَلٌ
thermometer	Thermometer	termómetro	thermomètre	مِقْياسُ الحَرارَةِ
tensiometer	Blutdruckmessapparat	tensiómetro	tensiomètre	مِقْياسُ الضَّغْطِ
tensionmeter	Blutdruckmessapparat	tensiómetro	tensiomètre	مِقْياسُ ضَغْطِ الدَّمِ
living, resident, staying	sich aufhaltend, wohnhaft, Resident	residente	résident	مُقيمٌ

correspondences	Briefwechsel	correspondencias	correspondances	مُكاتَبات (ج)
correspondence	Briefwechsel	correspondencia	correspondance	مُكاتَبَةٌ
personal call	persönliches/ privates Gespräch	comunicación personal	communication personnelle	مُكالَمَةٌ شَخْصِيَّةٌ
telephone call	Telefongespräch	comunicación telefónica	communication téléphonique	مُكالَمَةٌ هاتِفِيَّةٌ
place (n.)	Ort, Platz, Stelle	sitio, lugar	place, lieu, endroit	مَكانٌ أَمْكِنَةٌ أَماكِنُ
historical site	historische Stätte	sitio histórico	site historique	مَكانٌ تاريخِيٌّ أَمْكِنَةٌ\ أَماكِنُ تاريخِيَّةٌ
importance, position, rank	Bedeutung, Stellung	importancia, rango	importance, rang	مَكانَةٌ
economic importance	wirtschaftliche Bedeutung	importancia económica	importance économique	مَكانَةٌ اقْتِصادِيَّةٌ
unique position	einzigartige Bedeutung	importancia singular/ sin par	importance particulière/ sans égale	مَكانَةٌ فَريدَةٌ
distinctive position	besondere Stellung/ Bedeutung	importancia señalada	importance particulière	مَكانَةٌ مُتَمَيِّزَةٌ
great importance	wichtige Bedeutung	relevancia	grande importance	مَكانَةٌ هامَّةٌ
information office/ desk, inquiries	Informationsbüro	oficina de informaciones	bureau de renseignements	مَكْتَبُ الاسْتِعْلاماتِ (ـ ج) مَكاتِبُ ـ
reception desk	Empfangsbüro	recepción	bureau d'accueil	مَكْتَبُ الاسْتِقْبالِ مَكاتِبُ ـ
telegraph and telephone office	Fernschreiber - und Telefonbüro	estafeta de telegramas y teléfonos	bureau du télégraphe et du téléphone	مَكْتَبُ البَرْقِ والهاتِفِ مَكاتِبُ ـ

post office	Postamt	oficina de correos	bureau de poste	مَكْتَبُ البَرِيدِ مَكاتِبُ ـ
estate agency	Immobilienagentur	agencia inmobiliaria	agence immobilière	مَكْتَبُ التَّأْجِيرِ مَكاتِبُ ـ
passport office	Passstelle	oficina de pasaportes	bureau des passeports	مَكْتَبُ الجَوازاتِ (ج) مَكاتِبُ ـ
public relations office	Büro für Öffentlichkeitsarbeit	oficina de relaciones públicas	bureau des relations publiques	مَكْتَبُ العَلاقاتِ العامَّةِ (ج) مَكاتِبُ ـ
desk, office	Büro, Amt, Dienststelle	escritorio, oficina	bureau	مَكْتَبٌ مَكاتِبُ
library, bookshop	Bibliothek, Buchhandlung	biblioteca, librería	bibliothèque, librairie	مَكْتَبَةٌ
written, letter	geschrieben, Brief	escrito, carta	écrit, lettre	مَكْتوبٌ
honoured	geehrt	honrado	honoré	مُكَرَّمٌ
macaroni	Makkaroni	macarrones (pastas)	macaroni	مَكَرونَةٌ
gain (n.)	Errungenschaft	logro	acquis	مَكْسَبٌ مَكاسِبُ
broken	gebrochen, zerbrochen	roto	cassé	مَكْسورٌ
cube, cubic	Würfel, Kubik-	cubo, cúbico	cube, cubique	مُكَعَّبٌ
component	Bestandteil	componente	composant	مُكَوِّنٌ
consisting/ composed of	gebildet/ bestehend aus	compuesto de	composé de	مُكَوَّنٌ مِنْ

ingredients	Zutaten	ingredientes	ingrédients	مُكَوِّناتُ (ج) الطَّعامِ
air conditioner	Klimaanlage	acondicionador de aire	climatiseur	مُكَيِّفٌ
filling (in)	Füllung, Fülle	llenado, ocupación	remplissage	مَلْءٌ
public (n.)	Menge, Leute	público, muchedumbre, masa	public	مَلَأٌ أَمْلاءٌ
fill (v.)	füllen	llenar	remplir	مَلَأَ يَمْلَأُ
appropriate, suitable	passend, adäquat, günstig	apropiado, adecuado, idóneo, favorable	approprié, adéquat, favorable	مُلائِمٌ
clothes	Kleidung	ropa	vêtements	مَلابِسُ (ج)
warm clothes	warme Kleidung	ropa de lana	vêtements chauds	مَلابِسُ ثَقيلَةٌ (ج)
summer clothes	Sommerkleidung	ropa de verano	vêtements d'été	مَلابِسُ صَيْفِيَّةٌ (ج)
cotton clothes	Baumwollkleidung	ropa de cotonada	cotonnades	مَلابِسُ قُطْنِيَّةٌ (ج)
remark (n.)	Bemerkung	nota	remarque	مُلاحَظَةٌ
contiguous, adjacent	sich eng anschließend, angrenzend	limítrofe, colindante	contigu, adjacent	مُلاصِقٌ
boxing	Boxkampf	boxeo	boxe	مُلاكَمَةٌ
face features	Gesichtszüge	rasgos del rostro, facciones	traits du visage	مَلامِحُ (ج) الوَجْهِ
sect	Sekte	secta	secte	مِلَّةٌ مِلَلٌ
blazing	entzündet, brennend	flameante	flamboyant	مُلْتَهِبٌ

salty	salzig, Salz-	salado	salé	مِلْحٌ
salt (n.)	Salz	sal	sel	مِلْحٌ أَمْلاحٌ
supplement, extension, annex	Anhang, Nachtrag, Beilage, Nebengebäude	suplemento, anexo, dependencia	supplément, dépendance	مُلْحَقٌ مَلاحِقُ مُلْحَقاتٌ
striking, remarkable, noticeable	bemerkenswert	notable	remarquable	مَلْحوظٌ
remark (n.), note	Anmerkung, Bemerkung	advertencia	remarque	مَلْحوظَةٌ
court, field, stadium	Spielplatz, Stadion	campo deportivo, estadio	terrain de jeu, stade	مَلْعَبٌ مَلاعِبُ
table spoon	Suppenlöffel	cuchara	cuillère à soupe	مِلْعَقَةُ أَكْلٍ مَلاعِقُ –
teaspoon	Teelöffel	cucharilla de té	cuillère à café	مِلْعَقَةُ شايٍ مَلاعِقُ –
spoon (n.)	Löffel	cuchara	cuillère	مِلْعَقَةٌ مَلاعِقُ
file (n.)	Akte, Dossier	expediente	dossier	مِلَفٌّ
invented, false	erfunden, erdichtet	inventado del todo y por completo	inventé de toutes pièces	مُلَفَّقٌ
surnamed	benannt	apodado	surnommé	مُلَقَّبٌ
royalty, sovereignty	Herrschaft	realeza, soberanía	pouvoir royal, souveraineté	مُلْكٌ
king	König	rey	roi	مَلِكٌ مُلوكٌ
own (v.)	besitzen	poseer	posséder	مَلَكَ يَمْلِكُ

royal	königlich	real (adj.)	royal	مَلَكِيٌّ
trait, feature	Wesenszug	rasgo	trait	مَلْمَحٌ مَلامِحُ
concrete, tangible	konkret, spürbar	concreto	concret	مَلْموسٌ
mulukhia	Muluchia	mulujia	corète potagère, mélukhia	مُلوخِيَّةٌ
full	voll	lleno	plein	مَليءٌ
millime	Millime	mílimo	millime	مِلِّيمٌ مِلِّيماتٌ مَلاليمُ
million	Million	millón	million	مِلْيونٌ مَلايينُ
identical	gleich	idéntico	identique	مُماثِلٌ
practices	Praktiken	prácticas	pratiques (n.)	مُمارَساتٌ (ج)
practice	Praxis, Ausübung	práctica	pratique (n.)	مُمارَسَةٌ
first class, excellent	ausgezeichnet, vorzüglich	magnífico	superbe	مُمْتازٌ
pleasant, enjoyable	angenehm, wohltuend, erquicklich	agradable	agréable, captivant	مُمْتِعٌ
properties	Besitz, Eigentum	propiedades	propriétés	مُمْتَلَكاتٌ (ج)
actor, representative	Schauspieler, Vertreter	actor, delegado	acteur, délégué	مُمَثِّلٌ
corridor	Korridor, Gang	corredor, pasillo	couloir	مَمَرٌّ
nurse (m.)	Krankenpfleger	enfermero	infirmier	مُمَرِّضٌ

possible	möglich	posible	possible	مُمْكِنٌ
kingdom	Königreich	reino	royaume	مَمْلَكَةٌ مَمالِكُ
distinct	charakteristisch, spezifisch	específico	spécifique	مُمَيَّزٌ
characteristics, specifications	Charakteristika, Spezifika	características, peculiaridades	caractéristiques, spécifications	مُمَيِّزاتٌ (ج)
from	von	de, desde	de	مِنْ
who?	wer ?	¿ quién ?	qui ?	مَنْ؟
for	für	a causa de, por	à l'intention de, pour	مِنْ أَجْلِ ـ
it is preferable/ better to	es ist besser, zu	es preferible	il est préférable que	مِنَ الأَفْضَلِ أَنْ
from a to z	von A bis Z	de cabo a rabo	de a à z	مِنَ الأَلِفِ إِلى الياءِ
from now, right away	ab jetzt	desde ahora	dès maintenant	مِنَ الآنَ
it is difficult to	es ist schwer, zu	es difícil	il est difficile de	مِنَ الصَّعْبِ أَنْ
it is necessary to/ that	es ist notwendig, zu	es necesario	il est nécessaire de/ que	مِنَ الضَّرورِيِّ أَنْ
it is supposed that	es ist anzunehmen, dass	se supone que	il est supposé que	مِنَ المُفْتَرَضِ أَنْ
it is supposed that	es ist anzunehmen, dass	se supone que	il est supposé que	مِنَ المَفْروضِ أَنْ
it is useful to	es wäre nützlich, wenn	es útil	il est bon/ utile de/ que	مِنَ المُفيدِ أَنْ
it has been decided that	man hat beschlossen/ vorgesehen	queda decidido que	il a été décidé dé/ que	مِنَ المُقَرَّرِ أَنْ

it is obligatory that	man muss/ soll	hace falta	il faut que	مِنَ الواجِبِ أَنْ
where from?	woher ?	¿ de dónde ?	d'où?	مِنْ أَيْنَ ؟
from a distance	von weitem, aus der Ferne	desde lejos	de loin	مِنْ بَعِيدٍ
from one country to another	von Land zu Land	de un país a otro	d'un pays à l'autre	مِنْ بَلَدٍ لِآخَرَ
on the one hand	einerseits	por una parte	d'une part	مِنْ جَانِبٍ
on his part	seinerseits	de su lado	de son côté	مِنْ جانِبِهِ
fortunately	glücklicherweise	afortunadamente, por suerte	heureusement	مِنْ حُسْنِ الحَظِّ
in principle	im Prinzip	en principio	en principe	مِنْ حَيْثُ المَبْدَأُ
through, by	durch	a través de	à travers, par le biais de	مِنْ خِلالِ ـ
from one time/ period to another	von einem Zeitraum zum anderen	de una época a otra	d'une époque à l'autre	مِنْ زَمَنٍ لِآخَرَ
please !	bitte !	¡ por favor !	s'il vous plaît !	مِنْ فَضْلِكَ ؟
on the one hand	einerseits	por una parte	d'une part	مِنْ ناحِيَةٍ
as regards	in Hinsicht auf	desde el punto de vista de, por parte de	du point de vue, eu égard à	مِنْ ناحِيَةِ ـ
on the other hand	andererseits	por otra parte	d'autre part	مِنْ ناحِيَةٍ أُخْرى
who is it/he ?	wer ist das? (m.)	¿ quién es éste ?	qui est-ce ? (m).	مَنْ هَذا ؟
who is it/ she ?	wer ist das? (f.)	¿ quién es ésta ?	qui est-ce ? (f).	مَنْ هَذِهِ ؟

from time to time	von Zeit zu Zeit	de vez en cuando	de temps à autre	مِنْ وَقْتٍ لِآخَرَ
appropriate, suitable	angemessen, geeignet	idóneo, apropiado	convenable, approprié	مُناسِبٌ
occasion	Gelegenheit	oportunidad	occasion	مُناسَبَةٌ
support, backing	Beistand, Unterstützung	sostén, apoyo	soutien, appui	مُناصَرَةٌ
fifty-fifty, by equal shares	zu gleichen Teilen	equitativamente	à égalité	مُناصَفَةً
discussion, debate	Auseinandersetzung, Debatte	discusión, debate	discussion, débat	مُناظَرَةٌ
rival, competitor	Gegner	adversario	adversaire	مُنافِسٌ
discussion	Diskussion	discusión	discussion	مُناقَشَةٌ
alarm clock	Wecker	timbre	réveil	مُنَبِّهٌ
product	Produkt	producto	produit	مُنْتَجٌ
agricultural produce	Agrarprodukte	productos agrícolas	produits agricoles	مُنْتَجاتٌ زِراعِيَّةٌ (ج)
industrial products	Industrieprodukte	productos industriales	produits industriels	مُنْتَجاتٌ صِناعِيَّةٌ (ج)
food products	Nahrungsmittel	productos alimenticios	produits alimentaires	مُنْتَجاتٌ غِذائِيَّةٌ (ج)
victorious	siegreich	victorioso	victorieux	مُنْتَصِرٌ
middle, mid—	Mitte	mitad	milieu	مُنْتَصَفٌ

midnight	Mitternacht	medianoche	minuit	مُنْتَصَفُ اللَّيْلِ
systematic, regular	systematisch, regelmäβig	sistemático, regular	systématique, régulier	مُنْتَظِمٌ
swollen	geschwollen	hinchado	gonflé	مُنْتَفِخٌ
giving, granting	Gewährung	don, concesión, otorgamiento	action de donner, octroi	مَنْحٌ
grant (v.), give	gewähren, geben	otorgar, conceder	accorder, donner	مَنَحَ يَمْنَحُ
biased to	Befürworter von	partidario de	partisan de	مُنْحازٌ لِـ/ إلى
training scholarship	Bildungsstipendium	beca de formación	bourse de formation	مِنْحَةٌ تَدْرِيبِيَّةٌ مِنَحٌ ـ
curved	gebeugt, gebogen	curvo	courbé	مُنْحَنٍ المُنْحَنِي
low (adj.)	niedrig	bajo (adj.)	bas (adj.)	مُنْخَفِضٌ
handkerchief	Taschentuch	servilleta, pañuelo	mouchoir	مِنْدِيلٌ مَنادِيلُ
since, ago	seit, vor	desde	depuis	مُنْذُ
from the beginning	von Anfang an	desde el principio	depuis le début	مُنْذُ البِدايَةِ
house (n.)	Haus	casa, vivienda	maison	مَنْزِلٌ مَنازِلُ
position (n.), rank	Rang	rango	rang	مَنْزِلَةٌ مَنازِلُ
household (adj.)	häuslich, Haus-, Heim-	doméstico	ménager	مَنْزِلِيٌّ
well- arranged	geordnet, gepflegt	dispuesto, arreglado, ordenado	bien agencé/ arrangé	مُنَسَّقٌ

referring to	bezogen auf, zugeschrieben	refiriéndose a	se rapportant à	مَنْسوبٌ إلى
institution, enterprise	Einrichtung, Betrieb	institución, empresa	institution, entreprise	مُنْشَأَةٌ
towel (n.)	Handtuch	toalla	serviette (de toilette)	مِنْشَفَةٌ مَناشِفُ
published	veröffentlicht	publicado	publié	مَنْشورٌ
pedestal table	einbeiniges Tischlein	velador	guéridon	مِنْضَدَةٌ مَناضِدُ
archaeological site	archäologische Region	emplazamiento arqueológica	site archéologique	مِنْطَقَةٌ أَثَرِيَّةٌ مَناطِقُ ـ
commercial area	Geschäftsviertel	zona comercial	zone commerciale	مِنْطَقَةٌ تِجارِيَّةٌ مَناطِقُ ـ
mountainous area	bergiges Gelände	región montañosa	région montagneuse	مِنْطَقَةٌ جَبَلِيَّةٌ مَناطِقُ ـ
the Arab region	der arabische Raum	la región árabe	la région arabe	مِنْطَقَةٌ عَرَبِيَّةٌ (الـ ـ)
populated/ inhabited area	besiedeltes Gebiet	región poblada	région peuplée	مِنْطَقَةٌ مَأْهولَةٌ مَناطِقُ ـ
region, area	Gebiet, Region	región, zona	région, zone	مِنْطَقَةٌ مَناطِقُ
landscape, scene, scenery, view	Landschaft, Anblick, Szene, Ansicht	paisaje, cuadro, escena, vista, panorama	paysage, tableau, scène, vue	مَنْظَرٌ مَناظِرُ
organisation	Organisation	organización	organisation	مُنَظَّمَةٌ
African organisation	afrikanische Organisation	organización africana	organisation africaine	مُنَظَّمَةٌ إِفْريقِيَّةٌ

regional organisation	regionale Organisation	organización regional	organisation régionale	مُنَظَّمَةٌ إِقْلِيمِيَّةٌ
F.A.O.	F.A.O.	F.A.O.	F.A.O.	مُنَظَّمَةُ الأُمَمِ المُتَّحِدَةِ لِلْغِذاءِ
Organisation of African Unity (OAU)	Organisation der afrikanischen Einheit (OAE)	organización de la unidad africana (O.U.A.)	organisation de l'unité africaine (O.U.A.)	مُنَظَّمَةُ الوَحْدَةِ الإِفْرِيقِيَّةِ
international organisation	Weltorganisation	organización mundial	organisation mondiale	مُنَظَّمَةٌ عالَمِيَّةٌ
international communication organisation	Weltorganisation für Kommunikation	organización mundial de comunicaciones	organisation mondiale des communications	مُنَظَّمَةٌ عالَمِيَّةٌ لِلاتِّصالاتِ (ـ ج) (الـ ـ)
Arab communication organisation	arabische Organisation für Kommunikation	organización árabe de comunicaciones	organisation arabe des communications	مُنَظَّمَةٌ عَرَبِيَّةٌ للاتِّصالاتِ (ج)
specialised organisation	Fachorganisation	organización especializada	organisation spécialisée	مُنَظَّمَةٌ مُتَخَصِّصَةٌ
prevention, prohibition	Verhinderung, Verbot	impedimiento, prohibición	empêchement	مَنْعٌ
prevent, prohibit, forbid	verhindern, verbieten	impedir, prohibir	empêcher, défendre	مَنَعَ يَمْنَعُ
alone (adj.), sole	allein, einzeln	solo	seul	مُنْفَرِدٌ
separate (adj.)	getrennt	separado	séparé	مُنْفَصِلٌ
profit (n.)	Nutzen	provecho	profit	مَنْفَعَةٌ مَنافِعُ
beak, bill (of bird)	Schnabel	pico	bec	مِنْقارٌ مَناقِيرُ

method	Methode	método	méthode	مَنْهَجٌ مَناهِجُ
immigrant	Auswanderer	emigrado	émigré	مُهاجِرٌ
skill, competence	Kompetenz	competencia	compétence	مَهارَةٌ
language skill	sprachliche Kompetenz	competencia lingüistica	compétence linguistique	مَهارَةٌ لُغَوِيَّةٌ
worn out	abgenutzt	carcomido	usé	مُهْتَرِئٌ
interested in	interessiert an	interesado en	intéressé par	مُهْتَمٌّ بِـ
exile (n.)	Exil	exilio	exil	مَهْجَرٌ مَهاجِرُ
cradle (n.)	Wiege	cuna	berceau	مَهْدٌ مُهودٌ
threatened	bedroht	amenazado	menacé	مُهَدَّدٌ
well - mannered, polite	wohlerzogen, höflich	cortés	poli	مُهَذَّبٌ
smuggler	Schmuggler	traficante	trafiquant	مُهَرِّبٌ
festival	Festival	festival	festival	مِهْرَجانٌ
slowly !, no rush !	langsam !	¡ despacio !	doucement !	مَهْلاً !
important	wichtig	importante	important	مُهِمٌّ
task, function, mission	Aufgabe, Auftrag	función, tarea, misión	fonction, tâche, mission	مُهِمَّةٌ مَهامٌّ
job, profession, occupation	Beruf	profesión	profession	مِهْنَةٌ مِهَنٌ

engineer (n.)	Ingenieur	ingeniero	ingénieur	مُهَنْدِسٌ
irrigation engineer	Bewässerungs-ingenieur	ingeniero de irrigación	ingénieur de l'irrigation	مُهَنْدِسُ الرَّيِّ
confronting, facing	Konfrontation, das Begegnen	enfrentamiento, careo	affrontement, face-à-face	مُواجَهَةٌ
facing/ confronting the situations	Situationsbewältigung	el hecho de arrostrar situaciones	le fait d'affronter les situations	مُواجَهَةُ المَواقِفِ (- ج)
raw materials	Rohstoffe	materias brutas / sin refinar, materias primas	matières premières, produits bruts	مَوَادُّ خامٌ (ج)
agricultural produce	Agrarprodukte	productos agrícolas	produits agricoles	مَوادُّ زِراعِيَّةٌ (ج)
non-nutritional/ non-food agricultural produce	ungenieβbare Agrarprodukte	productos agrícolas no alimenticios	produits agricoles non alimentaires	مَوَادُّ زِراعِيَّةٌ غَيْرُ غِذائِيَّةٍ (ج)
foodstuffs, food products	Lebensmittel (pl.)	productos alimenticios	denrées alimentaires	مَوادُّ غِذائِيَّةٌ (ج)
budget (n.)	Haushalt, Budget	presupuesto	budget	مُوازَنَةٌ
state budget	Gesamtbudget	presupuesto general	budget général	مُوازَنَةٌ عامَّةٌ
standard, norm, characteristic	Norm, Charakteristik	norma, característica	norme, caractéristique	مُواصَفَةٌ
communications, transport and communication means	Kommunikationen, Verkehrswesen, Kommunikationswesen	comunicaciones, medios de transporte/ comunicación	communications, moyens de transport/ communication	مُواصَلاتٌ (ج)
citizen	Bürger	ciudadano	citoyen	مُواطِنٌ
ordinary/ simple citizen, layman	einfacher Bürger, Durchschnittsbürger	ciudadano ordinario, hombre de la calle	simple citoyen, homme de la rue	مُواطِنٌ عادِيٌّ

flight schedule	Flugplan	horario del tráfico aéreo	horaire des vols	مَواعيدُ الطّائِراتِ (ج)
in agreement with, approving	einverstanden sein/ mit	estar de acuerdo con	être d'accord/ avec	مُوافِقٌ عَلى
approval, agreement	Zustimmung	aprobación	approbation	مُوافَقَةٌ
death	Tod	muerte	mort	مَوْتٌ
wave (n.)	Welle, Woge	ola	vague	مَوْجٌ أَمْواجٌ
radio waves	Rundfunkwellen	ondas radiofónicas	ondes radiophoniques	مَوْجاتُ (ج) الإِذاعَةِ
short wave	Kurzwelle	onda corta	onde courte	مَوْجَةٌ قَصيرَةٌ
medium wave	Mittelwelle	onda media	onde moyenne	مَوْجَةٌ مُتَوَسِّطَةٌ
wave (n.)	Welle, Woge	onda	vague, onde	مَوْجَةٌ مَوْجٌ، مَوْجاتٌ
brief, concise	kurz gefasst	breve, conciso	bref, concis	موجَزٌ
destinated to	gerichtet auf	dirigido a	destiné à	مُوَجَّهٌ إِلى
present, existing, available	vorhanden	existente	existant, disponible	مَوْجودٌ
affection	Zuneigung	afecto, cariño	affection	مَوَدَّةٌ
banana	Banane	banana	banane	مَوْزٌ
music	Musik	música	musique	موسيقى

topic, subject, theme	Gegenstand, Objekt, Thema	sujeto, objeto, tema	sujet, objet, thème	مَوْضوعٌ مَواضيعُ، مَوْضوعاتٌ
employee, clerk	Beamter	funcionario, empleado	fonctionnaire, agent	مُوَظَّفٌ
receptionist	Empfangschef	recepcionista	réceptionniste	مُوَظَّفُ الاستِقْبالِ
passport officer	Passkontrollbeamter	inspector de los pasaportes	contrôleur des passeports	مُوَظَّفُ الجَوازاتِ (- ج)
flight time	Flugzeit	hora del vuelo	heure du vol	مَوْعِدُ الطّائِرَةِ
appointement	Termin, Verabredung	cita	rendez-vous	مَوْعِدٌ مَواعيدُ
successful	erfolgreich	afortunado	couronné de succès	مُوَفَّقٌ
gas stove	Gasherd	cocina de gas	cuisinière à gaz	مَوْقِدُ بوتاجاز مَواقِدُ -
stove	Herd	hornillo	fourneau	مَوْقِدٌ مَواقِدُ
geographical location	geographische Lage	ubicación geográfica	situation géographique	مَوْقِعٌ جُغْرافِيٌّ مَواقِعُ جُغْرافِيَّةٌ
location, place	Standort, Lage, Stellung	ubicación, situación, lugar	emplacement, situation, lieu	مَوْقِعٌ مَواقِعُ
bus stop	Bushaltestelle	parada de autobuses	arrêt d'autobus	مَوْقِفُ حافِلاتٍ (ج .) مَواقِفُ -
position, situation, attitude	Lage, Situation, Stellungnahme	actitud, situación, postura	position, situation, prise de position	مَوْقِفٌ مَواقِفُ
mistress	Herrin	ama, dueña	maîtresse	مَوْلاةٌ

poetic talent	dichterische Begabung	don poético	don poétique	مَوْهِبَةٌ شِعْرِيَّةٌ مَواهِبُ ـ
gift, talent	Begabung, Talent	don, talento	don, talent	مَوْهِبَةٌ مَواهِبُ
inclined / with a tendency to	neigend zu	muy inclinado a	enclin à, tendant vers	مَيّالٌ إلى\ لِـ
dead	tot	muerto	mort	مَيِّتٌ
investment protection code	Investitionsschutzgesetz	código de protección de inversiones	code de protection des investissements	مِيثاقُ حِمايَةِ الاسْتِثْمارات (.ج)
code, pact, charter	Kodex, Bündnis , Charta	código, pacto, carta	code, pacte, charte	ميثاقٌ مَواثِيقُ
medal	Medaille	medalla	médaille	ميدالِيَّةٌ
bronze medal	Bronzemedaille	medalla de bronce	médaille de bronze	ميدالِيَّةٌ برونْزِيَّةٌ
gold medal	Goldmedaille	medalla de oro	médaille d'or	ميدالِيَّةٌ ذَهَبِيَّةٌ
silver medal	Silbermedaille	medalla de plata	médaille d'argent	ميدالِيَّةٌ فِضِّيَّةٌ
area of activity, labour field	Arbeits-/ Beschäftigungsbereich	campo de trabajo/ empleo	domaine du travail/ de l'emploi	مَيْدانُ العَمَلِ مَيادينُ ـ
square, field	Platz, Bereich	ámbito, campo	place, domaine	مَيْدانٌ مَيادينُ
distinguish, differentiate	auszeichnen, differenzieren	distinguir, diferenciar	distinguer, différencier	مَيَّزَ
Libra	Waage	libra	balance	ميزانٌ (بُرْجُ الـ)

morphological pattern	morphologische Form	forma morfológica	forme morphologique	ميزانٌ صَرْفِيٌّ مَوازينُ صَرْفِيَّةٌ
scale (n.)	Waage	balanza	balance	ميزانٌ مَوازينُ
state budget	Staatshaushalt	presupuesto general	budget général	ميزانِيَّةٌ عامَّةٌ
characteristic	Eigenschaft, Besonderheit	peculiaridad	particularité	ميزَةٌ
appointment	Termin, Verabredung	cita	rendez-vous	ميعادٌ مَواعيدُ
birth	Geburt	nacimiento	naissance	ميلادٌ
Gregorian	gregorianisch	gregoriano	grégorien	ميلادِيٌّ

انجليزيّة	ألمانيّة	إسبانيّة	فرنسيّة	عربيّة
vice-president	Vizepräsident	vice-presidente	vice-président	نائِبُ الرَّئيسِ نُوّابُ\ نائِبو ـ
delegate, representative, member of parliament, deputy	Stellvertreter, Abgeordneter	delegado, representante, diputado	délégué, représentant, député	نائِبٌ نُوّابٌ
asleep	schlafend	dormido	endormi	نائِمٌ نِيامٌ، نُوّامٌ، نُوَّمٌ
successful, effective	erfolgreich, wirksam	acertado, eficaz	réussi, efficace	ناجِحٌ
side	Seite	lado	côté	ناحِيَةٌ نَواحٍ (النَّواحِي)
club	Klub	club	club	نادٍ (النّادي) نَوادٍ (النَّوادي)، أَنْدِيَةٌ
call, shout at	rufen, aufrufen	llamar, gritar	appeler, clamer, crier	نادى
fire (n.)	Feuer	fuego	feu	نارٌ نيرانٌ

low fire	gelindes Feuer	fuego lento	feu doux	نارٌ هادِئةٌ نيرانٌ ـ
falling, descending	hinuntergehend, fallend	que desciende	tombant	نازِلٌ
people	Leute	gente	gens	ناسٌ (ج)
suit (v.), fit	entsprechen, passen zu	convenir	convenir	ناسَبَ
koran transcriber	Korankopist	copista del Corán	copiste du coran	ناسِخُ القُرْآنِ نُسّاخُ ـ
transcriber	Kopist	copista	copiste	ناسِخٌ نُسّاخٌ
expectant	Wartender	el que espera	celui qui attend	ناظِرٌ
soft	zart, weich	suave	doux	ناعِمٌ
window	Fenster	ventana	fenêtre	نافِذَةٌ نَوافِذُ
compete with	rivalisieren mit	rivalizar con	rivaliser avec	نافَسَ
critic	Kritiker	crítico (n.)	critique (n.)	ناقِدٌ نُقّادٌ
discuss, debate	diskutieren, erörtern	discutir, debatir	discuter, débattre	ناقَشَ
obtain, get	erhalten	obtener, conseguir	obtenir	نالَ يَنالُ
sleep (v.)	schlafen	dormir	dormir	نامَ يَنامُ
flute (n.)	Föte	flauta	flûte	نايٌ
keep away	sich entfernen, sich fernhalten	alejarse	s'éloigner	نَأى يَنْأى

news, information	Nachricht	noticia, información	information	نَبَأٌ أَنْباءٌ
plants	Pflanzen	plantas	plantes	نَباتٌ (ج)
bark (n.)	das Bellen	ladrido	aboiement	نُباحٌ
grow, spring	wachsen, keimen, entstehen	brotar, germinar, nacer	pousser (intr.), germer, naître	نَبَتَ يَنْبُتُ
excel	Hervorragendes leisten	descollar (como poeta)	exceller	نَبَغَ يَنْبُغُ
draw s.o's attention/ point out to	warnen vor, die Aufmerksamkeit lenken auf	prevenir, llamar la atención	prévenir contre, attirer l'attention sur	نَبَّهَ إلى
genius	Genialität, Genie	genio	génie	نُبوغٌ
of the Prophet, prophetic	vom Propheten, prophetisch	del profeta, profético	du prophète, prophétique	نَبَوِيٌّ
prophet	Prophet	profeta	prophète	نَبِيٌّ أَنْبِياءُ
noble (adj.)	edel	noble	noble	نَبيلٌ
result from	sich ergeben aus	resultar/ derivar de	résulter de	نَتَجَ عَنْ يَنْتُجُ عَنْ
election results	Wahlergebnis	resultado de las elecciones	résultat des élections	نَتيجَةُ الانْتِخابِ نَتائِجُ ـ
result (n.)	Ergebnis	resultado	résultat	نَتيجَةٌ نَتائِجُ
to be saved, escape	entgehen	salvarse	échapper à	نَجا يَنْجو
escape, rescue, deliverance	Rettung, Erlösung	salvación	délivrance	نَجاةٌ

success	Erfolg	éxito	succès	نَجاحٌ
carpenter	Tischler, Schreiner	carpintero	menuisier	نَجّارٌ
succeed	Erfolg haben	acertar, aprobar	réussir	نجَحَ يَنْجَحُ
help (n.), rescue	Hilfe, Rettung	socorro, auxilio	secours	نَجْدَةٌ
star (n.)	Stern, Star	estrella, astro	étoile, astre, vedette	نَجْمٌ نُجومٌ
copper	Kupfer	cobre	cuivre	نُحاسٌ
copper—	kupfern	de cobre	en cuivre	نُحاسِيٌّ
we, us	wir	nosotros	nous	نَحْنُ
palm-tree, date palm	Palme, Dattelpalme	palmera	palmier, dattier	نَخْلَةٌ نَخْلٌ، نَخيلٌ، نَخْلاتٌ
regret (v.)	bereuen	sentir, lamentar	regretter	نَدِمَ يَنْدَمُ
conference	Tagung	conferencia, coloquio	conférence, colloque	نَدْوَةٌ
drop off	hinunterbringen, niederlegen	hacer bajar	déposer	نَزَّلَ
stay at	absteigen in	descender/ parar/ residir en	loger dans, résider à, descendre à (hôtel)	نَزَلَ في يَنْزِلُ في
get down, to be revealed (Koran)	hinuntergehen, geoffenbart werden (Koran)	descender, bajar (Corán)	descendre, être révélé (Coran)	نَزَلَ يَنْزِلُ
walk (n.), ride	Spaziergang, Spazierfahrt	paseo	promenade	نُزْهَةٌ

women	Frauen	mujeres	femmes	نِساءٌ (ج)
growth rate	Wachstumsrate	índice de crecimiento	taux de croissance	نِسْبَةُ الزِّيادَةِ نِسَبُ ـ
with reference to	bezogen auf	en relación a / con	se rapportant à	نِسْبَةٌ إلى
percentage, rate	Verhältnis, Rate	tasa, índice	taux	نِسْبَةٌ نِسَبٌ
relative (adj.)	relativ	relativo	relatif	نِسْبِيٌّ
relatively	verhältnismäβig	relativamente	relativement	نِسْبِيّا
book transcription	Bücherabschrift	copia de libros	copie des livres	نَسْخُ الكُتُبِ (ـ ج)
copy (n.)	Kopie	copia	copie	نُسْخَةٌ نُسَخٌ
inhabitant, person	Einwohner	alma, capita	habitant	نَسَمَةٌ نَسَمٌ
forget	vergessen	olvidar	oublier	نَسِيَ يَنْسى
forgetfulness	das Vergessen	olvido	oubli	نِسْيانٌ
come into existence, arise	entstehen	salir a luz, nacer	voir le jour, naître	نَشَأَ يَنْشَأُ
starting, birth, emergence	Entstehung, das Auftauchen	nacimiento, brote	naissance, émergence	نَشْأَةٌ
social activity	soziale Tätigkeit	actividad social	activité sociale	نَشاطٌ اجْتِماعِيٌّ أَنْشِطَةٌ اجْتِماعِيَّةٌ
activity	Aktivität	actividad	activité	نَشاطٌ أَنْشِطَةٌ

commercial activity	Handelsaktivität	actividad comercial	activité commerciale	نَشاطٌ تِجارِيٌّ أَنْشِطَةٌ تِجارِيَّةٌ
sports activity	Sportaktivität	actividad deportiva	activité sportive	نَشاطٌ رِياضِيٌّ أَنْشِطَةٌ رِياضِيَّةٌ
look for, seek	suchen nach	buscar, ir en pos de	chercher, partir à la recherche/ être en quête de	نَشَدَ يَنْشُدُ
publish, spread	veröffentlichen, verbreiten	publicar, difundir	publier, diffuser	نَشَرَ يَنْشُرُ
the news, newscast, newsbulletin	Nachrichtensendung	noticiario	bulletin d'informations	نَشْرَةُ الأَخْبارِ (- ج)
weather forecast	Wetterbericht	parte meteorológico	bulletin météorologique	نَشْرَةٌ جَوِّيَّةٌ
local/ national news	Lokalnachrichten	boletín local	bulletin d'informations locales	نَشْرَةٌ مَحَلِّيَّةٌ
dynamic, active, lively	aktiv, tüchtig, lebhaft, rege	activo, dinámico, vivaz, enérgico	actif, dynamique, vivant, alerte	نَشِطٌ
dynamic, active, lively	aktiv, tüchtig, lebhaft, rege	activo, dinámico, vivaz, enérgico	actif, dynamique, vivant, alerte	نَشيطٌ نِشاطٌ، نُشَطاءُ
text	Text	texto	texte	نَصٌّ نُصوصٌ
fitting, fixing	Aufstellung	fijación	fixation	نَصْبٌ
advice	Rat	(buen) consejo	conseil	نُصْحٌ
advise	raten	aconsejar	conseiller (v.)	نَصَحَ يَنْصَحُ
support (v.)	beistehen, zur Seite stehen	apoyar, sostener	appuyer, soutenir	نَصَرَ يَنْصُرُ
assistance, support	Beistand	sostén	soutien	نُصْرَةٌ

half (n.)	halb, Hälfte	mitad	demi, moitié	نِصْفٌ أَنْصافٌ
advice	Rat	buen consejo	conseil	نَصيحَةٌ نَصائِحُ
ripen	reif werden	madurar	mûrir	نَضِجَ يَنْضَجُ
belt, framework	Gürtel, Rahmen	cinturón, marco	ceinture, cadre	نِطاقٌ نُطُقٌ
pronunciation	Aussprache	pronunciación	prononciation	نُطْقٌ
pronunciation of the word	Aussprache des Wortes	pronunciación de la palabra	prononciation du mot	نُطْقُ الكَلِمَةِ
pronounce	aussprechen	pronunciar	prononcer	نَطَقَ يَنْطِقُ
(a pair of) glasses	Brille	gafas	lunettes	نَظّارَةٌ
communication system	Kommunikations-system	sistema de comunicaciones	système de communications	نِظامُ الاتِّصالاتِ (ـ ج) نُظُمٌ\ أَنْظِمَةٌ ـ
administration system	Verwaltungssystem	sistema administrativo	système d'administration	نِظامُ الإِدارَةِ نُظُمٌ\ أَنْظِمَةٌ ـ
derivation system	Ableitungssystem	sistema de derivación	système de dérivation	نِظامُ الاشْتِقاقِ نُظُمٌ\ أَنْظِمَةٌ ـ
political system, type of government	Regierungssystem, Regierungstyp	sistema de gobierno	système/ type de gouvernement	نِظامُ الحُكْمِ نُظُمٌ\ أَنْظِمَةٌ ـ
compensation/ subsidy system	Kompensationssystem	sistema de compensación	système de compensation	نِظامُ الدَّعْمِ نُظُمٌ\ أَنْظِمَةٌ ـ

alphabetical order	alphabetische Reihenfolge	orden alfabético	ordre alphabétique	نِظامٌ أَلِفْبائِيٌّ
fixed order	festes System	orden fijo	ordre fixe	نِظامٌ ثابِتٌ
Jamahiriya system	Schamahiri- Regime	régimen jamâhirí	régime jamahiri	نِظامٌ جَماهيرِيٌّ نُظُمٌ\ أَنْظِمَةٌ جَماهيرِيَّةٌ
republican system	republikanisches Regime	régimen republicano	régime républicain	نِظامٌ جُمْهورِيٌّ نُظُمٌ\ أَنْظِمَةٌ جُمْهورِيَّةٌ
presidential system	Präsidialsystem	régimen presidencial	régime présidentiel	نِظامٌ رِئاسِيٌّ نُظُمٌ\ أَنْظِمَةٌ رِئاسِيَّةٌ
sultanate system	Sultanatregime	régimen de sultania	régime de sultanat	نِظَامُ سَلْطَنَةٍ نُظُمُ\ أَنْظِمَةُ ـ
political system	politisches System	régimen político	système politique	نِظامٌ سِياسِيٌّ نُظُمٌ\ أَنْظِمَةٌ سِياسِيَّةٌ
monarchy	Monarchie	régimen monárquico	monarchie	نِظامٌ مَلَكِيٌّ نُظُمٌ\ أَنْظِمَةٌ مَلَكِيَّةٌ
arrangement, order, style, system	Ordnung, System	orden, modo, sistema	ordre, mode, système	نِظامٌ نُظُمٌ، أَنْظِمَةٌ
look (v.), see	ansehen, schauen	mirar	regarder	نَظَرَ يَنْظُرُ
due to	im Hinblick auf	a causa de, debido a	à cause/ en raison de	نَظَرًا إِلى
look (n.)	Blick	mirada	regard	نَظْرَةٌ

strange look	seltsamer Blick	mirada extraña	regard étonnant	نَظْرَةٌ غريبَةٌ
clean (v.)	reinigen	limpiar	nettoyer	نَظَّفَ
regulate, organise	regeln, organisieren	organizar	organiser	نَظَّمَ
compose/ write poetry	dichten	hacer versos	composer des poèmes	نَظَمَ الشِّعْرَ يَنْظُمُ ـ
clean (adj.)	sauber	limpio	propre	نَظِيفٌ نُظَفاءُ
sleepiness, drowsiness	Schläfrigkeit	somnolencia	somnolence	نُعاسٌ
yes	ja	sí	oui	نَعَمْ
melody, tone	Melodie	melodía	mélodie	نَغْمَةٌ أَنْغامٌ، نَغَماتٌ
perform, carry out, execute	durchführen	ejectuar	exécuter	نَفَّذَ
the same	dasselbe, derselbe, dieselbe (n)	el / la mismo (a)	le/ la/ les même(s)	نَفْسُ ـ
self, soul	Seele	alma	âme	نَفْسٌ نُفوسٌ، أَنْفُسٌ
shake off	schütteln	sacudir	secouer	نَفَضَ يَنْفُضُ
oil, petroleum	Erdöl	petróleo	pétrole	نَفْطٌ
use, usefulness	Nutzen	utilidad, ventaja, provecho	utilité	نَفْعٌ
deny, expel, exile	verneinen, ausschließen, verbannen	negar, excluir, desterrar	nier, exclure, exiler	نَفى يَنْفي
purity	Reinheit	pureza	pureté	نَقاءٌ

points of agreement	Einigunspunkte	puntos de convergencia	points de convergence	نِقاطُ (ج) الاتِّفاقِ
points of disagreement	Uneinigkeitspunkte	puntos de divergencia	points de divergence	نِقاطُ (ج) الاخْتِلافِ
social criticism	soziale Kritik	crítica social	critique sociale	نَقْدٌ اجْتِماعِيٌّ
foreign currency	ausländische Währung	moneda extranjera	monnaie étrangère	نَقْدٌ أَجْنَبِيٌّ
political criticism	politische Kritik	crítica política	critique politique	نَقْدٌ سِياسِيٌّ
money, currency, criticism	Geld, Kritik	moneda, crítica	monnaie, critique	نَقْدٌ نُقودٌ
criticise	kritisieren	criticar	critiquer	نَقَدَ يَنْقُدُ
engrave, adorn, spot	gravieren, verzieren	grabar, ornar, colorear	graver, orner, tacheter	نَقَّشَ
engraving	Gravur	grabado	gravure	نَقْشٌ
engrave	gravieren	grabar	graver	نَقَشَ يَنْقُشُ
insufficiency, deficiency, shortage	Mangel, Unzulänglichkeit, Unvollkommenheit	falta, escasez, carencia	insuffisance, déficience, manque, carence	نَقْصٌ
undernourishment	Unterernährung	subalimentación, desnutrición	sous-alimentation	نَقْصُ التَّغْذِيَةِ
point (n.)	Punkt	punto	point	نُقْطَةٌ نِقاطٌ، نُقَطٌ
transport, transmission, copying, transcribing, transfer	Transport, Übermittlung, das Abschreiben, das Umschreiben, Versetzung	transporte, transmisión, copia (de libros), transcipción, transferencia	transport, transmission, copie (des livres), transcription, transfert	نَقْلٌ
information transmission	Nachrichtenüber Mittlung	transmisión de informaciones	transmission des informations	نَقْلُ المَعْلوماتِ (ج -)

transport, transmit, transfer	transportieren, versetzen, übermitteln	transportar, transmitir, transferir	transporter, transmettre, transférer	نَقَلَ يَنْقُلُ
frog croak	das Quaken	graznido	coassement	نَقيقُ الضَّفادِعِ (- ج)
joke (n.)	Witz	chiste	plaisanterie	نُكْتَةٌ نُكَتٌ، نِكاتٌ
grow (up), develop	wachsen, sich entwickeln	crecer, evolucionar, desarrollarse	pousser, évoluer, se développer	نَما يَنْمو
tiger	Tiger	tigre	tigre	نَمِرٌ نُمورٌ
type (n.), kind	Typ, Weise	tipo, manera, modo	type, manière, mode (m.)	نَمَطٌ أَنْماطٌ
telegram form	Telegrammformular	formulario de telegrama	formulaire de télégramme	نَموذَجُ بَرْقِيَّةٍ
example, model, form, sample	Beispiel, Modell, Formular, Muster	ejemplo, modelo, formulario, muestra	exemple, modèle, formulaire, échantillon	نَموذَجٌ نَماذِجُ
make grow, develop	entwickeln	desarrollar	développer	نَمَّى
end (n.)	Ende	final	fin	نِهايَةٌ
river	Fluss	río	fleuve	نَهْرٌ أَنْهارٌ، أَنْهُرٌ
fulfil his duty	seine Pflicht erfüllen	cumplir con su deber	accomplir son devoir	نَهَضَ بِواجِبِهِ يَنْهَضُ ـ
get up	aufstehen, sich erheben	levantarse, erguirse	se lever, se dresser	نَهَضَ يَنْهَضُ
promotion of	Förderung von	promoción de	promotion de	نُهوضٌ بِـ
social developing/ promotion	Förderung der Gesellschaft	promoción de la sociedad	promotion de la société	نُهوضٌ بِالمُجْتَمَعِ

forbid	verbieten, abraten	prohibir, desaconsejar	interdire, déconseiller	نَهى عَنْ يَنْهى عَنْ
bray (n.)	Eselsgeschrei	rebuzno	braiment	نَهيقٌ
light (n.)	Licht	luz	lumière	نورٌ أَنْوارٌ
kind (n.), type, sort	Art, Typ, Sorte	género, clase, especie, tipo	genre, type, sorte	نَوْعٌ أَنْواعٌ
category, quality, specificity	Kategorie, Qualität, Besonderheit	categoría, calidad, especifidad	catégorie, qualité, spécificité	نَوْعِيَّةٌ
November	November	noviembre	novembre	نوفَمْبَر
sleep (n.)	Schlaf	sueño	sommeil	نَوْمٌ
comfortable sleep	erholsamer Schlaf	sueño descansado	sommeil reposant	نَوْمٌ مُريحٌ
nuclear	nuklear	nuclear	nucléaire	نَوَوِيٌّ
intend	beabsichtigen	proponerse, intentar	avoir l'intention de	نَوى يَنْوي
the prosecution	Staatsanwaltschaft	ministerio público	ministère public	نِيابَةٌ

ه

انجليزيّة	ألمانيّة	إسبانيّة	فرنسيّة	عربيّة
Hegira	Hidschra	de la hégira	de l'hégire	هـ (هجري)
here we are !	da sind wir nun!	¡ henos aquí !	nous voici !	ها نَحْنُ ؟
enormous, substantial, huge	gewaltig, riesig	enorme	énorme	هائِلٌ
these (f. dual)	diese (f. dual)	éstas (dual.)	celles-là (duel)	هاتانِ
telephone (n.), voice	Telefon, Stimme	teléfono, voz	téléphone, voix	هاتِفٌ هَواتِفُ
telephone—, telephonic	telefonisch	telefónico	téléphonique	هاتِفِيٌّ
emigrate	auswandern	emigrar	émigrer	هاجَرَ
quiet (adj.), calm	ruhig, still	quieto, sereno	calme, tranquille	هادِئٌ
fugitive	flüchtend, Flüchtling	fugitivo	fugitif	هارِبٌ
these (m.)	diese (m.Pl.)	aquéllos	ceux-ci, ceux-là (pl.)	هَؤُلاءِ

important	wichtig	importante	important	هامٌّ
very important	sehr wichtig	muy importante	très important	هامٌّ جِدًّا
become easy	leicht werden/ sein	ser fácil	devenir/ être facile à faire	هانَ يَهونُ
word spelling	Wortorthographie	ortografía de la palabra	orthographe du mot	هِجاءُ الكَلِمَةِ
the hegira, exodus, exile	die Hidschra, Auswanderung, Exil	la hégira, éxodo, exilio	hégire, exode, exil	هِجْرَةٌ
the Hegira of the Prophet Mohammed	die Hidschra des Propheten Mohamed	el éxodo del Profeta Mohammad	l'exode du prophète Mohammad	هِجْرَةُ النَّبِيِّ مُحَمَّدٍ
rural exodus/ depopulation	Landflucht	éxodo rural	exode rural	هِجْرَةٌ مِنْ الرّيفِ إلى الحَضَرِ
of the Hegira	von der Hidschra	de la hégira	de l'Hégire	هِجْرِيٌّ
attack (v.)	Angreifen, überfallen	atacar, asaltar	attaquer	هَجَمَ عَلى يَهْجُمُ عَلى
attack (n.)	Angriff, Überfall	ataque	attaque	هُجومٌ
threaten	bedrohen	amenazar	menacer	هَدَّدَ
winning/ victory goal	Siegestor	gol de la victoria	but de la victoire	هَدَفُ الفَوْزِ
aim at	abzielen auf	apuntar/ tender a	viser/avoir/ se donner pour but/ objectif	هَدَفَ إلى يَهْدِفُ إلى
aim, purpose, goal	Ziel, Tor	gol, blanco, meta, objetivo	but	هَدَفٌ أَهْدافٌ

demolish	demolieren	demoler, derribar	démolir	هَدَم يَهْدِمُ
calm (n.)	Ruhe	quietud	calme (n.)	هُدوءٌ
coolness, self-control	Selbstkontrolle	sangre fría	sang froid, self-contrôle	هُدوءُ الأَعْصابِ (- ج)
this (m.)	dieser	éste, esto	celui-ci, ceci, ce	هَذا هَؤُلاءِ
these (m. dual)	diese (m. dual)	éstos (dual)	ceux-là (duel)	هَذانِ
this (f.)	diese (f. s.)	ésta(s), ésta(s)	celle-ci, cette	هَذِهِ هَؤُلاءِ
truncheon, cudgel	Keule, Stock	palo	bâton, gourdin	هِراوَةٌ هَراوى
escape (n.)	Flucht	huída, escape, evasión	fuite	هَرَبٌ
escape (v.)	fliehen, flüchten	huir, escapar	s'enfuir	هَرَبَ يَهْرُبُ
the grand pyramid	die groβe Pyramide	la gran pirámide	la grande pyramide	هَرَمٌ أَكْبَرُ (الـ ـ)
pyramid	Pyramide	pirámide	pyramide	هَرَمٌ أَهْرامٌ، أَهْراماتٌ
escape (n.)	Flucht	huída , escape, evasión	fuite	هُروبٌ
defeat (v.)	besiegen	derrotar, vencer	battre, vaincre	هَزَمَ يَهْزِمُ
thunder roll	das Grollen (des Donners)	trueno	grondement de tonnerre	هَزِيمُ الرَّعْدِ
defeat (n.)	Niederlage	derrota	défaite	هَزيمَةٌ هَزائِمُ

hectare	Hektar	hectárea	hectare	هِكْتارٌ
like this	so	así	ainsi	هَكَذا
interrogative particle used in yes-no questions	(Fragepartikel)	(partícula de interrogación)	est-ce que ?	هَلْ ؟
crescent	Halbmond	creciente	croissant	هِلالٌ أَهِلَّةٌ
they, them (m.)	sie (m. pl.)	ellos (p.)	ils	هُمْ
they, them (dual)	sie beide	ellos (dual)	ils (duel)	هُما
they, them (f.)	sie (f. pl.)	ellas (p.)	elles	هُنَّ
here	hier	aquí	ici	هُنا
there, there is	da, dort, es gibt	ahí, hay	là, il y a	هُناكَ
Indian (adj.)	indisch	indio (adj.)	indien (adj.)	هِنْدِيٌّ
Indians	Inder (pl.)	indios (n.)	indiens (n.)	هُنودٌ (ج)
he, him	er	él	il, lui	هُوَ
he too	er auch	él también	lui aussi	هُوَ الآخَرُ
air (n.)	Luft	aire	air	هَواءٌ أَهْوِيَةٌ
love, to be a fan of	lieben	amar, desear	aimer	هَوِيَ يَهْوى
she, her	sie (f.s.)	ella	elle	هِيَ

form, shape, committee, organisation	Form, Komitee, Organisation	forma, comité, organización	forme, comité, organisation	هَيْئَةٌ
social body	soziale Einrichtung	organización social	organisme social	هَيْئَةٌ اجْتِماعِيَّةٌ
political institution/ organisation	politische Organisation	organización política	organisation politique	هَيْئَةٌ سِياسِيَّةٌ
organisation structure/ chart	Organisationsschema	organigrama	structure d'organisation, organigramme	هَيْكَلٌ تَنْظيمِيٌّ هَياكِلُ تَنْظيمِيَّةٌ
structure (n.)	Struktur	estructura	structure	هَيْكَلٌ هَياكِلُ
simple, easy	geringfügig, leicht	fácil	facile	هَيِّنٌ

انجليزيّة	ألمانيّة	إسبانيّة	فرنسيّة	عربيّة
finally	schlieβlich, endlich	al fin / por fin, por último	enfin, finalement	وأخيرًا
duty, assignment, home work	Pflicht	deber	devoir	واجِبٌ
face, confront	begegnen, entgegentreten	enfrentarse con	faire face à, affronter	واجَهَ
outside, shop window/ front	Fassade, Schaufenster	fachada, escaparate	façade, vitrine	واجِهَةٌ
one	eins, einer, einzeln	uno, único, solo	un, unique, seul	واحِدٌ وُحْدانٌ
valley	Tal	valle	vallée	وادٍ (الوادي) وُدْيانٌ، أَوْدِيَةٌ
the Nile valley	Niltal	valle del nilo	vallée du Nil	وادي النّيلِ
inheritor	Erbe	heredero	héritier	وارِثٌ وَرَثَةٌ
wide, large, spacious, huge	weit, geräumig, groβ angelegt	amplio, ancho, extenso	vaste, spacieux, étendu	واسِعٌ

continue, keep on	fortsetzen	continuar	continuer	واصَلَ
clear (adj.)	klar	claro	clair	واضِحٌ
conscious, aware	bewusst	consciente	conscient	وَاعٍ (الواعي) وُعاةٌ، واعونَ
newcomer, new arrival	Ankommender	llegado	arrivant	وافِدٌ
approve, agree	zustimmen, billigen	aprobar, ratificar	approuver, donner son accord	وافَقَ عَلى
reality, situation	Realität, Stand	realidad, situación	réalité, situation	واقِعٌ
new situation	neue Situation	nueva situación	nouvelle situation	وَاقِعٌ جَدِيدٌ
located in	liegend in	ubicado en	situé à	واقِعٌ في
realistic	realistisch, Realist	realista	réaliste	واقِعِيٌّ
standing	stehend	de / en pie	debout	واقِفٌ
father (n.)	Vater	padre	père	والِدٌ
parents	Eltern	padres	parents	والِدانِ
may God be your guide, good luck !	viel Glück !, Gott verleihe Dir Erfolg!	¡ Dios le asiste !, ¡ suerte !	que Dieu vous assiste ! bonne chance	واللّهُ يُوَفِّقُكَ !
by God !	bei Gott!	¡ (lo juro) por Dios !	par Dieu !	واللّهِ !
now then…, now to our topic: …	zur Sache	tras los saludos usuales [fórmula]	venons-en au fait (après les salutations d'usage)	وبَعْدُ

trust (in), to be confident of	sich verlassen auf, Vertrauen haben zu	confiar en	faire confiance à, avoir confiance en	وَثِقَ بِـ يَثِقُ بِـ
firm (adj.)	fest, eng	sólido	solide	وَثيقٌ وِثاقٌ
have to, must, be obligatory	müssen, sollen, notwendig sein	es menester/ preciso, hace falta	falloir, devoir, s'imposer	وَجَبَ يَجِبُ
meal	Mahlzeit	comida	repas	وَجْبَةٌ
meal	Mahlzeit	comida	repas	وَجْبَةُ الطَّعامِ
find (v.)	finden	encontrar	trouver	وَجَدَ يَجِدُ
consciousness, sentiment	Bewusstsein, Gefühl	conciencia, sentimiento	conscience, sentiment	وِجْدانٌ
cheek (n.)	Wange	mejilla	joue	وَجْنَةٌ
address (v.)	richten, entsenden	dirigir a	adresser	وَجَّهَ
another side/ aspect	anderer Aspekt	otra cara/ aspecto	autre aspect	وَجْهٌ آخَرُ وُجوهٌ\ أَوْجُهٌ أُخْرى
aspect of civilisation	Zivilisationsaspekt	aspecto civilizado	aspect civilisationnel	وَجْهٌ حَضارِيٌّ
thin face	dünnes Gesicht	cara menuda	visage minuscule	وَجْهٌ دَقيقٌ وُجوهٌ دَقيقَةٌ
face (n.)	Gesicht	cara	visage	وَجْهٌ وُجوهٌ، أَوْجُهٌ
the two sides of the coin	die zwei Seiten einer Sache	dos caras de la misma moneda	les deux faces de la médaille	وَجْهانِ لِعُمْلَةٍ واحِدَةٍ

point of view	Standpunkt	punto de vista	point de vue	وِجْهَةُ نَظَرٍ
existence	Existenz	existencia	existence	وُجودٌ
loneliness, solitude, unity	Einsamkeit, Einheit	soledad, unidad	solitude, unité	وَحْدَةٌ
alone	(er) allein	solo	seul	وَحْدَهُ
revelation	Offenbarung	revelación	révélation	وَحْيٌ
lonely	allein, einsam	solo, solitario	seul, solitaire	وَحيدٌ
and particularly	und besonders	en particular	et surtout	وخاصَّةً
affection, love	Zuneigung, Liebe	cariño, amor	affection, amour	وُدٌّ
wish/ want/ would like to	mögen (Konj. II)	desear/querer que	souhaiter/ désirer que	وَدَّ أَنْ يَوَدُّ أَنْ
passionate/ violent love, passion	heftige Liebe, Leidenschaft	amor arrebatador	amour violent, passion	وُدٌّ جارِفٌ
deep love	innige Zuneigung	amor entrañable	grande affection	وُدٌّ عَميقٌ
let (v.), leave	lassen	dejar	laisser	وَدَعَ يَدَعُ
behind	hinter	detrás de, tras	derrière	وَراءَ ـ
roses, flowers	Rosen, Blumen	rosas, flores	roses, fleurs	وَرْدٌ
to be mentioned in	erscheinen/ stehen in	figurar/ constar en	figurer dans	وَرَدَ فِي يَرِدُ فِي
leaves, paper	Papier, Blätter	papel, hojas	papier, feuilles	وَرَقٌ أَوْراقٌ

leaf, sheet of paper	Blatt, Blatt Papier	hoja, hoja papel	feuille, feuille de papier	وَرَقَةٌ أَوْراقٌ، وَرَقاتٌ، وَرَقٌ
ministry	Ministerium	ministerio	ministère	وَزارَةٌ
ministry of guidance	Ministerium für Orientierung	ministerio de orientación	ministère de l'orientation	وَزارَةُ الإِرْشادِ
ministry of housing	Wohnungsbau-ministerium	ministerio de la vivienda	ministère de l'habitat	وَزارَةُ الإِسْكانِ
ministry of information	Informations-ministerium	ministerio de información	ministère de l'information	وَزارَةُ الإِعْلامِ
ministry of religious endowments, Wakf ministry	Waqfministerium	ministerio de bienes habices	ministère des habous	وَزارَةُ الأَوْقافِ (ـ ج)
ministry of commerce	Handelsministerium	ministerio de comercio	ministère du commerce	وَزارَةُ التِّجارَةِ
ministry of planning	Planungs ministerium	ministerio de planificación	ministère du plan	وَزارَةُ التَّخْطيطِ
ministry of education	Erziehungs- und Bildungsministerium	ministerio de educación y enseñanza	ministère de l'éducation et de l'enseignement	وَزارَةُ التَّرْبِيَةِ والتَّعْليمِ
ministry of higher education and scientific research	Ministerium für Hochschulbildung und wissenschaftliche Forschung	ministerio de enseñanza superior e investigación científica	ministère de l'enseignement supérieur et de la recherche scientifique	وَزارَةُ التَّعْليمِ العالي والبَحْثِ العِلْمِيِّ
ministry of food supply	Versorgungs ministerium	ministerio de aprovisionamiento	ministère de l'approvisionnement	وَزارَةُ التَّمْوينِ
ministry of culture	Kulturministerium	ministerio de cultura	ministère de la culture	وَزارَةُ الثَّقافَةِ
war ministry	Kriegsministerium	ministerio de la guerra	ministère de la guerre	وَزارَةُ الحَرْبِيَّةِ
ministry of foreign affairs	Außenministerium	ministerio de asuntos exteriores	ministère des affaires étrangères	وَزارَةُ الخارِجِيَّةِ

ministry of defence	Verteidigungs ministerium	ministerio de la defensa	ministère de la défense	وَزارَةُ الدِّفاعِ
ministry of irrigation	Bewässerungs ministerium	ministerio de irrigación	ministère de l'irrigation	وَزارَةُ الرَّيِّ
ministry of agriculture and animal production	Ministerium für Landwirtschaft und Tierproduktion	ministerio de agricultura y riqueza animal	ministère de l'agriculture et de la richesse animale	وَزارَةُ الزِّراعَةِ والثَّرْوَةِ الحَيَوانِيَّةِ
ministry of tourism	Tourismus ministerium	ministerio de turismo	ministère du tourisme	وَزارَةُ السِّياحَةِ
ministry of social affairs	Sozialministerium	ministerio de asuntos sociales	ministère des affaires sociales	وَزارَةُ الشُّؤونِ الاجْتِماعِيَّةِ (- ج -)
ministry of youth and sport	Ministerium für Jugend und Sport	ministerio de juventud y deportes	ministère de la jeunesse et des sports	وَزارَةُ الشَّبابِ والرِّياضَةِ
ministry of health	Gesundheits ministerium	ministerio de sanidad	ministère de la santé	وَزارَةُ الصِّحَّةِ
ministry of industry	Industrieministerium	ministerio de industria	ministère de l'industrie	وَزارَةُ الصِّناعَةِ
ministry of justice	Justizministerium	ministerio de justicia	ministère de la justice	وَزارَةُ العَدْلِ
ministry of finance and economy	Finanz- und Wirtschafts-ministerium	ministerio de hacienda y economía	ministère des finances et de l'économie	وَزارَةُ المالِيَّةِ والاقْتِصادِ
ministry of communications	Kommunikations ministerium	ministerio de comunicaciones	ministère des communications	وَزارَةُ المُواصَلاتِ (- ج)
weight (n.)	Gewicht	peso	poids	وَزْنٌ أَوْزانٌ
morphological pattern	morphologische Form	forma morfológica	forme morphologique	وَزْنٌ صَرْفِيٌّ أَوْزانٌ صَرْفِيَّةٌ

weigh	wiegen	pesar	peser	وَزَنَ يَزِنُ
minister of commerce	Handelsminister	ministro de comercio	ministre du commerce	وَزيرُ التِّجارَةِ
prime minister	Premierminister	primer ministro	premier ministre	وَزِيرٌ أَوَّلُ
minister	Minister	ministro	ministre	وَزيرٌ وُزَراءُ
means of communication	Kommunikationsmittel (Pl.)	medios de comunicación	moyens de communication	وَسائِلُ (ج) الاتِّصالِ
media	Medien	medios de información	médias	وَسائِلُ (ج) الإِعْلامِ
modern agricultural means	moderne Agrarmittel	medios modernos de producción agrícola	moyens agricoles modernes	وَسائِلُ (ج) الزِّراعَةِ الحَديثَةِ
means of transport/ communications	Verkehrsmittel, Verbindungsmittel (Pl.)	medios de transporte/ comunicación	moyens de transport/ communication	وَسائِلُ المُواصَلاتِ (ج)
pillow (n.)	Kissen	almohada	oreiller	وِسادَةٌ وَسائِدُ وِساداتٌ
decoration, medal	Orden, Medaille	condecoración, medalla	décoration, médaille	وِسامٌ أَوْسِمَةٌ
in the middle, between, among	mitten in, zwischen	en medio de, por entre	au milieu de, entre	وَسَطَ ـ
widen, enlarge	erweitern	ampliar, extender	élargir	وَسَّعَ
contain	umfassen	caber	contenir	وَسِعَ يَسَعُ
mediator, intermediary	Mittelsperson, Vermittler	mediador, intermediario	médiateur, intermédiaire	وَسيطٌ وُسَطاءُ

means of transport/ communications	Verkehrsmittel, Verbindungsmittel	medio de transporte/ comunicación	moyen de transport/ communication	وَسيلَةُ مُواصَلاتٍ (ج) وَسائِلُ -
effective method/ means	wirksames Mittel	medio eficaz	moyen efficace	وَسيلَةٌ ناجِحَةٌ وَسائِلُ -
effective method/ means	wirksames Mittel	medio eficaz	moyen efficace	وَسيلَةٌ ناجِعَةٌ وَسائِلُ -
means, method	Mittel	medio	moyen	وَسيلَةٌ وَسائِلُ
description	Beschreibung	descripción	description	وَصْفٌ
precise description	genaue Beschreibung	descripción precisa	description précise	وَصْفٌ دَقِيقٌ
language description	sprachliche Beschreibung	descripción lingüística	description linguistique	وَصْفٌ لُغَوِيٌّ
describe	beschreiben	describir	décrire	وَصَفَ يَصِفُ
recipe	Kochrezept	receta de cocina	recette de cuisine	وَصْفَةُ الطَّبْخِ
(medical) prescription	ärztliche Verordnung	prescripción facultativa, receta	ordonnance médicale	وَصْفَةُ العِلاجِ
link with	verbinden mit	enlazar, vincular, conectar	lier à	وَصَلَ بِـ يَصِلُ بِـ
connect	verbinden	unir, juntar	relier entre	وَصَلَ بَيْنَ يَصِلُ بَيْنَ
arrive, reach	ankommen, erreichen	llegar, alcanzar	arriver, atteindre	وَصَلَ يَصِلُ
arrival	Ankunft	llegada	arrivée	وُصولٌ

clarify, make clear	verdeutlichen, präzisieren	aclarar, precisar	clarifier, préciser	وَضَّحَ
economic situation	Wirtschaftslage	situación económica	situation économique	وَضْعٌ اقْتِصادِيٌّ أَوْضاعٌ اقْتِصادِيَّةٌ
situation	Lage, Situation	situación	situation	وَضْعٌ أَوْضاعٌ
set up a plan/ strategy	einen Plan ausarbeiten	fijar un plan	établir un plan/ une stratégie	وَضَعَ خُطَّةً يَضَعُ ـ
present situation	gegenwärtige Lage	situación actual	situation présente	وَضْعٌ راهِنٌ أَوْضاعٌ راهِنَةٌ
compile a dictionary	ein Wörtherbuch anfertigen	elaborar un diccionario	confectionner un dictionnaire	وَضَعَ مُعْجَمًا يَضَعُ ـ
put, set up, establish	legen, stellen, setzen, erarbeiten, aufstellen	poner, colocar, establecer, elaborar	mettre, poser, établir, élaborer	وَضَعَ يَضَعُ
step, set foot	den Fuβ setzen	pisar	mettre le pied	وَطِئَ يَطَأُ
country, homeland	Land, Heimat	país, patria	pays patrie	وَطَنٌ أَوْطانٌ
second homeland	zweite Heimat	segunda patria	deuxième patrie	وَطَنٌ ثانٍ (ـ الثّانِي)
the Arab world/ homeland	die arabische Welt	el mundo árabe	le monde arabe	وَطَنٌ عَرَبِيٌّ (الـ ـ)
patriotic, national	patriotisch, national	patriótico, nacional	patriotique, national	وَطَنِيٌّ
social role/ function	soziale Funktion	función social	fonction sociale	وَظيفَةٌ اجْتِماعِيَّةٌ وَظائِفُ ـ
female/ woman job	Frauenfunktion	función femenina	fonction féminine	وَظيفَةٌ نِسائِيَّةٌ وَظائِفُ ـ

function, role, occupation, job	Funktion, Beruf, Rolle	función, profesión, papel	fonction, profession, rôle	وَظيفَةٌ وَظائِفُ
functional	funktionell	funcional	fonctionnel	وَظيفِيٌّ
bowl (n.), pot	Gefäß, Behälter	recipiente, utensilio	récipient, ustensile	وِعاءٌ أَوْعِيَةٌ
promise (n.)	das Versprechen	promesa	promesse	وَعْدٌ وُعودٌ
promise (v.)	versprechen	prometer	promettre	وَعَدَ يَعِدُ
consciousness, awareness	Bewusstsein	conciencia, toma de conciencia	conscience, prise de conscience	وَعْيٌ
world/ international awareness	Weltbewusstsein	conciencia mundial	conscience mondiale	وَعْيٌ عالَمِيٌّ
faithfulness, fidelity	Treue	fidelidad	fidélité	وَفاءٌ
loyalty and betrayal	Treue und Verrat	fidelidad y traición	fidélité et traîtrise	وَفاءٌ وغَدْرٌ
death, decease	Tod, Todesfall	muerte, deceso	mort, décès	وَفاةٌ
delegation	Delegation	delegación	délégation	وَفْدٌ وُفودٌ
provide	zur Verfügung stellen	suministrar, proveer	fournir	وَفَّرَ
may God be your guide, goog luck !	Gott verleihe dir Erfolg!	¡ Dios le asista !, ¡ suerte !	que Dieu vous assiste !, bonne chance !	وَفَّقَكَ اللّهُ
on the other hand	hingegen	en cambio	par contre	وفي الجِهَةِ المُقابِلَةِ
meet/ satisfay the needs	den Bedarf decken	satisfacer las necesidades	répondre/ satisfaire aux besoins	وَفى بِالحاجَةِ يَفِي –

fulfil/ keep a promise	sein Versprechen halten	cumplir con su promesa	tenir promesse	وَفَّى بِالوَعْدِ يَفي ـ
events	Tatbestand, Vorkommnisse	los hechos	faits (n.)	وَقائِعُ (ج)
ceremony programme	Zeremonie	programa de la ceremonia	la cérémonie	وَقائِعُ (ج) الاحْتِفالِ
prayer time	Gebetszeit	hora de la oración	heure de prière	وَقْتُ الصَّلاةِ أَوْقاتُ ـ
time (n.)	Zeit, Zeitpunkt	tiempo, hora	temps, heure	وَقْتٌ أَوْقاتٌ
long time	lange Zeit	largo tiempo	long moment, longtemps	وَقْتٌ طَويلٌ أَوْقاتٌ طَويلَةٌ
fixed time	festgelegter Zeitpunkt	hora exacta	heure exacte	وَقْتٌ مُحَدَّدٌ أَوْقاتٌ مُحَدَّدَةٌ
sign (v.)	unterzeichnen	firmar	signer	وَقَّعَ
fall into, to be situated	geraten/ liegen in	caer en, estar situado/ ubicado	tomber dans, se situer	وَقَعَ في يَقَعُ في
fall, happen	fallen, stattfinden	caer, tener lugar	tomber, avoir lieu	وَقَعَ يَقَعُ
stopping	das Stoppen	cese	arrêt	وَقْفٌ
Wakf, endowment	Waqf	bienes habices	Waqf, Habous	وَقْفٌ أَوْقافٌ
stand (up)	aufstehen	ponerse de pie, erguirse	se mettre debout, se lever	وَقَفَ يَقِفُ
fuel (n.)	Brennstoff	combustible	combustible	وَقودٌ

location, falling	Lage, das Fallen	situación, caída	emplacement, chute	وُقوعٌ
standing	das Stehen	el hecho de ponerse de pie	le fait de se tenir debout	وُقوفٌ
news agency	Presseagentur	agencia de prensa	agence de presse	وِكالَةُ الأَنْباءِ (- ج)
boy, child	Junge, Kind	muchacho, hijo	garçon, enfant	وَلَدٌ أَوْلادٌ
give birth	gebären	dar a luz, parir	donner naissance à	وَلَدَ يَلِدُ
be born	geboren werden	nacer, nació	naître, être né	وُلِدَ يولَدُ
even though	auch wenn	aunque (+ subj.)	même si	وَلَوْ
even though relatively	auch wenn nur relativ	aunque sea relativo	même relativement	ولَوْ نِسْبِيًّا
new (born)	entstehend	naciente	naissant	وَليدٌ
and so on	und so weiter	asi sucesivamente	et ainsi de suite	وهَكَذا
illusion	Illusion, Schimäre	quimera, ilusión	illusion, chimère	وَهْمٌ أَوْهامٌ
woe !	wehe !	¡ ay de !	malheur !	وَيْحَ

انجليزيّة	ألمانيّة	إسبانيّة	فرنسيّة	عربيّة
I wonder	ob … wohl … ?, denkst du, … ?	¿ será que… ?	donc ?	يا تُرى
despair (n.)	Verzweiflung	desesperación	désespoir	يَأْسٌ
lose hope, despair	verzweifeln	desesperar	désespérer	يَئِسَ يَيْأَسُ
it seems that	anscheinend	parece que	il paraît/ il semble que	يَبْدو أنَّ
relate to	zusammenhängen mit	alude/ se refiere a	se rapportant à	يَتَّصِلُ بِـ
God's grace/ hand	Gottes Hand, Hilfe Gottes	la mano de Dios	la main de Dieu	يَدُ اللّهِ
hand (n.)	Hand	mano	main	يَدٌ أَيادٍ (الأَيادي)
manual (adj.), hand—	manuell	manual (adj.)	manuel (adj.)	يَدَوِيٌّ
left (n.)	Linke	izquierda	gauche	يَسارٌ
left (adj.)(f. s.)	linke (f. s.)	siniestra, izquierda (adj.)	gauche (adj., f.)	يُسْرى (مؤ)

that's, i. e.	das heiβt (d. h.)	lo cual significa, es decir	cela signifie/ cela veut dire que	يَعْني
alert, vigilant	wachsam	despierto	vigilant	يَقِظٌ أَيْقاظٌ
right (adj.) (f. s.)	Rechte (f. s.)	derecha (adj.)	droite (adj.)	يُمْنى (مؤ)
right (n.)	Rechte (s.)	derecha (n.)	droite (n.)	يَمينٌ
to the right of	rechts von	a la derecha de	à droite de	يَمينَ ـ
January	Januar, Jänner	enero	janvier	يَنايِر
it is necessary, must, should	sollen	hace falta que	il faut que	يَنْبَغي أَنْ
Judaism	Judentum	judaísmo	judaïsme	يَهودِيَّةٌ (الـ ـ)
to be found, exist, there is	sich befinden, es gibt	encontrarse, existir, hay	se trouver, exister, il y a	يوجَدُ
July	Juli	julio	juillet	يولْيَة
July	Juli	julio	juillet	يولْيو
birthday	Tag der Geburt	día de nacimiento	jour de naissance	يَوْمُ الوِلادَةِ
day	Tag	dia	jour	يَوْمٌ أَيّامٌ
Greek	griechisch, Grieche	griego, griego	grec, grec	يونانِيٌّ
June	Juni	junio	juin	يونْيَة